供高等（职业）教育各专业使用

创新创业基础与实务

主　编　黄志坚　严永旺
副主编　吴　维　许步亮　唐　涛
编　者　（按姓氏汉语拼音排序）
　　　　韩晓洁　郝良强　李少华　凌　敏　同婉婷

科学出版社
北　京

内 容 简 介

本教材贯彻教育部办公厅印发的《普通本科学校创业教育教学基本要求（试行）》（教高厅〔2012〕4号）文件精神，结合学生实际，分成三大板块。第一板块是创新篇（1~4章），着重介绍创新创业与工业（科技）革命、产业前沿的关系，创新思维的培养方式，创新的方法论，以及产品原型的定位与开发。第二板块是创业篇（5~9章），着重介绍初创团队的组建与管理、创业机会识别和商业模式开发、创业计划书与项目路演、新企业创建的策略和风险规避，以及创业资源获取的途径与技巧。第三板块是拓展篇（10~13章），着重介绍创新创业过程中的一些深层次问题，包括创业者的管理智慧、股权的设计与陷阱应对、企业文化塑造与革新，以及创新大赛的相关知识与技能。教材的编写将课程思政贯穿始终，坚持校企共建，突出理实结合，力求内容创新、直面热点，在满足学生现阶段学习需要的同时，服务于学生可持续性发展的未来需要。

本教材可供高等（职业）教育各专业使用，也可供同行参考，还可供初创企业管理者阅读。

图书在版编目（CIP）数据

创新创业基础与实务/黄志坚，严永旺主编. —北京：科学出版社，2024.8
ISBN 978-7-03-078459-9

Ⅰ.①创⋯ Ⅱ.①黄⋯ ②严⋯ Ⅲ.①创业—医学院校—教材
Ⅳ.①F241.4

中国国家版本馆 CIP 数据核字（2024）第 087639 号

责任编辑：张立丽 / 责任校对：王晓茜
责任印制：师艳茹 / 封面设计：涿州锦晖

版权所有，违者必究。未经本社许可，数字图书馆不得使用

科学出版社 出版
北京东黄城根北街16号
邮政编码：100717
http://www.sciencep.com

三河市骏杰印刷有限公司印刷
科学出版社发行 各地新华书店经销

*

2024年8月第 一 版　开本：850×1168　1/16
2024年8月第一次印刷　印张：11 3/4
字数：355 000
定价：49.80元
（如有印装质量问题，我社负责调换）

前　言

党的二十大报告指出："必须坚持科技是第一生产力、人才是第一资源、创新是第一动力，深入实施科教兴国战略、人才强国战略、创新驱动发展战略""完善促进创业带动就业的保障制度，支持和规范发展新就业形态"。贯彻落实党的二十大决策部署，在大学生中开展创新创业教育，是服务国家加快转变经济发展方式、建设创新型国家的战略举措，是提高人才培养质量、促进大学生全面发展的重要途径，是落实以创业带动就业、促进高校毕业生充分就业的重要措施。

创新，是将原始生产要素重新排列组合为新的生产方式，以求提高效率、降低成本的一个经济过程。纵观人类近现代史，第一次工业革命实现了机械化，第二次工业革命实现了电气化，第三次科技革命实现了自动化和信息化，而当前正在进行、方兴未艾的新一轮科技革命，其突出特点是数字化和智能化。每一次工业（科技）革命的发展，都是创新驱动的，都是建立在理论创新、技术创新、产品创新、市场创新、资源配置创新和组织创新的基础之上。

创业，广义上是指创造一番事业，狭义上是指创办一个企业。创业的核心是创新，要通过创新引领创业。在数字化与智能化交织快速发展的新时代，随着聊天机器人程序（Chat Generative Pre-trained Transformer，ChatGPT）等技术的发展运用，许多工种、岗位将由机器人取代人，使得很大一部分人可能沦为"无价值的群体"而失业；但与此同时，随着元宇宙、区块链、物联网等数智时代科技产业的不断发展，许多全新的行业、市场、资源、技能、职业和认证将被创造出来，进而提供了许多新的创业和就业机会。

高校的创新创业教育，要立足新发展阶段，贯彻新发展理念，聚焦数字化和智能化发展给人才培养带来的机遇与挑战，引导学生基于数智时代的特点去创新和创业。通过创新创业教育，大学生可以培养出敏锐的市场洞察力、强大的问题解决能力、卓越的团队协作能力。这些能力使得大学生在求职时具有竞争优势，是大学生在未来职业生涯中实现自我价值的关键。

本教材正是基于上述背景和需求而编写的。与传统的教材相比，本教材具有以下特色。

1. 价值引领，思政贯通　　本教材将课程思政理念贯穿于全书，紧密结合党的二十大精神，深入阐述了创新创业与国家发展、社会进步的紧密联系，引导广大学子将个人梦想融入国家发展大局。通过广泛引用创新创业典型案例，激发大学生的爱国热情和创新精神，涵养家国情怀，引导其深入思考创新创业中的社会责任和道德伦理，进而提升其社会责任感和担当精神。

2. 内容创新，直击热点　　本教材在内容方面具有独特性，涵盖了许多创新创业的热点话题，例如，深入剖析了创新创业与工业（科技）革命、产业前沿之间的紧密联系；从企业生命周期理论、科学决策方法以及员工管理与激励理论等维度，系统地提炼了提升创业者管理智慧的关键要素；详细阐述了股权设计及陷阱应对的相关知识，包括股权代持、同股不同权、股东协议等热门议题；此外，还对创新大赛的相关知识、技能和注意事项进行了详尽介绍。

3. 校企共建，理实结合　校企合作共同完成本教材的编写。例如，深圳某公司为第 2、第 4 章提供了课堂实操的核心项目案例和产品制作所需工具；广州某公司为教材的第 5、第 10 章提供了大量生动实用的素材；北京某律师事务所为多个章节特别是第 11 章的编写提供了专业的法律咨询和辅导。校企合作共同编写教材，不仅确保了教材内容的严谨性和针对性，还有利于学生在实际操作中学习理论知识，在理论学习中不断实践，有效解决了教学过程中理论和实践相脱节的问题。

4. 真情实景，贴近学生　本教材始终以问题为导向，致力于解决学生创客和创业者的"痛点"和"难点"。绝大部分章节的开头都以案例导入，这些案例大多是编者基于大学生创新和创业的真实情景所提炼出来的原创成果，更贴近真实的创新创业生态，更容易在教学过程中引起学生的共鸣。

第 1 章由郝良强（济南护理职业学院）编写，第 2、第 4 章由吴维（深圳职业技术大学）编写，第 3、第 12 章由严永旺（长沙卫生职业学院）编写，第 5 章由同婉婷（深圳职业技术大学）编写，第 6 章由凌敏（长沙卫生职业学院）编写，第 7 章由李少华（甘肃工业职业技术学院）编写，第 8、第 9 章由许步亮（江苏护理职业学院）编写，第 10 章由黄志坚（深圳职业技术大学）编写，第 11 章由韩晓洁（深圳职业技术大学）编写，第 13 章由唐涛（广州卫生职业技术学院）编写。感谢各位编委的辛勤劳动，感谢科学出版社的大力支持和帮助。本教材参考了国内外有关学者的著作、教材、论文等，在此深表感谢。感谢教材编写和审核过程中提出宝贵意见的专家同仁。

由于编者水平有限，编写时间紧，本书可能存在不足之处，恳请广大师生、学界同仁和读者提出宝贵意见，以便修正。

编　者

2024 年 5 月

配 套 资 源

欢迎登录"中科云教育"平台，**免费**数字化课程等你来！

本系列教材配有数字化资源，持续更新，欢迎选用！

"中科云教育"平台数字化课程登录路径

电脑端
- 第一步：打开网址 http://www.coursegate.cn/short/OV00F.action
- 第二步：注册、登录
- 第三步：点击上方导航栏"课程"，在右侧搜索栏搜索对应课程，开始学习

手机端
- 第一步：打开微信"扫一扫"，扫描下方二维码

- 第二步：注册、登录
- 第三步：用微信扫描上方二维码，进入课程，开始学习

PPT 课件，请在数字化课程里下载！

目 录

创 新 篇

第1章 创新创业与产业前沿 /3
 第1节 基础知识 /3
 第2节 创新创业与工业（科技）革命 /6
 第3节 "四新"建设与产业前沿 /10

第2章 创新者与创新思维 /14
 第1节 创新者 /14
 第2节 创新思维的内涵 /17
 第3节 创新思维的培养方法 /19

第3章 创新方法论 /23
 第1节 创新方法概述 /23
 第2节 创新的典型方法 /25
 第3节 创新方法的应用案例 /30

第4章 产品原型的定位与开发 /33
 第1节 产品原型的概念与意义 /33
 第2节 产品原型的类型、方向和原则 /34
 第3节 产品原型制作的呈现 /37
 第4节 产品原型的测试 /40

创 业 篇

第5章 创业者与创业团队 /45
 第1节 创业者 /45
 第2节 初创团队组建的基本原则 /48
 第3节 初创团队的成员招募 /50
 第4节 初创团队的管理与激励 /54

第6章 创业机会与创业风险 /59
 第1节 创业机会识别 /59
 第2节 创业机会评价 /63
 第3节 创业风险识别与规避 /67
 第4节 商业模式开发 /68

第7章　创业计划书与项目路演　/76
　　第1节　创业计划书　/76
　　第2节　项目路演　/82

第8章　新企业创建　/87
　　第1节　新企业的法律形态选择　/87
　　第2节　新企业的名称设计　/90
　　第3节　新企业的地址选择　/92
　　第4节　新企业的登记注册　/94

第9章　创业资源与创业融资　/97
　　第1节　创业资源　/97
　　第2节　创业融资　/102

拓　展　篇

第10章　创业者的管理智慧　/109
　　第1节　企业生命周期的管理智慧　/109
　　第2节　决策的智慧　/114
　　第3节　员工管理的智慧　/118

第11章　股权设计　/127
　　第1节　股权的概念、类型与特征　/127
　　第2节　股权设计方案　/131
　　第3节　股权设计的陷阱与应对措施　/136

第12章　企业文化　/144
　　第1节　企业文化的概念、内容与作用　/144
　　第2节　初创企业的企业文化设计方案　/148
　　第3节　企业文化变革与创新　/152

第13章　中国国际大学生创新大赛　/158
　　第1节　中国国际大学生创新大赛赛前准备　/158
　　第2节　中国国际大学生创新大赛商业计划书　/165
　　第3节　中国国际大学生创新大赛项目PPT与视频短片　/171
　　第4节　中国国际大学生创新大赛路演答辩　/175

主要参考文献　/180

创新篇

第1章 创新创业与产业前沿

> **学习目标**
> 1. 素质目标　了解创新创业、产业前沿、科技革命和"四新"建设的意义，树立正确的学习目标。
> 2. 知识目标　理解创新创业和产业前沿、科技革命的联系，认识"四新"建设的内容和要求。
> 3. 能力目标　能结合产业前沿和"四新"建设要求等进行创新创业活动。

人类社会从低级到高级、从简单到复杂、从原始到现代的进化历程，是一个不断创新创业的过程。科技创新催生众多新业态，改变着产业格局。本章我们将从了解创新创业的概念、特征和类型开始，不断加深对科技革命、"四新"建设（新工科、新医科、新农科、新文科建设）的认识，积极应对新科技革命和产业变革带来的机遇与挑战。

第1节　基础知识

案例1-1

小赵是高职院校医学相关专业学生，在校期间接受了专业教育和创业意识培训。他利用周末和假期认真训练技能、参加企业实践活动，并在大三期间撰写了创业计划书参加了创业大赛。在参加大赛的过程中，他深入了解了相关产业前沿科技发展动态，认为自己的创业计划非常符合产业发展趋势，将来成功的概率很大。于是，他毕业后创办了自己的企业，踏上了创业之旅。

问题：1. 创新、创业和产业前沿之间有什么关系？
2. 大学生进行创新创业，需要符合产业发展趋势吗？

一、创新、创业和产业前沿的基本概念

（一）创新的基本概念

1. 创新的概念　创新是一种人的创造性的实践行为，是利用现有的基础，提出新的创意，改造升级现有产品或创造新的产品，改进或优化生产技术、过程或模式，降低成本、提高效率、增加价值，满足社会需求的过程。

创新是引领发展的第一动力。创新是一个民族进步的灵魂，是一个国家兴旺发达的不竭动力。在当今快速发展的时代，创新变得越来越重要。只有不断创新，企业和个人才能适应不断变化的市场环境，提高自身的竞争力，实现持续的发展和进步。

2. 创新的特点

（1）变革性　创新不是无根之木、无源之水，是在现有基础上，依靠已有的理论、经验和工具，革除旧的或引入更好的方法、技术或理念，改善某个过程、实践或系统。

（2）新颖性　新颖性是指与现有技术或已知技术相比，具有"新"和"前所未有"的设计、独特的

外观、多样的功能，满足不同需求的客户。

（3）创造性　创造性是指革新现有的思维、技术或产品，与现有情况相比具有显著进步，能够高效提升劳动效率、增加社会价值。

3. 创新的类型

（1）创意创新　创意创新是指基于新颖的构思和独特的想法，以现有的知识和能力为基础，设计出具有一定科技含量，能够满足学习、科研、生活等需求的方案或描述等。

（2）实物创新　实物创新是指以独特的构思提出有别于常规的方案，对已有产品进行改造升级或制造出新的产品。

（3）生产创新　生产创新是指对生产任务、生产方式或生产过程产生有价值的新想法，优选生产材料、改变生产方式、改进生产工艺、优化生产流程，达到降低成本、节约能耗、缩短时间、提高效率等目的。

> **链　接**　宋刚谈创新
>
> 宋刚在《复杂性科学视野下的科技创新》一文中提出：技术创新是技术进步与应用创新的"双螺旋结构"共同演进的产物；信息通信技术的融合与发展推动了社会形态的变革，催生了知识社会，使得传统的实验室边界逐步"融化"，进一步推动了科技创新模式的嬗变。要完善科技创新体系急需构建以用户为中心、以需求为驱动、以社会实践为舞台的共同创新、开放创新的应用创新平台，通过创新双螺旋结构的呼应与互动形成有利于创新涌现的创新生态，打造以人为本的创新2.0模式。《创新2.0：知识社会环境下的创新民主化》一文对创新2.0模式进行了分析，将创新2.0总结为以用户创新、大众创新、开放创新、共同创新为特点的，强化用户参与、以人为本的创新民主化。

（二）创业的基本概念

1. 创业的概念　一般来说，对创业的理解有广义和狭义之分。广义的创业，是指创造一番事业。狭义的创业是指创办一个企业。总之，创业是创业者一系列品质和能力的集合，是从发现社会的某种刚性需求开始，通过客观分析，整合技术和资金等资源创新性地找到解决方案，解决社会问题，实现盈利，创造价值，成就一番事业的过程。

创业的核心是创新，创业者需能够明确地确定团队的目标和方向，制订出具体的计划和策略，激发团队成员的潜力和热情，勇于面对挑战和失败，以实现团队的目标和愿景。同时，创业也面临着许多挑战。市场竞争激烈、政策环境多变、融资困难等问题都是创业者需要面对的难题。因此，创业需要谨慎评估风险，制订合理的商业计划，寻求合作伙伴的支持，并保持持续地学习和改进。

2. 创业的特点

（1）敏锐性　创业者要善于打破传统，通过敏锐的市场洞察力、商业敏感性和决策能力，发挥创业团队的智慧，及时调整经营策略，适应市场需求。

（2）协作性　创业团队要善于建立高效、协同的工作系统，有效地整合技术资源、渠道资源、品牌资源等，快速响应市场需求，降低成本、提高效率、增强市场竞争力。

（3）风险性　在创业过程中，创业者要面对市场不确定性、技术更新换代、资金风险等多重风险因素，创业者要遵守法律法规和商业道德，时刻保持谨慎和冷静，不断调整、优化商业计划和策略，应对市场变化和风险挑战。

3. 创业的类型

（1）创立一家企业　包括确定企业的名称、企业的经营范围和经营项目、申请办理工商营业执照、进行税务登记等。

（2）在孵化机构创业　在孵化机构创业是指初创企业或团队通过在政府与大学或研究机构等合作成立的孵化机构中共享办公空间、网络、资源链接、培训和指导等，提高初创企业的成功率，降低创业风险，并促进经济增长和创新的一种创业类型。

（3）电子商务创业　电子商务创业是指利用计算机技术、网络技术和远程通信技术，在法律许可范围内开展商业活动，以实现企业或个人盈利的创业类型。

（三）产业前沿的基本概念

1. 产业　产业是一系列经济活动的集合，包括产品的研发、生产、销售、服务等一系列环节。产业一般分为三类，分别是第一产业、第二产业和第三产业。第一产业是指农业、林业、牧业和渔业等直接与自然资源相关的产业。第二产业是指工业和建筑业，这两个产业都涉及对自然资源的加工和制造。第三产业则是指服务业，包括商业、金融、教育、医疗、旅游等领域，这些产业提供的服务与物质生产没有直接关联。

随着经济的发展，产业的构成也在不断变化。在经济发展的初期，第一产业占据主导地位，但随着经济的发展和工业化的推进，第二产业逐渐占据主导地位。然而，随着信息化和服务业的发展，第三产业的发展速度越来越快，成为推动经济发展的重要力量。在全球化时代，产业的国际竞争也日益激烈。为了保持竞争优势，许多国家纷纷加强产业的创新和技术升级，推动产业的转型升级。同时，各国政府也积极采取措施，加强人才培养和引进，为产业的可持续发展提供有力支持。

总之，产业是一个国家经济发展的基础和重要支撑，其发展状况直接影响到国家的经济实力和国际竞争力。

2. 产业前沿　产业前沿是指在某个领域内，新兴的、具有前瞻性和战略性的技术、产品或服务，它们代表了该领域未来的发展方向和趋势，代表着产业内最新、最热、最有代表性的成果。

当前在新一轮科技革命和产业变革的背景下，全球科技创新进入密集活跃期。谋划前沿产业新赛道，加快布局前沿产业，对培育壮大我国经济新增长点、形成发展新动能具有重要意义。《中华人民共和国国民经济和社会发展第十四个五年规划和2035年远景目标纲要》明确提出："在类脑智能、量子信息、基因技术、未来网络、深海空天开发、氢能与储能等前沿科技和产业变革领域，组织实施未来产业孵化与加速计划，谋划布局一批未来产业。"

新产业是指应用新技术发展壮大的新兴产业和未来产业，具有创新活跃、技术密集、发展前景广阔等特征，关系国民经济社会发展和产业结构优化升级全局。2023年8月，工业和信息化部等四部门印发《新产业标准化领航工程实施方案（2023—2035年）》，该方案主要聚焦新兴产业与未来产业标准化工作，形成"8+9"的新产业标准化重点领域。其中，新兴产业聚焦在新一代信息技术、新能源、新材料、高端装备、新能源汽车、绿色环保、民用航空、船舶与海洋工程装备等八大领域；未来产业聚焦在元宇宙、脑机接口、量子信息、人形机器人、生成式人工智能、生物制造、未来显示、未来网络、新型储能等九大领域。

> **链　接**　2023年全国工业和信息化会议对新兴产业和未来产业有关论述
>
> 2023年12月21日，全国工业和信息化工作会议指出，在新兴产业方面，将启动智能网联汽车准入和上路通行试点，推进北斗规模应用和卫星互联网发展，壮大新能源、新材料、高端装备、生物医药及高端医疗装备、安全应急装备等新兴产业。在未来产业方面，将瞄准人形机器人、量子信息等产业，着力突破关键技术、培育重点产品、拓展场景应用。

二、创新、创业和产业前沿的内在联系

创新创业与产业发展阶段的关系是动态的、变化的。在产业发展的不同阶段，需要不同的策略推动其发展。

1. 创新和产业发展的关系　产业发展需要不断创新来推动和支撑，而创新则需要有一个良好的产业环境来孵化和发展。

创新促进产业的发展，改变现有产业的格局，带来新的业态和机遇。例如，随着互联网技术的迅猛发展，电子商务企业通过创新的商业模式和技术手段，有效满足了消费者个性化需求，使传统的零售业受到了前所未有的冲击。同时，产业的发展为创新提供了广阔的市场和巨大的需求，推动了科技进步。

创新推动产品升级和产业转型。企业通过技术创新和商业模式创新，实现产品的升级和产业的转型，提高市场竞争力和市场占有份额。例如，手机产业过去主要以功能机为主导，而随着智能手机的兴起，手机产业经历了一次巨大的转型。智能手机的功能和用户体验不断提升，使得手机产业从单一的通信工具转变为多功能的移动终端，这种创新促进了整个手机产业的升级和转型。

创新推动新兴产业的发展，创造新的经济增长点，为经济发展注入新的活力。例如，互联网技术的快速发展，催生了一批新的互联网企业，如搜索引擎、社交媒体、在线购物等。这些新兴产业为经济增长提供了新的动力，创造了大量的就业机会。

2. 创业和产业发展的关系　创业是将科技创新转化为实际生产力的重要途径。

创业是产业链发展和升级的动力。创业者只有通过挖掘产业链中的痛点和机会，研发技术、开发新产品、开拓新市场，针对性地开展创业活动，才能抓住新的创业机会、拓展业务、拓宽市场，推动产业的升级和发展。

创业促进产业集群的形成和发展。有交互关联性的企业、专业化供应商、服务供应商、金融机构、相关产业的厂商及其他相关机构等，通过在一定区域内集中聚集和协作，形成产业集群，共享资源、降低成本、提高效率、增强产业的竞争力和创造力，推动产业集群的发展和壮大。

产业是创业的载体和平台。创业者需要在一定的产业环境下进行创业活动，产业的规模和发展水平直接影响着创业的机会和难度。产业环境也为创业者提供了必要的资源和支持，如资金、人才、技术等。

第 2 节　创新创业与工业（科技）革命

案例 1-2

电力的广泛使用，促进新技术的发明和发现。因当时的电弧灯不实用，美国发明家托马斯·阿尔瓦·爱迪生（Thomas Alva Edison）希望能发明一种千家万户都能用上的灯光柔和的电灯，经过试用了 6000 多种材料，试验了 7000 多次，1879 年，他成功地发明了电灯，使人类生活更加方便和安全。

问题：请将以上案例结合自身专业，思考创新创业和科技发展的关系。

伴随着科学技术的深刻、全面而根本性的变革，第一次工业革命实现了机械化，第二次工业革命实现了电气化，第三次科技革命实现了自动化和信息化。

一、创新创业与第一次工业革命

第一次工业革命始于 18 世纪 60 年代，它以蒸汽机作为动力机被广泛使用为标志。这场革命发生在

英国,是轻工业的一次伟大革新,推动了棉纺织技术、蒸汽机、汽船和蒸汽机车等科学技术革新和重要发明的诞生。

1. 纺纱机 工业革命首先出现于工场手工业最为发达的棉纺织业。1733 年,机械师约翰·凯伊(John Kay)发明了飞梭,大大提高了织布速度,棉纱顿时供不应求。1765 年,织工詹姆斯·哈格里夫斯(James Hargreaves)发明了"珍妮纺纱机",大幅度增加了棉纱产量。"珍妮纺纱机"的出现首先在棉纺织业中引发了发明机器、进行技术革新的连锁反应。此后,在棉纺织业中出现了骡机、水力织布机等机器。

2. 蒸汽机 1785 年,詹姆斯·瓦特(James Watt)制成的改良型蒸汽机投入使用,提供了更加便利的动力,得到迅速推广,大大推动了机器的普及和发展。人类社会由此进入"蒸汽时代"。不久,采煤、冶金等许多工业部门,也都陆续有了机器生产。进入 19 世纪,传统的家庭生产逐渐被工厂生产所替代,现代工厂制度最终确立。1814 年,英国人乔治·史蒂芬森(George Stephenson)发明了蒸汽机车,开创了陆地运输的新时代。1825 年,他亲自驾驶着一列拖有 34 节小车厢的火车试车成功。

1840 年前后,在英国,大机器生产已基本取代了工场手工业,工业革命基本完成。英国成为世界上第一个工业国家。随后,工业革命逐渐从英国向欧洲大陆和北美传播,并进一步扩展到世界其他地区。

19 世纪初,美国人罗伯特·富尔顿(Robert Fulton)制成的以蒸汽为动力的汽船试航成功,开启了水上运输的革命。轧棉机、缝纫机、拖拉机等的发明,特别是采用和推广了机器零部件的标准化生产方法,大大促进了机器制造业的发展,推动了机器的普及。19 世纪中期,美国完成了工业革命。

19 世纪早期,德意志一些地区开始工业革命。此后,德意志的纺织、冶金、采煤、农业和铁路运输等部门虽然有一定程度的发展,但是,四分五裂的政治局面严重阻碍了德意志工业革命的进程。19 世纪中期前后,俄国、日本等国也陆续开始了工业革命。

创新创业与第一次工业革命紧密相连。许多发明者都是劳动者、工匠,他们通过自己的努力和创新,推动了科技进步和社会发展。工业革命使工厂制代替了手工工场,机器代替了手工劳动,手工艺人、家庭纺织工、农场主、矿工等逐渐消失。随着工业取代农业成为当时的主导产业,逐渐形成了以制造业、交通运输、能源动力为主导的产业结构,工厂工人、技术工程师、机械师、销售员、铁路工人等职业诞生。工业革命使依附于落后生产方式的自耕农阶级消失了,工业资产阶级和工业无产阶级形成和壮大起来。随着工业城市的不断涌现和人口的迅速增长,工业革命推动了城市化规模不断扩大,城市化水平不断提高。

二、创新创业与第二次工业革命

在蒸汽机的轰鸣声中,欧美各国的科学家们孜孜不倦地进行着科学探索,开启了一系列科技创新的浪潮,取得了丰硕的成果。

1. 电的广泛应用 1820 年,丹麦科学家汉斯·克海斯提安·奥斯特(Hans Christian Ørsted)首先发现了电流周围存在磁场。1831 年,英国科学家迈克尔·法拉第(Michael Faraday)通过反复研究和实验,终于发现了电磁感应原理,他建造了第一座发电机原型,并被誉为电磁学之父。1866 年,德国人维尔纳·冯·西门子(Werner von Siemens)研制成功发电机。19 世纪 70 年代,发电机才真正由实验室步入实际生产领域。发电机广泛应用于电力、水利、化工、铁路等领域,促成一大批新的工业部门诞生,从根本上改变了资本主义生产的面貌。同时,电灯、电话、电车、电影放映机等电器产品纷纷涌现,人们的生活变得更加便捷、丰富。人类由此进入电气时代。

2. 内燃机的创制和使用 19 世纪七八十年代,以煤气和汽油为燃料的内燃机相继问世。不久,以柴油为燃料的内燃机也研制成功。19 世纪 80 年代,德国人卡尔·弗里德里希·本茨(Karl Friedrich Benz)等人成功地制造出由内燃机驱动的汽车,它功率大、加速快、载重量大。1903 年,美国的莱特兄弟（Wright Brothers）以内燃机为动力，成功驾驶飞机升上天空。同时，内燃机也开始驱动火车和轮船。这些交通工具的发明极大地改变了人们的出行方式，对现代交通产生了深远的影响。

不断涌现的发明和创新都是由具有创业精神的企业家和科学家共同推动的，并将新的科技应用于商业实践中。随着自动化、机械化纺织机器和更高效的采矿方法的出现，传统的纺织业、煤炭开采业等逐渐消失，导致大量从事手工艺纺织的工人、采煤工人失去了工作。电力、化学、钢铁、煤炭等新兴产业的发展为创业者提供了广阔的市场和商业机会，人们的创新创业精神也得到了进一步的激发和提升。随着电力和电子公司的兴起、内燃机和自动化生产线的出现以及石油开采和化学工业的发展，从事电力生产和供应、电子产品及汽车生产和销售、石油开采和化学制品生产和销售的员工数量增加。这次科技革命的规模大、范围广、速度快，几乎在几个先进国家同时进行。一些落后的国家，借鉴前面发展起来的先进国家的成功经验，把第一次工业革命和第二次工业革命一起进行，充分利用了先进国家的成果，促进了本国的经济发展。

三、创新创业与第三次科技革命

第三次科技革命始于20世纪四五十年代，以原子能、电子计算机和航天技术等领域的发明和应用为主要标志，其本质上是一场信息控制技术的革命，带来了许多新兴技术和产业，为全球经济的转型提供了新的机会和平台。

1. 原子能　原子能又称核能，是通过核裂变、核聚变或核衰变等三种核反应之一从原子核释放的能量。原子能的应用广泛，核能发电是其最主要的用途，而核武器具有毁灭性的破坏力。在医学领域，放射性药物等可以用于诊断和治疗肿瘤、心血管疾病等。在农业上，辐射育种、诱变育种等可以改变农作物的遗传特性，提高产量和抗病性。

总之，核能的主要特点包括高能量密度、持续供应、低碳排放和广泛应用等，然而，在追求科技进步的同时，我们也应该关注其伦理、安全和环境问题，确保人类能够安全、可持续地利用原子能。

2. 电子计算机　电子计算机是现代一种利用电子技术和相关原理，根据一系列指令来对数据进行处理的机器。它具有存储记忆功能，能够按照程序运行，自动、高速处理海量数据。目前，较先进的计算机有生物计算机、光子计算机、量子计算机等。

随着电子技术的不断发展，电子计算机的体积逐渐减小，而性能却不断提高，应用范围也不断扩大。最初，它主要用于军事科研领域。如今，已经成为信息社会中必不可少的工具，被广泛应用于工农业生产、科学研究、教育艺术、交通、医学和国防建设等中。

3. 航天技术或空间技术　航天技术或空间技术，是探索、开发和利用太空以及地球以外天体的综合性工程技术。航天技术是人类为了扩大社会生产，从陆地、海洋到大气层，再到宇宙空间，逐渐扩展活动范围而发展起来的。

卫星可实现在全球范围内进行通信和精确的定位导航。气象卫星可以实现在全球范围内预测天气和气候变化，这对天气预报、气候研究、自然灾害监测和环境保护等方面都非常重要。如今，人类通过载人航天器进入太空和深空，进行科学实验、探索和研究。随着技术的进步，人类将持续进行探测太阳系外行星、研究黑洞和宇宙起源等工作。

随着智能制造技术、人工智能和机器学习技术的快速发展，许多传统制造工厂中的生产线操作工、装配工、质检员、物流工等岗位逐渐消失，出现了数据科学家、机器学习工程师等新岗位。随着互联网的普及、电子商务和在线教育的兴起，数字营销、社交媒体管理、物流和配送、在线教师、远程客服等新职业方向的岗位出现。互联网和移动支付逐渐取代了传统的银行业务，导致银行工作岗位减少。

四、未来发展

新一轮科技革命，是以互联网产业化、工业智能化、工业一体化为代表，以人工智能、清洁能源、无人控制技术、量子信息技术为主的全新技术革命。

1. ChatGPT　ChatGPT 是 OpenAI 研发的聊天机器人程序，于 2022 年 11 月底发布。ChatGPT 是人工智能（artificial intelligence，AI）技术驱动的自然语言处理工具，它能够通过理解和学习人类的语言来进行对话，能像人类一样根据聊天的上下文进行互动，甚至能完成撰写邮件、视频脚本、文案、代码、论文，以及进行翻译等任务。

2. 元宇宙　一般来讲，元宇宙是借助人工智能、虚拟现实、云计算、数字孪生、区块链等高科技手段，把物理世界映射到由数字、互联网组成的虚拟世界。在这个虚拟世界中，无论是身份、感官、意识形态等个人属性，还是社会体系、经济结构、政治组织等社会属性，都能够全部呈现出来。元宇宙的出现，模糊了主观和客观的界限，一个新的世界，也许即将到来。

有学者认为，"元宇宙"是一个平行于现实世界，又独立于现实世界的虚拟空间，是映射现实世界的在线虚拟世界，是越来越真实的数字虚拟世界。短期来看，元宇宙的发展仍将主要集中于游戏、社交、内容等娱乐领域；中期来看，元宇宙将向生产生活多领域逐步渗透，如今，工业特别是制造业领域的数字孪生技术已成为生产环节的重要支撑手段；长期来看，元宇宙或将不可限量，或将以虚实融合的方式改变现有社会的组织与运作。

3. 数智时代　数智时代又称"ABC 世纪"，其中 A 指 AI（人工智能）、B 指 big data（大数据）、C 指 cloud computing（云计算）。当前我们正在经历方兴未艾的新一轮工业革命，其突出特点是数智化。数智时代下的生命体将迎来进化和重生，即向生命 3.0 迈进，人类将能够随意改造或设计自己的身体，完全成为命运的主人，彻底摆脱进化的束缚。由此，人的自然本性也将发生变化，脑机接口等技术使人脑的数字化和电子化发展成为可能，进而产生"数字人"。"数字人"不仅是真人的化身或由真人的信息组成的精神体，还会体现真人的意志，满足真人的需求，成为彼此互动的统一体。

> **链　接**　ChatGPT 的现实应用
>
> 近期，多家上市公司已将 ChatGPT 技术用于虚拟数字人业务，为数字人构建"AI 大脑"。相关专家指出，数字人是元宇宙世界中最为基础的交互单元与最早落地的应用场景。随着技术的不断进步，以数字人为代表的虚拟现实产业初步构建了完善的技术创新生态系统，数字人的应用也更加广泛，如新闻播报主持、文旅导览导航、金融客服等，它们通过预置知识库、知识图谱等方式，对用户的基本诉求进行行为和语音识别，并设置固定对话进行回复，加大了企业服务以及多场景生活的便捷性。

工业和信息化部等部门印发的《虚拟现实与行业应用融合发展行动计划（2022—2026 年）》指出，到 2026 年，我国虚拟现实产业总体规模将超过 3500 亿元，数字人领域将得到进一步发展。ChatGPT 等生成式人工智能（artificial intelligence generated content，AIGC）应用程序将显著提升数字人的制造效率、拓宽数字人的使用场景、提高数字人多模态交互中的识别感知和分析决策能力，促进数字人技术的快速发展。

人工智能、物联网、大数据等新兴技术的发展，形成了涵盖技术研发、设备制造、软件开发和应用服务等各个方面的庞大的产业链，催生了数据分析、云计算、人工智能等新兴行业，同时为其他各行业提供了强大的技术支持和创新动力。新兴技术与传统产业相结合，形成了智能制造、智慧物流、智慧农业、智慧医疗等新的业态和岗位，催生了数据分析工程师、机器人协调员、现场服务工程师等新职业，同时减少了传统的机器操作工、物流运输、设备维护等职业的需求。

第3节 "四新"建设与产业前沿

> **案例1-3**
> 小李毕业于某医科大学,他一进入工作单位,就结合自己的专业和同事一起建立了心血管研究工作室。通过查阅资料,征求教授专家的建议和意见,针对心血管疾病的诊疗,研发出了一款无创伤性心肌缺血检测仪。该设备通过监测皮肤电导率等指标的变化,评估心肌缺血的程度,为心血管疾病的早期预警防治提供了强有力的支持,得到单位同事和患者的认可。小李通过这次创新项目,迅速实现了由大学生到医者角色的转换,还提升了自身学术钻研水平和动手实践能力。
> 问题:1. 小李同学是受到什么启发而充满工作热情、创新激情的?
> 2. 他成功的案例对年轻大学生创新创业有什么启迪?

为了积极应对新科技革命和产业变革带来的机遇与挑战,教育部、中央政法委、科技部等13个部门联合启动了一项重要的计划——"六卓越一拔尖"计划2.0。该计划于2019年4月29日在天津正式启动,旨在全面推进"四新"建设。

一、新工科与产业前沿

中国经济发展面临动能转换、方式转变、结构调整的繁重任务,新技术、新产品、新业态和新模式蓬勃兴起。新产业的发展要靠工程教育提供人才支撑,特别是应对未来新技术和新产业国际竞争的挑战,必须主动布局工程科技人才培养,提升工程教育支撑服务产业发展的能力。

1. 新工科的内涵 新工科,顾名思义,指新的工学学科或工程学科。它是与新科技紧密相连、对接新兴产业、由多学科交叉生成的学科。新工科又可表述为"工科+",即工科+新理念、工科+新专业、工科+新结构、工科+新模式、工科+新体系、工科+新技术等形成的工科新形态。学科是本质,"工"是属性,"新"是价值取向。

2. 新工科对应的产业 新工科以新经济、新产业为背景。新工科的建设,一方面要设置和发展一批新兴工科专业,另一方面要推动现有工科专业的改革创新。"新工科"对应的是新兴产业,如人工智能、智能制造、机器人、云计算等,也包括传统工科专业的升级改造。新一代信息技术产业、高档数控机床和机器人、航空航天装备、海洋工程装备及高技术船舶、先进轨道交通装备、节能与新能源汽车、电力装备、农机装备、新材料、生物医药及高性能医疗器械等都属于新工科。

3. 新工科对应的专业 新工科专业主要是指针对新兴产业的专业,以互联网和工业智能为核心,包括大数据、云计算、人工智能、区块链、虚拟现实、智能科学与技术等相关工科专业。新工科更加强调学科交叉和跨学科人才培养,更加强调产教融合和校企合作,更加注重学生的创新创业能力培养。进行人才培养模式的探索,是新工科改革的核心,就是建立以产业需求为导向的人才培养模式,通过多层次人才培养模式的探索实践,最终培养出企业需要的创新型人才。

二、新医科与产业前沿

全方位全周期维护人民健康的需求是十九大以来党和国家对新时代医科发展的要求。医学的发展愈发离不开工科的支持,医学领域正突破传统局限,与人工智能、大数据等高端智能技术交叉融合。

1. 新医科的内涵 新医科建设主要是适应新一轮科技革命和产业变革的要求,从治疗为主到兼具预防、治疗、康养的生命健康全周期医学。新医科的医学生不仅需要医术高明，还需具备使用人工智能、计算机进行数据分析、操作手术机器人等的工程能力；不仅需要具备扎实的医学专业知识，还需要广泛涉猎其他学科，成为医工文理交叉的复合型人才；不仅要具备国际视野、交叉融合的思维和创新精神，还要具备能够运用学科交叉知识解决医学领域最前沿问题的能力。

2. 新医科对应的产业 随着人工智能、大数据、机器人手术、脑认知、3D打印器官、基因测序、远程医疗、个性化医疗等当前医疗领域的产业前沿概念层出不穷，现代医学越来越依赖信息技术、计算机、人工智能等技术。

> **链 接** 中国健康产业六大基本产业群体
>
> 中国健康产业由六大基本产业群体构成：①以医疗服务、药品、器械以及其他耗材产销、应用为主体的医疗产业；②以健康理疗、康复调理、生殖护理、美容化妆为主体的非（跨）医疗产业；③以保健食品、功能性饮品、健康用品产销为主体的传统保健品产业；④以个性化健康监测评估、咨询顾问、体育休闲、中介服务、保障促进和养生文化机构等为主体的健康管理产业；⑤以消杀产品、环保防疫、健康家居、有机农业为主体的新型健康产业；⑥以医药健康产品终端化为核心驱动而崛起的以中转流通、专业物流配送为主体的新型健康产业。

3. 新医科对应的专业 围绕新时代卫生与健康工作方针，紧扣健康中国建设、应对人口老龄化等国家战略需求，把握健康事业和健康产业发展新态势，顺应信息技术、数字技术的快速发展，推动医学与其他学科深度交叉融合，教育部办公厅发布的《服务健康事业和健康产业人才培养引导性专业指南》中设置了五个新医科人才培养引导性专业：医疗器械与装备工程、老年医学与健康、健康与医疗保障、药物经济与管理、生物医药数据科学。

三、新农科与产业前沿

随着现代农业与第二、第三产业的深度融合，现代农业作为现代技术的重要应用场景快速发展，新产业、新业态不断涌现。为此，将现代生物技术、信息技术、工程技术等融入传统农科专业人才培养，并重构其知识体系成为新农科专业建设的重要改革实践。

1. 新农科的内涵 新农科包括数字农业、机器农业、全智能农业，是将先进的现代信息技术应用到农业领域，以全面提升农业生产和经营水平，追求"新技术、新设备、新装备、新特性、新模式、新服务"的一种新农业发展理念。通过数字化和信息化技术，实现精准种植、精准灌溉、精准施肥及精准作物保护，降低农业种植成本，增加农民收入，实现农业可持续发展和社会可持续发展。

2. 新农科对应的产业 国家不断优化涉农学科专业结构，推进农林教育供给侧改革，加快专业的调整、优化、升级与新建，服务于绿色低碳、多功能农业、生态修复、森林康养、湿地保护、人居环境整治等新产业新业态发展。

（1）绿色低碳 在实施农业低碳化中主要强调植树造林、节水农业、有机农业等方面。植树造林是农业低碳化最简易、最有效的途径。节水农业是提高用水有效性的农业，也是水、土作物资源综合开发利用的系统工程。有机农业以生态环境保护和安全农产品生产为主要目的，大幅度地减少化肥和农药使用量，减轻农业发展中的碳含量，已成为新型农业的发展方向。

（2）多功能农业 农业多功能性概括为经济功能、生态环境功能、社会功能以及文化休闲功能等四大类。立足农业经济功能，农产品加工产业集群不断涌现。激活农业生态功能，开发绿色生态高附加值产品。稳定农业社会功能，为乡村产业升级保驾护航。挖掘农业文化功能，不断延长农业产业链。例如，湖南省农民合作社经过多年发展，逐渐形成种养加销一体化、专业服务、合作社加公司、要素合作型、联合发展型五大"农业+"新兴态势，基本涉及了种养、农产品加工与流通、休闲旅游等产业领域，助推一、二、三产业融合发展。

（3）生态修复　生态修复行业涵盖水环境修复、土壤修复、矿山修复、湿地修复、荒漠化治理等领域。中国生态修复行业产业链主要包括上游原材料供应商、中游设备制造商和工程服务商、下游客户群体三个环节。上游原材料供应商主要提供土壤改良剂、植物种子、水处理剂、微生物菌剂等产品。中游设备制造商主要提供水处理设备、土壤治理设备、矿山治理设备等产品；中游工程服务商主要提供水环境修复、土壤修复、矿山修复等工程设计、施工、运营等服务。下游客户群体主要包括政府部门、工业企业、农业企业等，他们是生态修复行业的最终需求方。

（4）森林康养　森林康养是以森林生态环境为基础，以促进大众健康为目的，利用森林生态资源、景观资源、食药资源和文化资源，并与医学、养生学有机融合，开展保健养生、康复疗养、健康养老的服务活动。

（5）湿地保护　湿地是指具有显著生态功能的自然或者人工的、常年或者季节性积水地带、水域，包括低潮时水深不超过六米的海域（水田以及用于养殖的人工的水域和滩涂除外）。湿地包括红树林地、森林沼泽、灌丛沼泽、沼泽草地、沿海滩涂、内陆滩涂、沼泽地、河流水面、湖泊水面、水库水面、坑塘水面（不含养殖水面）、沟渠、浅海水域等。我国湿地分布广，类型多，区域差异显著。红树林地、沿海滩涂、浅海水域等湿地集中分布在东部及南部沿海区域；森林沼泽、灌丛沼泽、沼泽草地、沼泽地等湿地集中分布在东北平原、大小兴安岭和青藏高原；具有显著生态功能的河流水面、湖泊水面和内陆滩涂等湿地集中分布在青藏高原和长江中下游地区；具有显著生态功能的水库水面、坑塘水面（不含养殖水面）、沟渠等湿地集中分布在长江中下游地区和东南沿海地区。

（6）人居环境整治　人居环境整治是指通过采取一系列措施和策略，改善和保护人类居住环境、提高人民生活质量和健康水平的工作，涵盖了城市规划、城市设计、环境保护、自然资源管理、社会发展等多个领域。

3. 新农科对应的专业　面向新农业、新乡村、新农民、新生态，对接粮食安全、乡村振兴、生态文明等国家重大战略需求，服务农业农村现代化进程中的新产业新业态，教育部《新农科人才培养引导性专业指南》中，面向粮食安全等五大领域，设置 12 个新农科人才培养引导性专业，分别是如下方面。

（1）粮食安全领域　生物育种科学、生物育种技术、土地科学与技术。
（2）生态文明领域　生物质科学与工程、生态修复学、国家公园建设与管理。
（3）智慧农业领域　智慧农业、农业智能装备工程。
（4）营养与健康领域　食品营养与健康、兽医公共卫生。
（5）乡村发展领域　乡村治理、全球农业发展治理。

四、新文科与产业前沿

当今物联网、人工智能、区块链等技术的飞速发展，让一些人再次陷入（理性）自负。现实生活中理性退化为算法和计算，计算甚至蜕变成算计。个人的生活与行动也极可能被日益强大和精准的算法所主导甚或"绑架"。由此推论，当新科技革命和产业革命在大力推动社会发展的同时，附加带来环境、生态、伦理等风险，以及个人精神迷失、信仰空缺和意义危机等问题，这些都亟待通过新文科实现价值重塑。

1. 新文科的内涵　新文科并不是"新技术+文科"或"文科+新技术"，也不能将新文科视为新工具和方法的简单应用，而要真正拥抱和融入新技术，借助现代科技重塑学生的价值观念和思维体系，更好地回应和阐释科技与人文社会科研之间的逻辑关联。

2. 新文科对应的产业　文化及相关产业是指为社会公众提供文化产品和文化相关产品的生产活动的集合。根据这一定义，其生产活动范围包括如下两部分。

（1）以文化为核心内容，为直接满足人们的精神需要而进行的创作、制造、传播、展示等文化产品（包括货物和服务）的生产活动。具体包括新闻信息服务、内容创作生产、创意设计服务、文化传播渠道、文化投资运营和文化娱乐休闲服务等活动。

（2）为实现文化产品的生产活动所需的文化辅助生产和中介服务、文化装备生产和文化消费终端生产（包括制造和销售）等活动。

文化产业正在和其他行业进行深度融合，文化和创意设计、文化和旅游、文化和科技、文化和金融、文化和高端制造业等一系列的融合成为文化产业学科建设的重要特征。

3. 新文科对应的专业　新文科是一个跨学科的概念，旨在通过整合不同领域的人才培养和研究资源，促进文科教育现代化和创新发展。新文科专业不仅限于传统的文科范畴，还包括了现代信息技术和理工类学科的融入，拓宽了研究对象的范围和学科交叉的可能性。

（1）夯实基础学科　如哲学类、历史学类、中国语言文学类、经济学类。

（2）发展新兴学科　如健康服务与管理、大数据管理与应用、互联网金融、航空服务艺术与管理、艺术管理、供应链管理、金融科技等。

（3）推进学科交叉融合　如工+文——能源与气候经济、设计艺术哲学、新媒体等；医+文——生命伦理学、医学信息学、健康管理等；农+文——可持续发展与乡村建设、生态文明建设与管理、农业经济学等；理+文——计算法学、大数据管理与应用、金融科技等；文+文——政治学、经济学+哲学、体育旅游、音乐教育等。

> **链　接**　关于新文科与产业前沿融合创新的事例
>
> 追光动画影片《长安三万里》，主要是采用"科技+文化"的方式来演绎历史故事，它不仅保留了古代唐风，还融入了恢宏的科技元素，让观众在欣赏古典美的同时，也能感受到现代科技带来的震撼与惊喜。关于诗词文化的创新表达，是新文科的主要内容展示，文化传承与文化自信和青少年理想的碰撞才是最好的诠释。

融合和创新是"四新"建设的基本特征。新工科直接促进产业结构调整，新医科服务健康中国行动，新农科助力乡村振兴实现，新文科用中国理论、中国范式、中国标准、中国自信讲好中国好故事。"四新"绝不仅限于人才类型的增多和培养模式的转变，它们更多地指向世界科技经济产业前沿，瞄向未来发展需求的创新人才。

思 考 题

1. 你认为现在热门的产业是什么？
2. 目前，科技的发展经历了几个阶段？未来的发展趋势是什么样的？
3. 你所学的专业属于"四新"中的哪一类？未来的发展趋势如何？

（郝良强）

第 2 章 创新者与创新思维

学习目标

1. **素质目标** 了解创新思维对于个人成长的意义，树立成为创新者的自信心，树立勇于尝试新的方法、敢于面对困难和挑战、勇于追求卓越的进取心。
2. **知识目标** 认识创新型人才应该具备的素质，理解创新思维的内涵、特点和形成机制。
3. **能力目标** 能结合创新的含义、过程、原则和类型等进行创新思考，能够将自己的创新想法有效地传达给他人。

创新是民族进步的灵魂，是国家兴旺发达的动力；创新思维则是因时制宜、知难而进、开拓创新的科学思维。在时代背景下，基于特定目标，我们赋予创新与创新思维特定的内涵。本章将通过系列的案例，从剖析"创新者的角色画像"开始，逐步认知创新的要素和类型；从"什么是创新思维"开始，认识创新思维的特性，了解创新思维的养成对个人的意义；从"创新思维的培养"中，领会不同创新思维模式形成的路径，从而开启我们的创新之门。

第 1 节 创 新 者

案例 2-1

一支以小明为首的创客团队决定开发一款智能生活产品，致力于解决同学们在生活中遇到的时间管理不善、缺乏锻炼等问题。为实现产品硬件功能，团队找到了机械专业的小白来设计产品结构，邀请艺术设计专业的小美设计产品外观，将美学与实用性相结合，而通信专业的小明可以实现设备的语音控制等功能，管理专业的小露则为产品提供了大量的营销方案。在这个多元化团队中，每个人均发挥各自专长：小明具备导演般的统筹能力，小白如同跨栏高手一般勇往直前，小美擅长洞察时尚潮流，而小露则赋予产品故事灵魂。经过跨专业合作，产品最终被命名为"智享"并很快推向了市场。

问题：创新者不止一副面孔，你的身边有哪些人属于创新者？他们有哪些特质？

一、创新者的基本概念

创新者是撬动创新最关键的钥匙。党的二十大报告指出："必须坚持科技是第一生产力、人才是第一资源、创新是第一动力，深入实施科教兴国战略、人才强国战略、创新驱动发展战略，开辟发展新领域新赛道，不断塑造发展新动能新优势。"当前，世界新一轮科技革命和产业变革正在重构全球创新版图、重塑全球经济结构。创新驱动实质上是人才驱动，谁拥有一流的创新人才，谁就拥有科技创新的优势和主导权。

创新者是指那些在某个领域或行业中，通过独特的思维和开创性的行动，实现新的想法、产品、服务或商业模式的人。他们具有远见卓识，能够将看似遥不可及的想法变为颠覆性的现实。这些创新者通常表现出积极主动、充满干劲的态度，非常注重实践和实效。

创新者善于寻找新点子，乐于进行实验，不断将设想推进。他们的方法有时会让人觉得有点奇怪，但取得的成效却非同凡响。这源于他们的敏锐洞察力和创造性思维，以及勇于冒险和尝试的精神。他们能够发现并解决问题，提出新的解决方案，并将其转化为商业机会。

创新者在推动社会和经济发展方面发挥着重要的作用。他们的创新成果不仅带来了新的产品和服务，还创造了就业机会，促进了经济增长。同时，他们的创新思维和行动也引领了社会变革，推动了科技进步和文化发展。创新者是推动社会进步和发展的重要力量，他们的独特思维和开创性行动不仅带来了新的成果，也启发了更多人加入到创新行列中来。

二、创新者的思维特点

在当今快速发展的时代，创新已经成为推动社会进步的重要力量。创新者，这群敢于挑战传统、勇于探索未知领域的人，他们的思维特点值得我们深入研究。通常创新者具备以下几个方面的思维特点。

1. 创造性思维　创新者常常能够打破常规，从不同的角度审视问题，创造性地提出新的想法和解决方案。他们擅长将看似不相关的元素联系起来，从而产生独特的创意。这些创新者的思维方式往往超越了传统的线性思维模式，他们能够灵活地跳出框架，寻找新颖独特的解决方案。

2. 敏锐的洞察力　创新者具备敏锐的市场洞察力，他们能够深入观察并分析市场和社会中的问题和机会。通过发现消费者的新需求和行业趋势，创新者能够为市场带来全新的产品和服务，满足人们的需求。他们能够准确地识别市场空白和商业机会，从而为企业带来持续的竞争优势。

3. 勇于冒险和尝试　创新者敢于冒险尝试新的想法和方法，他们不惧怕失败，反而能够从失败中吸取经验教训。这种勇于尝试的精神使得他们能够接受风险和不确定性，不断探索新的领域和可能性。他们愿意尝试新的思路和方法，从而创造出前所未有的商业机会。

4. 领导力和团队合作能力　创新者具备卓越的领导力和团队合作能力。他们能够激励团队成员发挥自己的创新潜力，协调各方资源，共同实现创新目标。例如，华为公司的创始人任正非就是一位杰出的领导者，他能够带领高度专业化的团队，共同推动中国通信设备制造业的发展。

5. 技术和专业知识　创新者具备相关的技术和专业知识，这使得他们能够将创新的想法转化为实际的产品或服务。他们持续关注市场和技术的最新动态，掌握最新的技术和专业知识，从而将创新想法转化为实际的商业机会。

6. 预见性和战略思维　创新者能够分析市场和社会的发展趋势，预测未来的变化。这使得他们能够制订长远的战略规划，为企业的发展提供明确的方向。这种战略思维使他们能够在竞争激烈的市场中立于不败之地。

三、推动创新的角色类型

创新者的角色类型是指在组织内部积极推进创新的团队或个人。因为所有伟大的行动，归根到底都是由人来完成的，每种角色都有它独到的方法技巧和观点。也许不一定是能力最强的人，但只要投入智慧和精力，运用适当的工作方法，每个人都能产生巨大的创新能量。概而言之，推动创新的角色类型包括以下几种，并具有各自独特的特点。

1. 人类学家　人类学家们是独具慧眼的创新者，擅长于观察和提问，具备非凡的洞察力，能够突破常规思维的束缚，从看似寻常的事物中捕捉到创新的亮点。他们凭借敏锐的知觉，始终保持着初学者的心态和好奇心，不断拓宽自己的视野，勇于探索未知领域。他们的阅历丰富，见识广博，总是对各种可能性保持开放的态度，乐于寻求各种帮助以便更好地完成任务。他们具有严谨的学术态度和扎实的专业知识，致力于揭示人类文化的奥秘和解决人类学领域的难题。人类学家们还具备勇于探索的精神，他们不畏艰辛，深入到各种环境，与当地居民交流，了解他们的生活方式和文化传统。他们善于发现问题，提出有价值的见解。

2. 实验者 实验室是一个真正的创新熔炉，一个吸引着各种富有激情和创造力的实验者们的地方。在这里，他们追求的不只是简单的实验过程，而是将最原始的概念转化为最终具有商业价值的产品或解决方案。实验者们充满好奇心和冒险精神，他们渴望探索新的领域，挑战未知的事物，并不断追求更高的成就。实验者们擅长现场体验和快速响应，他们能够迅速捕捉到市场的变化和用户的需求，从而调整自己的研究方向和思路。他们视人生为一场实验，不断尝试、实践并修正自己的想法，尽快把想法转化为实际的产品或解决方案。

3. 嫁接员 他们是一种极具敏锐洞察力和创新能力的人群。他们擅长在看似毫无关联的事物之间寻找并建立联系，能够迅速发现不同事物之间的潜在联系和相互影响。这种敏锐的洞察力使他们在工作中能够逆向学习，从失败中汲取经验，总结出新的方法或策略。嫁接员不仅具备强大的创新能力，还擅长跨学科、跨部门进行学习。他们能够将不同领域的知识、技术、方法等进行融合、创新，从而创造出全新的产品或解决方案。这种创新能力使他们不断推动科学技术的进步，为人类社会带来更多的价值。在工作中，嫁接员需要具备高度的责任感和敬业精神。他们需要不断学习和探索新的领域，保持对新技术和新知识的敏锐度，以便在不断变化的市场环境中保持竞争优势。同时，他们还需要与团队成员、客户和其他利益相关者进行有效的沟通和协作，以确保项目的成功实施。

4. 跨栏高手 他们不仅是解决问题的高手，同时也是极具分析能力和创新思维的人才。他们拥有强烈的求知欲和不断探索的勇气，能够在面对困难时灵活应对，展现出极高的适应能力和解决问题的能力。无论是工作中的复杂问题，还是生活中的棘手难题，都无法阻挡他们积极面对困难并寻找解决方案的决心。他们坚信只有不断地努力和坚持，才能够实现自己的梦想和目标。这种坚定的信念和积极的态度，让他们在工作中表现出极高的热情和专注力。他们对自己的工作充满激情，对自己的生活充满热爱，不断挑战自我，积极面对各种挑战和困难。他们的实力和价值不仅得到了自己的认可，也得到了周围人的高度评价。他们用自己的实际行动证明了自己的实力和价值，成了身边人的榜样和引领者。无论是在哪个领域，他们都能够发挥自己的优势，创造出卓越的业绩和成果。

5. 合作者 他们展现出了强烈的合作意愿和动力，能够积极主动地打破部门和机构的限制，为了共同的目标而团结奋斗。他们具备出色的团队凝聚力和合作精神，懂得如何团结那些持怀疑态度的人，耐心倾听反对的声音，并设法争取反对者的支持。这些合作者们不仅拥有出色的沟通技巧，还能够积极促进跨部门、跨领域的合作，为整个团队的成功作出了重要的贡献。

6. 用户体验设计师 他们以用户为中心，积极从用户的角度出发，深入了解用户的需求、习惯和喜好。通过实地调研和密切关注市场趋势，他们能够及时调整设计策略，确保所设计的产品或服务与用户的需求完美契合。他们擅长通过精心设计的产品、卓越的服务、宜人的办公空间和有趣的活动等方式，为客户创造卓越的体验，从而赢得客户的信任和依赖。他们在设计过程中注重真实性和自然性，让用户感受到设计的真诚与不造作。为了给用户带来独特的感受和体验，用户体验设计师会充分调动自己的感官和情感，将每一个细节都考虑到位。他们不仅关注产品的外观和功能，还注重使用体验、情感连接以及品牌形象的塑造。通过他们的巧手，用户可以享受到一种和谐、愉悦的使用体验，从而对产品或服务产生深深的喜爱和信任。

7. 导演 他们是具有独特领导力的人，能够充分激发团队的潜力，将团队成员的才能发挥到极致。他们具有组织能力，能够有效地安排工作流程，让每个团队成员都能在自己的岗位上发挥最大的价值。他们懂得如何凝聚团队的力量，去寻找并抓住那些具有战略性的机会。更重要的是，他们敢于大胆创新，勇于尝试新的方法和思路，不畏失败，不断进行实验和探索。他们设定高远的目标，并且能够根据实际情况进行灵活的调整。导演还需要具备强大的沟通能力和人际交往能力。他们需要与各个部门进行密切的沟通和协作，确保工作的顺利进行。他们还需要与投资人、赞助商、制片人等各方面进行有效的交流和谈判，为团队争取更多的资源和支持。

8. 布景师　他们是负责为团队打造良好舞台和环境的人。他们不仅关注工作场所的美观度，更注重如何通过环境的优化来提升团队的士气和办公效率。他们深知一个舒适、专业的舞台和环境对团队的重要性，因此致力于为团队创造一个积极向上的工作氛围。布景师具备专业的美学知识和丰富的想象力，能够将一个普通的空间转变成充满魅力和创意的工作场所。他们懂得如何运用色彩、灯光、家具和装饰品等元素来营造一个舒适、宜人的工作环境，从而激发员工的创造力和工作热情。

9. 关怀者　他们是一类非常特殊的人群，他们以真心关心他人为出发点，致力于为用户提供全方位的保驾护航服务。他们不仅具备专业的知识和技能，更重要的是，他们拥有一颗关注细节、精益求精的心。关怀者非常注重细节把控，他们深知每一个细节都可能影响到用户的体验和满意度。因此，他们在工作中总是认真仔细地对待每一个环节，力求做到完美。同时，他们也非常善于与他人建立沟通连接，能够迅速赢得伙伴的信任和依靠。关怀者的行为举止充满了温暖和关怀，他们总是能够及时出现在用户需要帮助的时刻，为用户提供及时的帮助和支持。他们的服务不仅解决了用户的问题，更让用户感受到了深深的关怀和温暖。

10. 讲故事的人　他们是那种擅长用真实的故事来打动他人的人。他们有着丰富的经验和敏锐的观察力，能够捕捉到故事中的情感和内涵，并将其转化为生动的语言和有吸引力的情节。通过讲述这些真实的故事，他们能够让员工和客户产生共鸣和情感联系，从而更好地理解公司的品牌形象和价值观。这些讲故事的人不仅有着良好的沟通技巧和表达能力，还具备深入洞察人性和复杂情感的能力。他们知道如何倾听故事背后的意义和内涵，并从中提取出最核心的信息。然后，他们用自己独特的方式将这些信息表达出来，以引起听众的共鸣和兴趣。讲故事的人在沟通中能够更好地传达信息和情感，让听众更容易理解和接受。同时，他们也能够更好地了解听众的需求和反应，并根据不同的情境和目的进行调整和改进。这种灵活多变的表达方式使得他们能够更有效地传递信息和价值，从而达到更好的传播效果。

每个角色类型都有自己独特的方法和观点，但共同点是都致力于推动创新，通过不同的方式和角度来解决问题和创造价值。这些角色类型在推动创新过程中发挥着不同的作用，各自具有独特的特点和能力，共同促进创新的发展。这是一个属于创新者、需要创新者的新时代，也是一个创新者必定能脱颖而出的新时代。

第 2 节　创新思维的内涵

案例 2-2

《教育部 人力资源和社会保障部部署做好 2023 届全国普通高校毕业生就业创业工作》指出，全国普通高校毕业生人数同比增加 82 万人，就业市场竞争非常激烈。而一些用人单位，因为行业影响和经济压力减少了招聘规模。根据智联招聘发布的《2022 大学生就业力调研报告》，约 55%的应届生主动降低了薪资期望。"00 后"毕业生迎来"最卷"毕业季。然而，从某高职院校建筑电气专业毕业的小高却选择了一条不一样的路，通过了解货运市场，搭建了一个集二手货车买卖、车辆运营托管、汽车保险、金融服务为一体的综合服务平台，成了这个平台运营的创始人，开创了一番新的事业。毕业生不再仅仅是求职者，而要努力成为工作岗位的创造者；就业也不再是被动的"填充式"就业，而是开创一番全新的事业。

问题：如果你是小高，你会如何开创一个全新的未来呢？

一、创新思维的基本概念

创新思维是指具有突破常规思维界限的能力，能够以新颖、独特、富有创新性的方法来解决问题。这种思维方式往往能够超越常规思维模式，以超常规甚至反常规的角度去审视问题，提出与众不同的解决方案，从而产生新颖的、独到的、具有社会意义的思维成果。

创新思维不仅是一种独特的思维方式，更是一种可贵的品质。它需要人们具备独立思考的能力，不拘泥于传统的思维模式，敢于挑战常规，勇于尝试新的方法。同时，创新思维也需要具备扎实的知识储备和敏锐的观察力，能够从不同的角度发现问题，并提出有针对性的解决方案。创新作为一种理论，它的形成是在 20 世纪。创新思维的本质在于将创新意识的感性愿望提升到理性的探索上，实现创新活动由感性认识到理性思考的飞跃。

随着科技的迅速发展和竞争的日益激烈，具备创新思维能力的人才越来越受到重视。拥有创新思维的人能够在工作中提出新的思路和方法，推动工作的进展，甚至在某些领域引领行业的发展。因此，我们应该注重培养自己的创新思维能力，勇于尝试新事物，不断拓展自己的视野和思路，以适应未来社会的需要。

> **链 接** 熊彼特谈创新
>
> 约瑟夫·熊彼特（Joseph Schumpeter）于 1911 年在《经济发展理论》一书中提出了"创新理论"，当时曾轰动西方经济学界。熊彼特认为，"创新"的定义就是指新的生产函数的建立，是企业家对生产要素的新组合。在他看来，"创新"或"生产要素的新组合"或"经济发展"可以分为以下五种情况：①引入一种新产品（消费者还并不熟悉的产品），或者一种具备新特征的产品。②引入一种新的生产方法，这种生产方法既没有经过有关制造部门的经验检验，也不需要建立在任何新的科学发现基础之上，也包括商业上对商品的新的处理方法。③新的市场的开辟。新的市场是指一个国家的某一个生产制造部门之前没有进入的市场，不论这个市场之前是否存在。④征服或者控制原材料或半制成品的新的供给来源，不论这种来源已经存在还是首次被创造出来。⑤任何一种工业实行新的组织，例如，创造出一种垄断地位（如通过"托拉斯化"）或打破一种垄断地位。

二、创新思维的基本模式

1. 联想式思维 联想是将表面看来互不相干的事物联系起来，从而达到创新的界域。联想式思维可以利用已有的经验创新，如我们常说的由此及彼、举一反三、触类旁通，也可以利用别人的发明或创造进行创新。联想是创者者在创新思考时经常使用的方法，也比较容易见到成效。能否主动地、有效地运用联想，与一个人的联想能力有关，然而在创新思考中若能有意识地运用这种方式则是有效利用联想的重要前提。任何事物之间都存在着一定的联系，这是人们能够采用联想的客观基础，因此联想的最主要方法是积极寻找事物之间的一一对应关系。例如，某计算机制造厂商，创始人在参观了一家专门制作高级字体的印刷公司后，意识到计算机界缺乏优质的字体设计，这促使他在后续进行电脑界面设计时引入了多种字体和排版选项，这在当时是个创新举措，极大地改善了个人电脑的用户体验，并对后来的电脑设计产生了深远的影响。

2. 求异式思维 创新思维在创新活动过程中，尤其在初期阶段，求异性特别明显。它要求关注客观事物的不同性与特殊性，关注现象与本质、形式与内容的不一致性。一般来说，人们对司空见惯的现象和已有的权威结论怀有盲从和迷信的心理，这种心理使人很难有所发现、有所创新。而求异式思维则不拘泥于常规，不轻信权威，以怀疑和批判的态度对待一切事物和现象。在 2007 年以前，手机市场上主流的是功能键盘手机和小屏幕。然而,某位设计师提出了一个全新的概念:能不能只有单一按钮来控制所有的手机功能呢?这种设计在当时是非常前卫和大胆的,但正是这种求异式思维推动了智能手机的革命,并且改变了全球的通信方式。

3. 发散式思维 这种思维模式具有开放性的特点,其过程是从某一点出发,任意发散,既无一定方向,也无一定范围。它主张打开大门,张开思维之网,冲破一切禁锢,尽力接受更多的信息。人的行动自由可能会受到各种条件的限制,而人的思维活动却有无限广阔的天地,是任何别的外界因素难以限制的。发散式思维是创新思维的核心。发散式思维能够产生众多的可供选择的方案、办法及建议,能提出一些别出心裁、出乎意料的见解,使一些似乎无法解决的问题迎刃而解。在 20 世纪 80 年代,市场上的音乐播放设备都是以家庭为中心的,如收音机和大型录音机。某位工程师设想如果能够在长途飞行中听音乐放松自己那该有多好。于是,基于以个人为中心的音乐体验,在接下来的 40 年间,设计师们在音乐设备的产品开发上利用发散式思维,制造出了各种具有创意的音乐播放设备,如便携式收音机、MP3 等。

4. 逆向式思维 这种思维模式强调有意识地从常规思维往反方向去思考问题。如果把传统观念、常规经验、权威言论当作金科玉律,常常会阻碍我们创新思维活动的展开。因此,面对新的问题或长期解决不了的问题,不要习惯于沿着前辈或自己长久形成的、固有的思路去思考问题,而应从相反的方向寻找解决问题的办法。在 20 世纪 80 年代初期,人类免疫缺陷病毒(human immunodeficiency virus,HIV)的发现引起了全球的关注,因为它是导致获得性免疫缺陷综合征(acquired immunodeficiency syndrome,AIDS,简称艾滋病)的病原体。当时,人类对 HIV 的了解非常有限,科学家们迫切需要找到治疗方法来控制这种致命的病毒。为了抑制病毒的复制,科学家们采用了逆向思维的策略,通过逆向思考病毒生命周期规律,寻找可以干预的关键步骤,正是这种逆向思维让科学家们完成了第一代抗反转录病毒药物的开发。

5. 综合式思维 这种思维模式通常把对事物各个侧面、部分和属性的认识统一为一个整体,构建把握事物的本质和规律的一种思维模式。综合式思维不是把事物各个部分、侧面和属性的认识,随意地、主观地拼凑在一起,也不是机械地相加,而是按它们内在的、必然的、本质的联系把整个事物在思维中再现出来的思维方法。例如,气候变化问题就是通过融合环境科学、经济学、政治学和社会学等领域的知识,揭示这些学科间的深刻联系,形成了对气候变化这一复杂议题的全面认识。研究者不仅需要分析温室气体排放对气候的影响,还要考虑这些变化如何影响经济发展、政策制定和社会结构。通过这种跨学科的整合分析,可以更全面地理解气候变化的复杂性,并制订出更有效的应对措施。这不是简单地将不同领域的知识叠加,而是通过识别和理解各领域之间的本质联系,构建一个多维度的气候变化综合式思维认知框架。

第 3 节 创新思维的培养方法

案例 2-3

某职业院校的电子信息工程专业学生小李,在学习过程中注意到一个现象:学校实验室中的设备频繁出现故障,使得实验无法正常开展,数据采集的准确性也受到影响。这一问题对学生的实验学习造成了不小的困扰。经过深入调查和仔细分析,小李发现设备故障的主要原因是电路板老化和元器件损坏。传统的维修方法是将故障电路板拆除,更换损坏的元器件,然后重新安装。然而,这种做法既耗时又费力,且易发生误操作,导致更多故障。因此,小李开始探索解决方案。经过多次实验和尝试,小李成功发明了一种新型电路板检测仪器。该仪器能迅速定位电路板故障点,并能自动识别需更换的元器件型号及位置。

问题：1. 小李的经验给我们什么样的启示？
2. 创新思维该如何培养？

一、培养多元化思考方式

（一）多元化思考方式的内涵

创新思维是人类创造力的核心，是人类思维活动中最积极、最活跃和最富有成果的一种思维形式。随着人们不断深入地研究，创新领域出现了许多打破传统的、颠覆性的思维模式。

哈佛大学心理学家霍华德·加德纳（Howard Gardner）提出的多元智能理论，认为人类的智能不是单一的，而是由多种智能组成的。因此，我们可以认为多元化的思考方式指能够从不同的角度、层面、维度等多个方面来思考问题，不仅仅是单一的、固定的思考方式。这种思考方式能够帮助人们更全面、更深入地理解问题，从而更好地解决问题。多元化的思考方式需要具备开放、包容、灵活、创新等特点，能够接受不同的观点和思维方式，从而更好地应对复杂多变的现实情况。

如果我们一直停留在自己熟悉的领域，那么我们的思维方式和做事方式往往会被惯性所束缚，很难打破常规去思考问题。因此，要想创新，我们需要从不同的角度来看待问题，也就是要培养多元化的思考方式。

（二）多元化思考方式的培养

1. 要不断学习新的思维模式 我们会遇到很多需要用到多种思维模式的情况，如在分析一件事情时，我们可以采用不同的思维模式来解决。例如，在工作中遇到一个问题时，可以采用不同的思维模式来寻找解决方案。

2. 要学会站在他人的角度看问题 如果我们只从自己的角度来看问题，往往会只看到对自己有利的一面，而如果我们站在他人的角度来看问题，就会看到不同的一面。例如，当我们遇到不公平或者不公正的事情时，往往会感觉不公平或觉得很气愤。而站在他人的角度来看待这个问题时，我们就会发现事情并不是如自己所想象的那么简单。

3. 要学会接受自己和别人的不同之处 虽然每个人都有自己独特的个性和想法，但是每个人都是独立的个体。每个人都有自己独特的长处和短处，因此每个人都是独特而与众不同的个体。即使你不喜欢他人所做、所想或所说，也没有必要为此感到难过或者愤怒。

总之，创新思维需要我们打破现有思维模式和做法，从不同角度来看待问题、解决问题。要想获得更多灵感和想法，我们需要不断地尝试新的事物、认识新的人和物、体验不同类型场景、积累不同类型经验等。

二、培养批判性思维

（一）批判性思维的概念

批判性思维是指对信息进行分析、评估和推理的能力，以便做出明智的决策。批判性思维需要具备逻辑思维、推理能力、判断力、批判性思考等多种能力，以帮助人们更好地理解和应对复杂的现实情况。批判性思维是一种重要的思维方式，它不仅可以帮助人们更好地理解和应对现实情况，还可以促进人们的个人成长和社会进步。批判性思维强调对信息的深入思考，从而找到解决问题的方法。在这个过程中，它会挑战我们过去的思维方式，并将我们从旧的思想中解放出来，让我们以新的视角看待问题。

批判性思维是一种思维能力，而不是知识。批判性思维意味着我们要独立思考和判断信息是否可靠、准确和公正。

（二）批判性思维的培养

培养批判性思维的内容：①批判性思维需要具有独立思考的能力。这种能力不是与生俱来的，它需要通过学习和实践来获得。②批判性思维需要具有质疑精神。这种精神要求我们质疑现有的知识和经验，并在此基础上进行思考和判断。③批判性思维需要具有一定的勇气和决心。这种勇气和决心要求我们要敢于质疑现有知识和经验，敢于挑战现有观点，甚至敢于质疑权威。

培养批判性思维的方式：①阅读各种不同类型的书籍，从而使我们从不同角度了解不同领域的知识。②参加各种活动或比赛，从而使我们接触到不同背景的人，了解到不同领域的知识和技能。③与不同背景的人交流，以帮助我们更好地理解自己所处领域的知识和技能。

此外，培养批判性思维还需要在实践中不断练习和运用这种思维方式，以帮助我们更好地理解知识和技能以及其他领域中类似问题之间的联系。

三、培养创新自信心

（一）创新自信心的内涵

人格因素和智力因素的相互作用是创新过程最重要的机制。人格是个体的个性，既是人区别于动物，也是人类个体之间区别的重要特征。人有了个性，才能以独特的态度和行为模式去组织自己的思想和行动，调节和控制自己的行为。个性使个体具有了独立性和能动性，从而为创造性行为打下基础。创造性所涵盖的深层含义，远非单一的智力所能概括的。一个健全而卓越的人格，在推动创新活动中发挥着核心作用，更是创新过程中不可或缺的重要组成部分。一个人的智慧才能，固然是一种智力上的优势，表现为创新的潜在力量。然而，这种潜在力量能否得到充分发挥，关键在于人格的参与和支撑。在诸多影响创新潜能发挥的因素中，人格特质无疑是最为关键的要素之一。

自信心属于自我意识范畴，是一种积极的自我体验。它主要指个体对自我的评价符合客观实际，对自己所从事的活动的正确性深信不疑，是一种建立在对自身优缺点充分了解基础上的自我认可的情绪体验。自我意识是形成自信心的基础，是人格形成水平的标志。自我意识是个体在社会交往中通过学习社会文化逐渐形成的，它对于提高主体自身的能动性，促进个体人格的进一步发展和完善起着巨大的推动作用。因此，自信心是进行创新活动必不可少的重要的人格特质，是成功的动力源泉。

（二）自信心在创新活动中的作用

1. 坚定的自信心能优化人格特质 通过对各种人格特质进行有机的整合与提升，增强自信心较强个体间的互动效果，从而促进创新活动的有效推进。一方面，个体的独立性以自信心为基础，并与之相辅相成。自信心强的人往往表现出更强的独立性，因为他们有信心坚持自己的观点，不轻易被他人左右，从而能够进行深入的独立思考和判断。另一方面，坚定的自信心也是培养强大意志力的关键因素。一个充满自信的人更容易展现出顽强的毅力和恒心，面对困难和挑战时能够坚定不移地追求目标。因此，只有树立起坚定的自信心，个体的独立性和意志力才能得到充分的发展和完善，为创新活动注入强大的动力和支撑。

2. 坚定的自信心能带来积极的心理暗示 创意和灵感的产生并不困难，真正困难的是将其付诸实践并持之以恒。创新之路注定不会平坦，因为它代表着与众不同，挑战传统，这就要求创新者必须承受来自各方的质疑和压力。若创新者缺乏自信，便会对自己的创新意图产生动摇，甚至停滞不前或放弃探索。然而，若创新者坚定信念，信心便会化为一种积极的心理暗示，这种暗示在不断强化下，最终演变成一股强大的精神力量，鼓舞创新者面对挫折与困难，激励他们勇往直前，朝着既定目标迈进。

思 考 题

1. 创新者在推动社会和经济发展方面发挥着重要的作用，请结合你身边熟悉的例子思考：这些创新者往往具备什么样的能力？

2. 我们该如何在日常的学习和生活中培养创新思维？

（吴维）

第3章 创新方法论

> **学习目标**
>
> 1. 素质目标　通过创新方法的学习，帮助学生认识创新思维的重要价值，培养学生的创新意识和创造力，激发学生的学习兴趣和热情。
> 2. 知识目标　理解创新方法论的基本概念；理解创新思维的分类和特点；理解并掌握创新的典型方法。
> 3. 能力目标　培养熟练使用创新的典型方法解决实际问题的能力。

党的二十大报告中指出："加快建设国家战略人才力量，努力培养造就更多大师、战略科学家、一流科技领军人才和创新团队、青年科技人才、卓越工程师、大国工匠、高技能人才。"如何培养创新型人才是时代赋予学校的重要任务。培养创新型人才的关键是培养学生的创新思维，培养创新思维重要的是学习创新方法论来系统地总结创新规律、积累创新经验和提出新的研究方向。

第1节　创新方法概述

> **案例3-1**
>
> 孙膑师从战国时期著名思想家、道家代表人物、兵法集大成者、纵横家鼻祖及精通百家学问的鬼谷子先生。鬼谷子在教学中极善于培养学生的创新思维，其方法别具一格。有一天，鬼谷子给孙膑和庞涓每人一把斧头，让他俩在山上砍柴，要求"柴无烟，百担有余"，并限期10天内完成。庞涓不假思索，便每天上山砍柴不止并按传统方法辛苦烧制木炭。孙膑则经过认真考虑后，选择一些榆木放到一个大肚子的窑洞里，烧成木炭，然后用一根柏树枝做成的扁担，将榆木烧成的木炭担回鬼谷洞，意为百（柏）担有余（榆）。10天后，鬼谷子在洞中先点燃了庞涓的木炭，火势虽旺，但浓烟滚滚，接着又点燃了孙膑的木炭，火旺且无烟。这也正是鬼谷子所期望的。孙膑和庞涓学成出师后，孙膑用兵出神入化，不拘于常理，而庞涓就稍逊一筹了。
>
> 问题：1. 故事中孙膑是怎么完成鬼谷子先生布置的任务的？
> 　　　2. 孙膑的创新在哪里？

《关于加强创新方法工作的若干意见》中指出："创新方法是科学思维、科学方法和科学工具的总称。加强创新方法工作，切实做好科学思维、科学方法和科学工具的研究与应用具有重要的意义。"

一、创新方法的基本概念

创新方法是一种帮助人们解决复杂问题、创造新的价值的系统化思维方式，主要是对现状和问题进行深入观察、思考，从而发现问题与不足，然后用创新的思维方式思考解决问题、付诸实践并创造价值。

二、创新方法的基本分类与特点

（一）创新方法的基本分类

1. 技术创新 是技术的第一次商业化应用，包括产品创新、生产方法（工艺）创新、设备创新、市场营销创新等。以科学技术为核心，在产品、工艺、设备和生产流程等方面创造新技术，以提高产品质量和企业的经济效益：①从创新技术类型角度来分，包括发明新型技术、改进现有技术、集成多种技术等，如研发新技术、优化生产线、发明新型设备等。②从生产流程角度分，包括材料创新、产品创新、工艺创新、手段创新。创新之间是相互联系、相互促进的，材料创新不仅可以提高材料质量还可以开辟成本更低性能更优的替代性材料，从而带来产品的创新。而材料和产品的创新要建立在工艺创新的基础上，从而提高企业的生产效率。

2. 管理创新 是变革或创造新的组织资源整合方式，以便更有效地达成组织目标的管理活动。管理创新主要是以组织和管理为核心，通过优化企业经营模式从而提高企业核心竞争力的创新方法，包括组织架构创新、人力资源创新、金融资源创新、物质资源创新、企业文化创新等。在当前全球经济一体化进程加速的背景下，我国企业面临着前所未有的市场竞争和挑战，管理创新已成为企业转型升级的必然选择。管理创新可以提高企业效益、增强核心竞争力、促进企业转型升级、激发员工潜力、塑造企业文化，如制订新兴产业战略、建立激励机制、强化培训与引进人才等。

3. 制度创新 是改进现有的制度，或用一种更有利于创新的制度来代替原有制度的过程。在政策、法规和制度的基础上，通过体制机制的改革与创新实现更大的社会效益或者经济效益，如深化供给侧结构性改革、优化营商环境、实施创新驱动发展战略等。

4. 商业模式创新 是把新的商业模式引入社会的生产体系，使企业价值创造产生基本逻辑的变化，并为客户和自身创造价值的创新模式。商业模式创新包括跨界融合、平台战略、共享经济等，如打造线上线下融合的新零售模式、发展新能源汽车产业、推进医疗健康领域的智能化转型等。

5. 需求导向创新 关注产品功能的拓展和优化。需求导向创新包括产品设计、用户体验、个性化定制等，如开发智能家居产品、优化移动应用体验、推出个性化金融产品等。

6. 服务创新 以客户为出发点，通过改进和创新服务内容和方式，优化客户的服务感受，提升服务满意度。服务创新包括个性化服务、增值服务、线上线下服务融合等，如提供一站式综合服务、发展线上线下教育服务、创新医疗健康管理服务等。

（二）创新方法的特点

1. 系统性 创新方法是一种系统化的思维方式，需要经过系统的思考和分析，强调对问题和现状的全面理解、分析和归纳。

2. 创新性 创新方法追求的是独特的、超越传统的思维方式，与普遍的思维方式形成明显的区别，改变固有的思维模式，旨在提出新的解决方案。

3. 实践性 创新方法强调将创新的解决方案付诸实践，以实现问题的解决或价值的创造。

4. 可复制性 创新方法不是针对某一个特殊案例的解决方法，而是可以复制和重复使用的，通过不断的实践和总结，可以应用在不同的场景和案例以提高效果或者经济效益。

5. 综合性 创新方法常常需要综合运用多种不同的方法和技巧，才能达到最佳效果。它需要将各种方法有机地结合起来，形成一种综合性的解决方案。

第 2 节　创新的典型方法

> **案例 3-2**
> 齐白石是中国现代艺术史上最具代表性的画家之一，他在艺术上的创新和发展，使其成为中国画领域中值得研究和探讨的重要人物，哪怕是到了 70 多岁还在不断地进行风格创新。一方面，他积极运用了西方绘画的某些技法，如律动笔法和白色线条的使用，为中国画增加了新的元素。另一方面，他也将传统的绘画风格重新塑造，以充满活力和动感的笔触，重塑中国画的风格。正因为齐老不断地改变、创新，所以他晚年的作品更趋于完美成熟，也形成了自己独特的流派与风格。他认为画家要"我行我道，我有我法"，即在学习别人长处时，不能照搬照抄，而要创造性地运用，不断发展，这样才会赋予艺术以鲜活的生命力。
> 问题：齐白石为什么能够成为著名的书画大师，他的成功源于什么？

一、创新策略方法论：六顶思考帽

六顶思考帽（又称平行思考法）是一种思维训练模式，是从横向思维的方法中衍生出来的一种方法，由著名的心理学家爱德华·德·博诺（Edward de Bono）博士于 1985 年提出来，主要帮助团队通过六种不同的思考方式来思考问题，帮助团队更全面、客观地看待问题（图 3-1）。

（一）六顶思考帽的概念

1. 蓝色思考帽　蓝色是大海的颜色，代表着冷静，要对其他五项思考帽进行控制和组织，属于组织者和决策者，可以主持整个思考过程。蓝色思考帽更关注整个思考过程的结构和方法，以实现有效的决策。在思考过程中，蓝色思考帽应及时引导其他思考者进入问题的思考，并能够适时做出阶段性的决策、打开新的思考方向，在思考过程的最后环节需按要求进行总结。

2. 白色思考帽　白色代表客观、中立、理性，更倾向于关注思考过程中客观存在的事实、数据和信息，是有效沟通和解决问题的必备工具。白色思考帽是基础，其他五项思考帽都要在白色思考帽的基础上进行思考。白色思考帽通过对数据的收集、整理和分析找出问题所在，用客观、中立的态度表达观点，提高团队的整体分析能力和增进团队的沟通效果。

3. 黄色思考帽　黄色代表希望、积极和乐观。黄色思考帽更关注事物积极的一面，可以激发团队的创造力和信心、增强团队的凝聚力。黄色思考帽通常在合乎逻辑的前提下提出事物有价值的优点，从正面的、积极的角度看待问题并分析解决方案的可行性。

4. 黑色思考帽　黑色代表着严肃、谨慎，通常会从批判的角度看问题。黑色思考帽更看重思考的逻辑性和可行性，善于发现整个过程中不合理、不符合逻辑的想法并提出其不能实施的原因，倾向于思考后期可能存在的风险与问题。黑色思考帽通常在黄色思考帽角色之后使用，评估黄色思考帽的适用性、逻辑性、准确性并指出其思考过程中存在的缺点和错误。

5. 绿色思考帽　绿色代表生机、创造力，容易让人联想到充满生命力的新芽。它倾向于寻找新想法和新创意，可以不受逻辑的约束发散思维，进行创造性的思考。可以通过头脑风暴、求异思维等方法沿不同的路径去探求更多的可能性，甚至可以进行天马行空的想象，以激发团队的创想。

6. 红色思考帽　红色代表情感、感觉、直觉和预感。红色思考帽主要是表达个人的主观感受，它表达的情绪是感性的、真实的、强烈的，是直接表达出来不需要解释和证明的。它的思考时间应该是最短的，与其他思考帽结合使用可以提高思考的敏感度。与以客观事实为主的白色思考帽不同，红色思考帽的本质是不需考虑客观事实只需关注自己的主观感受。

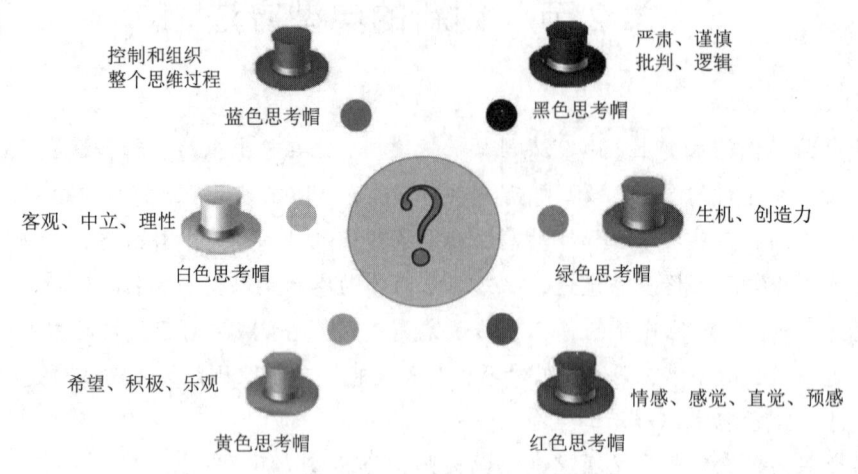

图 3-1　六顶思考帽的特点

（二）六顶思考帽的使用规则

1. 遵循分配原则　在团队中每顶思考帽都有自己的定位和角色，需要团结合作，配合思考，不可随意打乱使用顺序。蓝色思考帽可以作为组织者进行思考，可以打断争论，做出决策，引导进入下一个思考环节。根据问题的需要可以设定不同颜色思考帽的发言顺序，六项思考帽都可以设置多次发言机会。

2. 时间原则　所有的思考帽都要按照自己规定的时间和顺序进行发言，一般每个思考帽发言的时间不设置太长，以避免不必要的争论和铺垫。

3. 任意组合原则　每一次团队讨论不一定要所有的思考帽都进行发言，可以根据问题和环节的设计进行任意组合。

（三）六顶思考帽的操作步骤

六顶思考帽的操作步骤如下（图 3-2）。

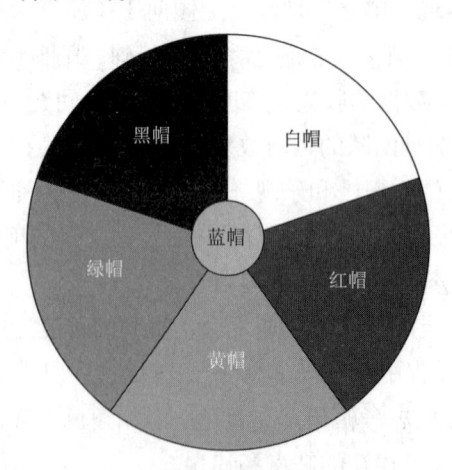

图 3-2　六顶思考帽的区域划分

1. 准备工作　准备好一块边长 1 米的正方形的磁吸白板、6 种颜色的记录卡、6 支黑色记号笔、若干磁力扣。

2. 确定主题　由蓝色思考帽执行者将讨论的主题和问题写在蓝色的记录卡上并贴在白板的中心。

3. 划分区域　以蓝色卡片为中心，将白板划分成五份，如图 3-2 所示，并分别贴上相应颜色的记录卡。

4. 指定顺序 指定蓝色思考帽为主持人。主持人可根据实际问题安排好其他 5 顶思考帽的发言顺序。例如，蓝帽陈述主题和问题；白帽收集信息陈述问题事实；绿帽提出解决问题的初步建议；黄帽从正面分析创意的优势；黑帽从反面提出创意的问题；最后红帽从直觉出发分析创意的可行性。

5. 记录观点 每个维度限定 5 分钟，按照顺序让执行者在对应的记录卡上写上自己的观点。

6. 重点讨论 所有执行者陈述完自己的观点后，由蓝帽引领对需要讨论的创意进行重点突破。

7. 总结归纳 最后由蓝帽对所有人的思考和发言进行归纳总结，得出可实施的具体方案。

二、创新工具方法论：TRIZ

（一）TRIZ 的概念

TRIZ 是发明家阿利特舒列尔（G. S. Altshuller）创立的一种理论，提供了解决发明问题的一种方法，包括矛盾、资源、理想度、进化模式和创新原理等核心概念。英文全称是 theory of inventive problem solving，意思是解决创意性问题的理论。它揭示了创造发明的内在规律和原理，认为技术创新不是随机的，而是遵循了一些特定的进化规律。TRIZ 能够帮助人们打破思维定式，可以快速地分析问题、找出矛盾，并根据技术创新的内在规律，找到解决问题的方法。它提供了一系列的工具，包括解决技术矛盾的 40 个发明原理和矩阵矛盾、解决物理矛盾的 4 个分离原理、76 个发明问题的标准解法和发明问题解决算法。

（二）TRIZ 的常见思维方法

1. 九屏幕法 是一种独特的创新思维方法，它以时间为横轴，空间为纵轴，对问题进行全方位的系统分析，从两个不同维度发现解决问题的可用资源（图 3-3）。

系统是由两个或者两个以上事物按照一定的客观规律，相互联系、相互作用结合而成的具有特定功能的统一体。我们把需要研究的对象比作一个系统，它由许多子系统组成，系统的上一级就是超系统。以汽车为例说明以上三者之间的关系，如果将汽车作为一个系统看，那么发动机、底盘、车身等都是它的子系统，而汽车又是交通系统的组成部分，所以汽车的超系统就是交通系统。

从空间和时间维度上看，九屏幕法以发散的方式打破了思维定式，通过研究系统、子系统、超系统的状况发现系统本身存在的问题、过去存在的问题和将来可能发生的情况，从空间和时间两个维度全面地分析了问题。九屏幕法从多层次、多方位帮助我们分析当前亟待解决的问题，不仅拓宽了我们的思维范围，还突破了原有的思维桎梏，寻求最佳的解决办法。

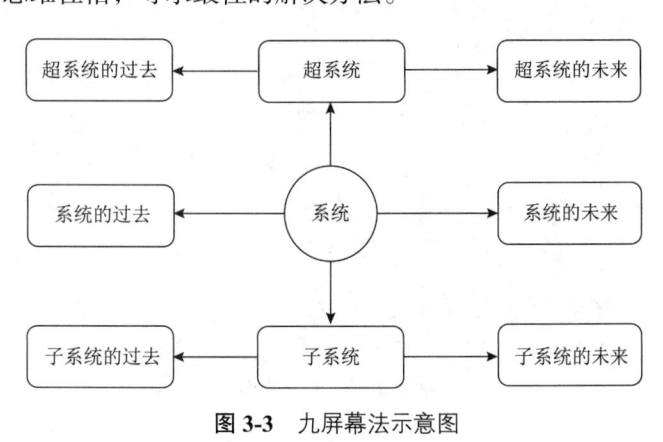

图 3-3　九屏幕法示意图

2. 金鱼法 是 TRIZ 理论中一种经典的思维方法，它主要是通过幻想发散思维去发现解决问题的办法。它是先幻想解决问题的方法，然后解决构想和幻想时区分现实和幻想的部分，并利用系统资源将幻想的部分变成现实的部分，不断地反复以上步骤，直到解决问题的构想能够实现为止。

3. 小人法　在解决问题过程中，我们发现系统内部分组件不能完成必要的任务，并呈现出矛盾关系时，用小人代表这些没有完成的组件。这些小人可以移动、减少、增加、重新组合，通过小人的变动发挥他们的作用解决实际问题，实现预期目标。小人法的使用步骤如下。

（1）分析系统和超系统的构成。把研究对象进行分组，每组代表一个小人。

（2）确定系统存在的问题或者矛盾。把小人按照存在的问题和矛盾进行分组。

（3）建立问题模型。研究问题，把解决问题的小人进行变动和重组，以解决问题。

（4）建立方案模型。从模型过渡到实际解决方案。

> **链　接**　过滤网茶杯喝茶问题的解决
>
> 　　生活中许多人喜欢用带过滤网的水杯喝茶，当过滤网孔太大或太小都会影响喝茶体验。如何解决这个问题呢？我们可以使用小人法进行分析。
>
> 　　第一步：分析问题。过滤网孔太大，茶叶可能流入口中，孔太小，倒入开水时可能溢出。第二步：分析系统和超系统的构成。除开水和茶叶外，水溢出还与空气有关，所以需要将空气这个因素考虑进去。第三步：确定系统存在的问题或者矛盾。当开水倒入杯中时，如果过滤网孔较小的话，水流集中，过滤网上方水的压力大于空气外出的压力，空气不能及时从水杯中排出，导致水在过滤网上停留的时间变长，这样水就溢出来了。第四步：建立问题模型。用不同的小人描述系统组件的功能，建立问题模型，如图3-4所示。第五步：建立方案模型。在小人模型中，利用代表过滤网的小人疏导代表水的小人和代表空气的小人，使双方可各行其道。可以考虑通过重组代表过滤网的小人，将代表过滤网的小人的排列由平面排列转化为"下凸"形排列。第六步：从解决方案模型过渡到实际方案。根据第四步的解决方案模型，改变原有面型的过滤网，设计为"下凸"形的过滤网，使水和空气各自沿着不同的道路移动。过滤网的形状见图3-5。

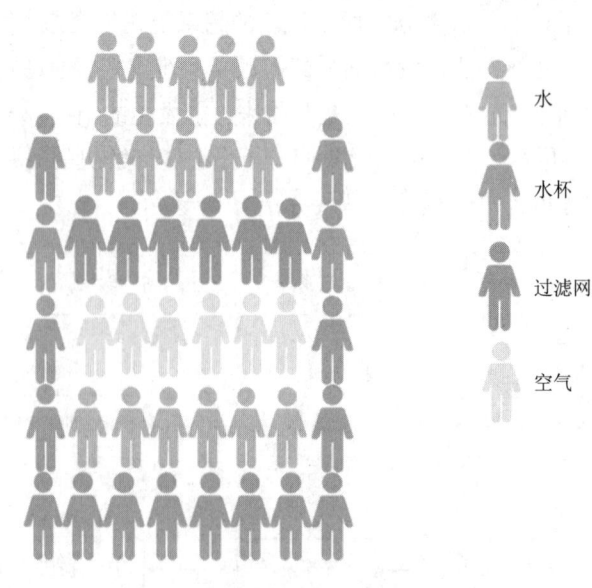

图 3-4　小人法模型

图 3-5 过滤网的设计方案

4. STC 算子法 是一个系统对自身不同特性单独考虑的思维方法,是一种有规律、多维度发散思维的方法,又称为尺寸(size)-时间(time)-成本(cost)分析法。它将尺寸、时间和成本因素通过系统思考方式进行想象,可以打破思维定式。

STC 算子法是一种非常简单且步骤明晰的思维方法。具体的方法是针对一个研究系统,分别将尺寸、时间、成本这 3 个因素进行趋于零和趋于无穷大的两种假设,就会出现 6 种可能,导致 6 种结果。对于一个问题,STC 算子法的分析过程如下:①明确研究系统现有的尺寸、时间和成本方面的特性;②想象系统的尺寸逐渐趋向无穷大($S→∞$)和无穷小($S→0$);③想象系统的作用时间逐渐趋向无穷大($T→∞$)和无穷小($T→0$);④想象系统的成本(允许的支出)逐渐趋向无穷大($C→∞$)和无穷小($C→0$)。

三、创新流程方法论:设计思维

(一)设计思维的概念

设计思维是从用户的角度出发,在产品、服务、流程、特定事件上挖掘用户的潜在需求,并通过需求定义、创意构思、测试流程创新等思维方式找准创新的目标与方向,然后寻求符合实用的、可行的解决方案。设计思维的主要目的是从用户需求或者潜在需求的角度出发发现问题,然后解决问题。设计思维和设计是两个不同的概念。设计思维是一种思维方法,它要从客户的角度出发实现创新。而设计是一个具体的行为,它是包括设想、构思、执行的创作行为。

(二)设计思维的步骤

1. 同理心思考 就是要共情,通过同理心了解客户所处的状态,亲身感受才能更加深刻体会客户的状态、挖掘出客户潜在的需求。只有了解客户内心真正的需求才能抓住问题的关键,提出最优的解决方法。

2. 需求定义 是要对所研究的对象存在的问题进行讨论,并确定此次亟待解决的问题。

3. 创意构思 针对问题进行发散思维,利用头脑风暴获得更多的构想。整个过程通过发散思维、获得构想,然后再汇集所有创想,做出选择。这是一个可以多次循环的过程,最终讨论得出最优方案。

4. 原型制作 帮助用户用最节省的成本将创想变现。原型可以在一小部分用户中进行测试,测试过程中要了解该部分用户的体验和想法,以便后期优化产品。

5. 产品测试 原型制作完后,可以邀请多个用户对原型进行测试,了解用户的使用感受和建议,获得更真实的反馈结果。

第 3 节　创新方法的应用案例

创新方法的应用在社会经济发展中、在人们的日常生活中有着举足轻重的地位。创新方法的应用关乎着企业的兴衰，能让企业在日益加剧的竞争中保持核心竞争力。

一、以需求为中心的创新应用

（一）为听障人士在无声世界中建立对话——声活

深圳本土创办起来的"声活"应用程序（application，APP）是由一个特殊的创业团队研发。公司创始人邱浩海、韦创军都是听障人士，他们加上天使投资人陈维伟以及毕业于深圳职业技术学院[①]的手语翻译陈明星等人组成团队，打造出了全国首个听障群体的垂直社交分享平台。

"声活"的诞生源自 2013 年 5 月，创始人之一的邱浩海患了一场感冒，去社区卫生院看门诊时，由于医生看不懂手语，彼此只能通过纸、笔进行交流，日常生活的不便激发了他的创新思维。邱浩海和同样患有听障的好友韦创军通过招聘手语翻译、信息技术（information technology，IT）人士等创业所需要的人才成立团队，开始研发适合听障人士社交需求的"声活"APP，用以改善听障人士沟通、解决交流困难。

在进行市场调研时发现，现有改善听障人士交流的 APP 并不是由听障人士开发的，无法满足听障人群体的真正需求，手语表情能更加接近听障人群的使用习惯，让他们感觉亲切，所以他们首先想到了设计手语表情。经过两年多时间的打拼和沉淀，"声活"APP 在功能上已经十分完备，不仅可以实现线上语音实时翻译还能为听障者提供时事资讯、线下相关的活动开展及报名，大大增强了社交黏性。经过一年里的几次版本测试，目前"声活"的粉丝已经迅速涨到 10 余万人。同时"声活"APP 除了可以让听障人士实现手语翻译预约，还在 2016 年年底的 2.0 版本中推出了服务板块，发展手语翻译预约服务、听障用品售卖和招聘功能等，帮助听障人群在就医、法务、商业交流、生活场景中实现顺畅沟通与交流。与此同时，包括手语手势识别、生活服务的持续开发等想象空间也无限广阔。

"声活"APP 的成功除了创业团队的努力和坚持不懈，还有他们独特的设计思维，他们通过细心观察发现听障人士在日常生活中遇到的难题，以需求为导向，不仅满足了听障人士日常沟通和生活需求，也让自己的创业团队获得了成功。

（二）最温暖的拥抱——Embrace 保温袋

全球范围内每年诞生 1500 万名体重过低的早产婴儿，随着医学技术的进步，早产婴儿夭折率已大幅降低，但仍有超过 100 万名婴儿在出生后一个月因缺乏妥善照顾而夭折，且 98%的夭折现象发生在发展中国家。一个由不同专业背景组成的创新研究小组所完成的课程项目作业，改变了这一切。团队的三名学生来自工程专业、计算机专业和 MBA，没有人懂医疗，但他们设计出了极低成本的婴儿保育箱。

团队首先收集了有关婴儿死亡的资料，并与孟加拉国的大型医院的医生、护士进行了深入交谈。通过调查他们发现：医院虽然配备了大量的婴儿保育箱，但保育箱内却没有婴儿。进一步调查发现，当地由于交通不便，从家里到医院要经过 4~6 个小时的时间，当送到医院婴儿可能已经去世。由此，他们发现，提供一种能够帮助运输到医院的婴儿保温袋是降低夭折率的关键所在。创新团队经过头脑风暴，做出了 100 多个产品原型，最后选定了一个设置了方便加热蜡质部件的产品，能为婴儿提供持续保温的

[①] 2023 年 6 月，教育部发文同意以深圳职业技术学院为基础整合资源设立深圳职业技术大学，同时撤销深圳职业技术学院的建制。

保温袋，并将其取名叫 Embrace（拥抱）。在具体试用的过程中，团队还发现，由于有些婴儿个头很小，在婴儿保温袋里，妈妈无法看到孩子的脸，就会担心孩子是否还在呼吸。于是他们对保温袋进行了进一步的完善，方便各种体型大小的婴儿使用。

该创新团队虽是一个没有任何医疗背景的团队，但是他们注重发现问题，并对问题的深层原因进行了分析，找出了解决问题的具体方法。同时通过试用，对设计方案进行了进一步完善，更好地满足了客户的需求，这不仅降低了发展中国家早产儿的夭折率，还提升了产品的市场接纳率，为产品的批量化生产提供了很好的沃土。

二、技术发明的创新应用

依靠科技创新，我国用 70 余年的时间走完了发达国家几百年走过的工业化历程，从一穷二白成长为世界第二大经济体，迈向高质量发展的新时代，其背后创新的速度、高度、深度都让世界惊叹。

（一）比亚迪的科技创新——刀片电池

比亚迪用技术创新满足人们对美好生活的追求。作为新能源汽车的核心技术——电池是至关重要的，因此 2005 年比亚迪第一款磷酸铁锂动力电池上市，这也让比亚迪成了国内同行业的领头羊。在之后的时间里，比亚迪不断对电池技术进行迭代升级，在 2020 年 3 月推出了全新的刀片电池技术。这种电池的电芯像"刀片"一样插入到电池组，使得电池体积利用率得到显著提升，从而大大提高了电池的续航能力。刀片电池是比亚迪打造的独具特色的磷酸铁锂电池，将电芯做成了"刀片"形状，"刀片"的长度可以根据电池包的尺寸进行定制，最长可以做到 2 米多。这让刀片电池在成组时可以跳过"模组"，直接组成电池包。在此之后，比亚迪还对刀片电池进行了进一步的研发和升级，例如采用全新的叠片结构技术，使得在电芯发生内短路时，一般不会发生剧烈反应，搭载了一款"点不着火"的比亚迪刀片电池是比亚迪开展科技创新的一个缩影。比亚迪从一间名不见经传的"电池制造小作坊"成长为引领新能源汽车行业的龙头企业，科技创新永远是其发展的"原动力"。在电池领域拥有 26 年的研发经验，具备 100%的自主研发和设计能力，都是比亚迪引领新能源汽车行业的关键所在。因此，深入开展科技创新，自主掌握核心工业装备的研发和制造能力，才是企业发展壮大的核心动力。

（二）科技创新铸就新时代中国高铁新名片

从"万国机车博物馆"到"中国创造"，亲历 140 多年中国轨道交通装备发展史的中国中车，探索出一条中国装备制造业自主创新的特色模式，成为中国铁路装备制造业从"站起来"到"强起来"的缩影，见证了我国装备制造业的百年奋斗史。在进行复兴号研究的过程中，中国中车提出了这样的目标：①要拥有我国自主知识产权，形成中国的标准体系，提升行业话语权；②要适应中国国情，满足我国高速铁路未来的需要；③要作为中国高铁未来"走出去"的主力，打造具有国际竞争力的动车组成套技术和产品。在复兴号涉及的 254 项重要标准中，中国标准占 84%。同时，整车的整体设计以及车体、转向架、牵引、制动、网络等关键技术系统都是我国自主研发的，具有完全自主知识产权。

中国高铁"走出去"的第一单——雅万高铁在印度尼西亚当地跑出时速 350 公里的速度，并且在 2023 年 10 月投入商业运营，受到了全世界的关注。雅万高铁动车组正是基于我们时速 350 公里复兴号动车组的技术平台，为印度尼西亚量身打造的高铁列车。中国中车用文化融合的力量拉近了不同肤色、不同民族之间心与心的距离，为企业国际化运营建立了良好的桥梁和纽带。

中国中车让中国铁路装备制造业从"站起来"到"强起来"的历程也是中国装备制造业自主创新的历程。近年来，中国各个行业都紧紧抓住技术创新这个战略基点，掌握了越来越多的关键核心技术，抢占了行业发展的制高点，不仅推动了我国经济高质量发展，也为国家安全提供了更加有力的保障。

三、管理服务的创新应用

（一）华为员工食堂——五星级待遇

华为，这个家喻户晓的科技巨头，一直以来以其技术创新和产品质量而闻名于世，但一组华为员工食堂的照片却在社会上引起了广泛的关注，照片让我们看到了一个不一样的华为，更让我们看懂了华为"员工至上"的企业文化。华为员工食堂中的大理石地板、高挑的天花板、精致的吊灯和实木制成的餐桌，几乎就像是一家五星级酒店的大堂。同时食堂提供的餐饮种类丰富多彩，从中式到西式，从日式到泰式，每一道菜都是一场国际美食之旅。华为的员工食堂不仅仅是一个食堂，更是华为企业文化的缩影，是对员工的极致关怀和尊重的象征。这种关怀不仅仅体现在精致的食堂装潢与美食提供上，还体现在公司为员工提供的各种福利和培训机会上。华为一直秉承着"员工至上"的理念，将员工健康与安全放在首位，于 2008 年成立"员工健康与安全保障委员会"，并形成了一整套保障机制，这也为华为事业赢得了长远的发展。企业内部管理服务也是企业生产力的重要组成部分，优质的管理服务不仅能为员工提供最好的工作体验，还能在一定程度上凝聚团队合力，发挥最大生产动能。因此，管理服务的创新也已成为企业创新的重要组成部分与产能的新的增长点。

（二）现代供应链创新——海尔

2023 年德国柏林国际电子消费品展览会，海尔智家携海尔、卡萨帝、Candy、Hoover 四大品牌参展，海尔智家已经连续八年成为欧洲市场增长最快的品牌，市场份额位居第四。

海尔的成功得益于他们建立的一整套现代供应链。一是建立网上订单管理平台。全部采购订单均由网上发出，供货商在网上查询库存，根据订单和库存情况及时补货。二是建立网上支付系统。支付准确率和及时率达 100%，并节约近 1000 万元的差旅费。三是建立网上招标竞价平台。供应商与海尔一道共同面对终端消费者，以最快的速度、最好的质量、最低的价格供应原材料，提高了产品的竞争力。四是建立信息交流平台，供应商、销售商共享网上信息，保证了商流、物流、资金流的顺畅。

集成化的信息平台，形成了企业内部的信息"高速公路"，架起了海尔与全球用户资源网、全球供应链资源网和计算机网络的桥梁，将用户信息同步转化为企业内部信息，以信息替代库存，强化了整个系统执行订单的能力。海尔物流成功地运用电子商务体系，大大缩短了海尔与终端消费者的距离，为海尔赢得了响应市场的速度，扩大了海尔产品的市场份额。

现代供应链是伴随着电子产业发展而来的新生事物，本身就具有很强的创新属性，海尔通过完整现代供应链的搭建，为产品订单管理、支付、竞价与信息共享创建了一种简化的、高效的解决方案，通过创新发展不仅重新定义了供应链，也为其他产业链的发展提供了新的思路。

思 考 题

1. 创新方法的分类和每种类型的特点是什么？
2. 六顶思考帽的概念是什么？白色、黑色、红色、蓝色、绿色、黄色六种颜色思考帽分别有什么功能？

（严永旺）

第4章 产品原型的定位与开发

学习目标
1. 素质目标　在不断迭代试错的过程中，树立精益求精的工匠精神，树立求真务实的实干精神。
2. 知识目标　理解原型的概念与意义，认知原型制作的类型，熟悉测试的概念与原则。
3. 能力目标　能够整合运用不同工具和材料制作原型，运用工具进行用户测试的能力。

产品原型的定位与开发是从创新到创业的实践过程中最重要的环节之一。党的二十大报告指出："我们要增强问题意识，聚焦实践遇到的新问题。"在产品原型的定位与开发过程中，我们需要考虑产品的目标用户、市场需求、竞争对手和产品的核心功能。通过对这些因素的分析，可以确定产品的特点和定位，从而为后续的创业提供明确的方向。

第1节　产品原型的概念与意义

案例4-1

在一次会议中，医生与工程师们共同探讨新型鼻腔手术工具的研发。由于医生和工程师的专业背景不同，语言沟通上存在一定的障碍。这时，一名年轻的工程师采取了行动。他迅速离开会议室，利用简单的日常材料，如胶带、白板笔、胶卷桶和夹子，制作了一个简陋的模型。经过五分钟的制作，他带着这个模型回到会议室，向其中一名医生询问："您说的是这样的东西吗？"医生看到这个模型后，激动地回答："是的，就是这样的！"这个粗糙的模型不仅推动了该项目的进展，而且逐步演变为当今广泛应用的等离子手术刀，每年应用于近万台手术。如果没有当时这位工程师展示模型的勇气，这个造福人类的手术工具将无法面世。

问题：产品原型具有什么样的重要作用和意义呢？

在产品设计开发过程中，原型是一种具有一定代表性的、高度概括的、可用于评价新构想是否可行的工具，也是一种对产品构想进行的初步验证。它是一个产品从设想到完成设计的关键阶段，它在产品概念开发中具有重要意义。

一、产品原型的概念

产品原型是展示和测试新产品的关键工具，它帮助开发人员深入理解产品的结构、功能和目标。通过与设计团队和开发团队的紧密合作，产品原型有助于更准确地把握需求和用户体验，从而制订出更完善的计划。此外，产品原型还有助于开发人员更好地实现产品的目标，因为它能够反映用户的需求和期望。

在产品设计的过程中，我们经常会把产品原型作为产品开发的第一步。这样做是为了让用户对我们的产品有一个初步的认识，同时也是为了验证产品需求是否满足了用户需求，以及在开发过程中是否能够达到预期目标。不过，需要注意的是，这个定义中的"用户"并不是指某个具体的人或物，而是指具有共同需求和特征的一类人。

二、产品原型制作的意义

原型制作的过程，实际上是输出团队集体智慧的过程。它的意义在于将团队不断讨论但不可见的创意，变成现实中触手可及的产品、服务、策略或者体验，从而使诉诸语言的创意想法有了具体的载体，能给人直观的印象。产品原型制作的意义体现在以下几个方面。

1. 原型制作能够将产品设计理念转化为具有可操作性的实体模型　原型制作能够让团队成员更好地理解产品设计思路和细节，从而更好地进行产品设计和开发。通过原型制作，设计师可以及时发现设计中的问题和不足，并进行改进和优化，减少后期开发的风险和成本。原型制作还为产品开发团队提供了一个共同的工作平台，促进了团队成员之间的协作和沟通，使产品设计更加符合市场需求和用户期望。在原型设计过程中，设计师需要充分考虑产品的功能、外观、用户体验、材料、工艺等方面因素，同时结合市场需求和用户反馈，不断进行修改和完善。原型制作还需要注重细节和质量，尽可能模拟真实产品的实际情况，以便更好地评估产品的可行性和优劣程度。因此，原型设计对最终产品来说具有非常重要的意义。

2. 原型制作可以在开发过程中降本增效　通常情况下，在产品开发初期需要用较多精力和时间来进行概念设计，这是因为这些构思可能会有较大的改进空间，特别是对于一些复杂系统。通过原型设计，可以有效地检查这些构想是否可行，如果可行，可以进一步将这些构想完善到较好的状态。例如，在一个复杂系统中，如果某一部件没有任何改进余地，那么就可以从用户的角度来考虑如何改进该部件。如果该部件性能已经有了比较大的改进空间，则可以将其改进到能够满足用户需求的状态。原型设计还可以作为一个实验平台，收集用户反馈意见并作为以后修改产品和服务的依据。

3. 原型制作可以在迭代过程中不断接近最真实的用户需求　原型可以帮助开发团队更深入地了解用户的需求和期望，以及创意本身的可能性。通过实感的体验，开发团队可以让想象发挥其真实的功效，从而更好地探索和解决问题。开发团队还可以在原型制作的过程中更好地理解产品的使用场景和用户的行为习惯，从而做出更符合用户需求的设计。

综上所述，产品原型制作对产品设计和开发具有非常重要的意义。通过原型制作可以将产品设计理念转化为具有可操作性的实体模型、发现问题和不足之处并进行改进和优化、为产品开发团队提供共同的工作平台并促进协作和沟通、使产品设计更加符合市场需求和用户期望。因此，我们应该根据实际情况灵活调整时间和进度计划来进行原型设计，以确保最终产品的质量和性能达到最佳水平。

第 2 节　产品原型的类型、方向和原则

案例 4-2

为了验证咖啡机的设计理念，小明制作了一个简易原型。在制作过程中，他使用了纸箱来模拟咖啡机的外观，用橡皮泥来制作按钮和旋钮，并用笔描绘图案和标识以增加现实感。在向同事展示原型后，他们发现这个原型基本符合他们的期望，但也提出了一些需要改进的细节问题。小明对原型进行了修正，并通过测试原型获得了用户反馈，从而发现设计中的不足。

问题：小明通过原型快速地将问题进行了修正，这个案例说明产品原型应该具备哪些特点和原则？

一、产品原型开发的基本类型

产品原型开发是指通过设计和制作产品原型的过程，将概念转化为实际的产品或服务，以供用户测

试、评估和反馈。这个过程需要综合考虑用户需求、市场趋势、技术实现等因素，以确保产品的可行性和市场竞争力。在产品原型开发中，需要进行多轮设计和迭代，不断优化和完善产品，以满足用户需求和提高用户体验。同时，产品原型开发还需要与市场部门、销售部门等其他部门紧密合作，确保产品的市场定位和销售策略的合理性。开发的基本类型包括以下几种。

1. 手绘原型　作为设计基础方法之一，通过运用画笔与纸张，将脑海中的产品界面及交互流程以绘画形式呈现。此方法主要适用于产品初期概念验证及想法交流阶段。手绘原型具备低成本、高度灵活等优势，能随时根据需求进行调整与优化。然而，手绘原型亦存在局限，例如无法真实展现产品界面的最终效果，对于复杂界面的表现能力亦相对欠佳。

2. 低保真原型　是一种简单且成本较低的模型设计方法，其主要目的是还原产品形态，为产品开发提供基础原型。低保真原型主要包括纸模型、物理模型等基本形式，这些模型虽然相对简单粗糙，但其优点是成本低廉且易于修改。无论是纸模型还是物理模型，它们都能够帮助我们快速地验证设计想法，为产品的进一步完善提供有力支持。在实际应用中，可以根据需求和预算选择合适的低保真原型方法，以实现产品设计的高效推进。

3. 高保真原型　是与真实产品最为接近的表现方式。使用高保真原型来模拟产品的实际操作体验，让用户能够更加真实地感受到产品的功能和特点。高保真原型的优点在于可以更加真实地展示产品界面效果和交互流程，使用户能够更加直观地感受到产品的特点和功能。然而，高保真原型也有其局限性，例如制作成本较高，对于一些细节的表现能力仍然有限。

综上所述，各种设计表现方式都有其优点和局限性，我们需要根据实际情况选择最合适的设计表现方式来展示产品的特点和功能。

二、产品原型开发的方向

产品原型开发的方向旨在将概念转化为具有实用价值的实体。这一过程着重考虑用户需求、市场趋势及竞争状况等因素，逐步完善和调整产品原型，从而确保产品的设计能够满足不断变化的市场需求和用户期望。在确定产品原型开发方向时，我们需全面掌握用户需求和市场趋势，对竞争对手的产品进行分析和研究。同时，还需要不断更新自己的技能，以适应不断变化的市场和技术环境。主要的产品原型开发方向包含如下方面。

1. 全新产品　全新产品是指那些采用了新技术、新材料，具有创新的结构和功能的产品。这些产品在市场上首次出现，为消费者带来了全新的体验和满足。它们通常需要投入大量的研发资源和时间，以实现从无到有的创新。全新产品的诞生往往伴随着产业的变革和升级。汽车产业经历了数百年的发展，不断创新和完善。如今，汽车已经不仅仅是一种交通工具，而是成了智能出行的重要组成部分。随着新能源、自动驾驶、互联网等技术的快速发展，汽车行业正面临着前所未有的变革。

2. 改进新产品　改进新产品是指在原有产品的基础上进行更新换代，使产品在结构、功能、品质、花色、款式以及包装上具有新特点和新突破的产品。这些产品通常通过对原有产品的分析和改进，以提升其性能、外观和使用体验。它们通常需要投入大量的研发资源和时间，以实现产品的升级换代。例如，通信设备的创新一直是科技领域的热点，其发展历程是人类科技进步的缩影。从有线电话到移动电话，再到智能手机，每个阶段都为人类生活带来便利。有线电话诞生后，人们通过电话线进行语音通信，通话质量虽差，但缩短了人与人之间的距离。然而，有线电话的使用范围受限，移动电话因此诞生，使得通信更便捷。但早期移动电话功能单一，主要限于语音通信，且信号覆盖有限。随后，智能手机诞生，在通信功能上有大提升，并具备上网、娱乐、办公等多功能，将人们的日常生活紧密相连。智能手机的普及也推动了移动互联网的发展。如今，智能手机功能强大，不仅有高清语音通话，还支持视频通话、在线支付、智能家居控制等。同时，智能手机的形态也在不断演变，如折叠屏手机、曲面屏手机等，为用户带来更好的体验。通信设备的不断改进，从有线电话到移动电话，再到智能手机，展现了科技发展的速度。这些创新产品不仅丰富了人们的通信方式，也推动了科技产业的繁荣发展。

3. 系列新产品　系列新产品是指在原有产品基础上，不对原有产品进行任何改变，而生产出其他功能、花色、款式、规格的产品，与原有产品形成产品系列，一同进入市场进行销售。这些产品通常在原有产品的基础上进行扩展和延伸，以满足消费者更多的需求和选择。它们通常需要投入大量的研发资源和时间，以实现产品的系列化。例如，在个人办公电子产品方面，为适应各类办公场景，台式电脑、笔记本电脑、平板电脑、智慧屏幕等系列新产品应运而生。在现代社会，个人办公电子产品的发展速度迅猛，不断推陈出新，以满足各种不同办公场景的需求。这充分展示了我国电子产品市场的繁荣景象以及技术创新的实力。

4. 再定位新产品　再定位新产品是指进入新的目标市场，或改变原有市场定位后再次推出的产品。这些产品通常需要对原有的市场定位进行调整和改变，以适应新的目标市场的需求和变化。它们通常需要投入大量的市场调研和营销资源，以实现产品的重新定位和市场拓展。举例来说，某一饼干品牌自诞生之日起，便以传统黑白夹心饼干的定位面市。然而，随着时光流转及消费者口味的变化，该品牌意识到自我调整定位的必要性。为了拓展市场份额，该品牌积极研发新口味及多样化产品形式，如草莓、花生酱、柠檬等口味，以满足不同消费者群体的需求。此外，通过与其他品牌联合推出冰激凌饼干、巧克力棒饼干等跨界产品，进一步扩大了市场影响力。通过实施一系列再定位策略，这一传统饼干品牌成功转型升级为多样化、时尚的零食系列，满足了消费者多样化需求，同时保持了市场领先地位。

5. 低成本新产品　低成本新产品是指由于企业采取了一定的措施后降低了生产成本，以低成本推出同样性能的产品。这些产品通常采用更加高效的制造工艺和材料，以降低生产成本，同时保持产品的性能和质量不变。由于产品成本降低了，就可以以较低的价格出售，为消费者节省购买成本，带来新的利益。它们通常需要投入大量的研发资源和时间，以实现生产成本的降低和产品的优化。例如，一款手机品牌在销售过程中采取了独特的商业模式，通过互联网直接与消费者建立联系，避免了传统零售渠道的成本。这种策略不仅降低了运营成本，而且提高了产品的性价比，可以快速积累庞大的用户群体。通过创新商业模式和成本控制策略，企业可以在竞争激烈的市场中脱颖而出，并为消费者提供更高性价比的产品。

三、产品原型开发的原则

1. 视觉化呈现　通过制作原型，我们可以将头脑中的想法具体化，以一种直观、形象的方式展现出来，从而激发团队成员与客户的积极参与和讨论。这种视觉化的表达方式，不仅可以让人们更好地理解你的意图，还能帮助你更清晰地传达你的想法。例如，当你在讨论一个新产品时，通过制作一个简单的原型，可以让团队成员和客户更直观地了解你的设计思路，从而更好地进行讨论和提出建议。

2. 保持新手心态　面对新的挑战时，我们应该保持一种新手的心态，不要被既有的知识或经验所束缚。这样我们可以更加开放地接受新的想法和创意，从而更好地应对挑战。例如，当你在学习一门新的技能或面对一项新的任务时，不要被过去的经验所限制，而是应该以一种新手的心态去接受新的知识和技能，这样可以帮助你更快地适应和学习。

3. 不要执着于初期创意　在创意的初期，我们往往会想到一些初步的构想，但是这并不意味着我们应该一直坚持这些构想。相反，我们应该创造备用选项，以便在需要时进行替换和调整。如果我们在创意初期就过于执着于某一想法，可能会阻挠我们的创造和探索其他可能性的过程。因此，我们应该时刻保持灵活和开放的心态，不断探索和尝试新的想法和创意。

4. 不用担心混沌状态　在原型制作的初期，我们往往没有明确的方向，这就是所谓的混沌状态。但是，在这种状态下，我们的思路往往更加开阔，能够产生更多的创意和可能性。因此，我们不需要过于担心这种状态，而是应该充分利用它带来的机会。例如，当你在制作一个新产品的原型时，可能会经历很多次的尝试和失败。但是，这种混沌状态正是你产生新创意和不断完善产品的过程。

5. 从低拟真的原型开始反复调整　为了更好地了解产品的可行性和适用性，我们应该快速、低成本、粗略地制作原型，并逐步了解什么可行，什么不可行。之后，我们可以开始进行微调，逐步完善产品。这样可以避免在初期投入过多的时间和资源，并且可以更快地找到正确的方向。例如，当你开发一个新的应用程序时，可以先制作一个简单的原型，然后逐步完善和增加功能。这样可以更快地了解用户的需求和市场反应，从而更好地调整产品方向。

6. 及时发表想法，寻求建议指教　尽早并经常寻求大家的批评指教可以帮助我们更好地改进原型。不要把负面评价当作针对你个人的批评，而是将其视为改进产品的建议。这些建议都弥足珍贵，可以帮助我们更快地完善产品。例如，当你在展示原型时，可能会收到一些批评和建议。不要因为这些批评而感到沮丧或失落，而是应该认真听取并思考如何改进产品。这样可以帮助你更快地完善产品并提高用户满意度。

7. 勇于面对失败　越早失败有时反而会降低我们的成本。通过从失败中吸取教训，我们可以更快地学习并取得进步。例如，当你在尝试一个新的商业模式时可能会遭遇失败。但是，通过分析失败的原因并吸取教训，你可以更快地找到正确的方向并取得成功。

8. 善用创造力　创造力是一种非常重要的能力，它可以让我们开发出史无前例的原型，勇于打破业界的常规。通过运用创造力，我们可以产生新的想法和创意，并将其转化为实际的产品或服务，这样可以帮助我们在竞争激烈的市场中脱颖而出。例如，当你在设计一个新的产品时，可以通过运用创造力和想象力来打破常规的设计思路，从而开发出更具创新性和竞争力的产品。

第 3 节　产品原型制作的呈现

案例 4-3

某公司的研发团队在一次头脑风暴会议中，提出了多个创新想法，包括开发一款智能家居控制系统、设计一种可重复使用的环保餐具等。为了进一步评估这些创意的可行性和市场需求，该公司决定成立一个小组，负责收集、总结、整理这些想法，并进行初步的市场调研和技术评估。经过多轮讨论和筛选，该小组最终确定了两个创新项目，分别是智能家居控制系统和环保餐具。经过要素评估后，他们根据市场战略决策进一步制订了详细的项目计划，并做出了预算，最终选择深化发展智能家居控制系统这项更符合市场预期的产品开发，并开始进行原型设计和测试。

问题：我们该如何有效地进行产品原型的制作与呈现？

在商业模式的建立过程中，了解如何在市场调研的基础上构建出一个能够满足用户需求、方便用户使用、符合用户期望和易于操作等一系列要素的产品模型是至关重要的。以制作一个"宠物智能管家"为例，我们可以基于这个项目来规划、开发和呈现一个产品原型，并经历原型制作的五个步骤。这五个步骤包括：原型构想、绘制原型设计图、确定技术路线、选择原型制作工具和动手制作原型。通过这些步骤，我们可以确保最终的产品不仅能满足市场需求，还能提供良好的用户体验。

一、原型构想

原型构想阶段的目标是明确产品的原型设计和功能定位,为后续的开发工作奠定基础。在这个过程中,设计师们需要从无数个创意构思中筛选出最具可行性、最具市场竞争力、最能满足用户需求的方案。例如,"宠物智能管家"可以通过自动喂食、定时放水、自动清洁等功能,为宠物主人提供极大的便利,特别是对于工作繁忙或经常出差的宠物主人来说,可以确保宠物在他们不在家时也能得到妥善照顾。因此,对于这个项目的原型构想需要围绕这个问题提出解决方案(表 4-1)。

表 4-1 原型构想问题清单样例

解决什么问题	怎么解决
当猫主人忙碌无暇顾及猫咪,或者外出出差、逢年过节短期不在家时,无法及时清理猫砂盆	1. 全自动添加猫砂与清理粪便,省时省力; 2. 定时紫外线消毒,防止细菌滋生,为猫咪卫生安全保驾护航; 3. 工作时可以升起挡板,防止卡猫; 4. 统计猫咪上厕所次数,并通知到主人手中; 5. 自带电池或者太阳能涂层,以防突然停电无法正常运作; 6. 主人可以 APP 远程操控。

二、绘制原型设计图

原型设计图在产品设计过程中至关重要。它能够清晰表达产品创意,为后续制作和开发提供依据。绘制原型图有助于设计师理解用户需求、把握产品功能,并将构思转化为具体形象。此外,原型设计图有助于团队成员沟通协作,减少沟通成本,提高工作效率。同时,它还可以作为项目进度控制的依据。最后,原型设计图有助于发现和解决问题,为团队提供更多设计方案选择。"宠物智能管家"这个项目则包含了外观与内部结构两部分的原型图设计,我们既可以使用手绘草图,也可以使用如 SolidWorks、计算机辅助设计(computer-aided design,CAD)等制图软件来完成原型图设计(图 4-1、图 4-2)。

图 4-1 "宠物智能管家"手绘草图

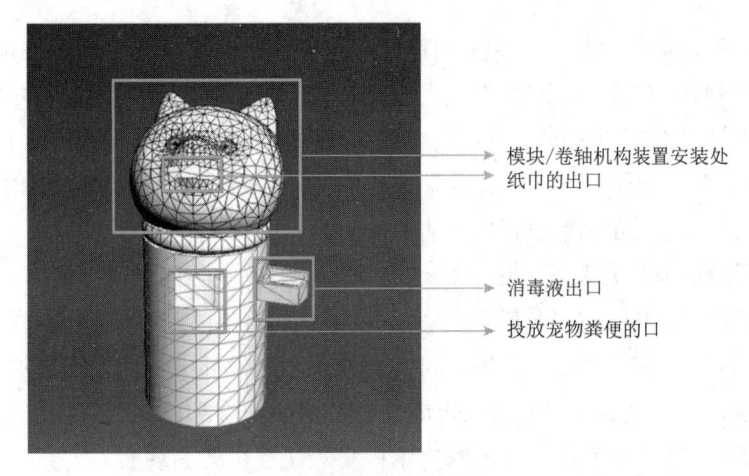

图 4-2 利用软件设计的"宠物智能管家"设计图

三、确定技术路线

需要明确产品的功能规格以及产品价值的描述等内容,决定产品开发的可行性,这个阶段工作内容较多,最好是由一个跨职能团队来共同完成。因为要完成一项原型的开发,会涉及大量跨学科的知识和技能,例如"宠物智能管家"这个项目不仅包含外观设计、结构设计,同时也包含智能硬件的搭载(图 4-3)。

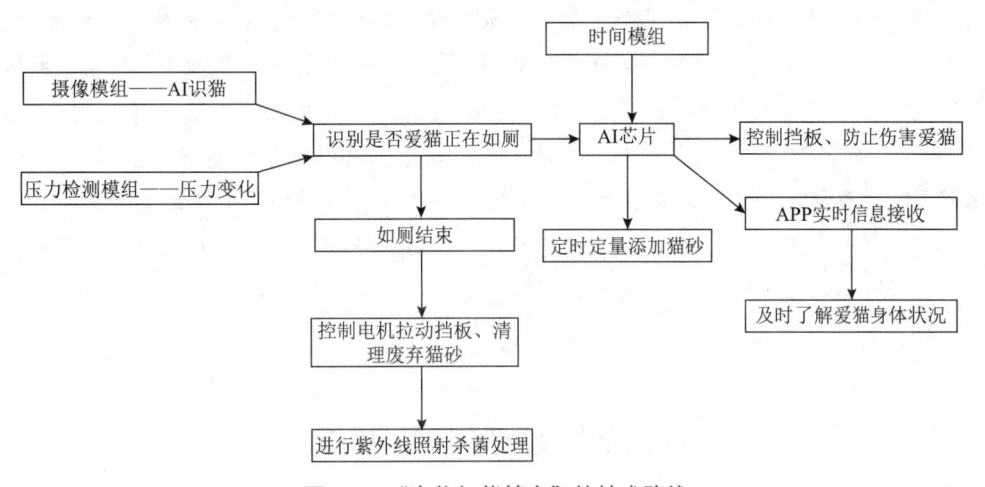

图 4-3 "宠物智能管家"的技术路线

四、选择原型制作工具

产品原型制作工具主要指用于设计和构建产品原型的工具。这些工具通常包括各种我们常见的手工制作工具,也包括一些机械设备。这些工具还可以用于测试和验证硬件产品的功能和性能,以及在开发过程中进行调试和优化。以下主要列举"宠物智能管家"的原型主要使用的工具:剪刀、硬纸、木板、切割机、黏合剂、传感器、3D 打印机等。

五、动手制作原型

进入动手制作原型阶段,这是将由构思迈向实践的关键环节。在此阶段,我们需要将创新思维通过实际行动转化为现实,从而赋予设计理念实际应用价值。在此过程中,运用各类专业工具将草图中的设计细节逐一实现,显得至关重要。

1. 草图需要根据实践情况调整　在动手制作原型阶段，我们要持续对其进行优化和调整，以达到更为完美的状态。这个过程要求我们充分发挥创新精神，结合实际情况，细心分析并寻求最佳解决方案。

2. 选择适宜的工具是成功的关键　在众多设计工具中，我们要根据设计需求和自身技能水平挑选最适合的工具。无论是平面设计、三维建模还是编程开发，都要确保所选工具能帮助我们迅速地将想法呈现出来，以便在后续的优化和调整过程中节省时间。

3. 动手制作原型阶段需具备良好的团队协作能力　在解决实际问题时，通常一个问题会涉及不同学科的专业知识，我们要与团队成员保持紧密沟通，共同解决问题，以确保设计原型的顺利进行。同时，我们要学会倾听他人意见，善于总结和提炼，将有益建议融入设计中，使原型更加完善。

4. 保持耐心和毅力　动手制作原型阶段可能会遇到诸多困难和挑战，我们要保持积极心态，勇于尝试，不怕失败。只有这样，我们才能在不断摸索中将想法逐步变为现实。

在动手制作原型阶段，我们要充分利用各类工具，发挥团队协作优势，保持创新精神和耐心，实现从草图到原型的跨越。尽管这个过程充满挑战，但只有勇敢面对并克服困难，我们才能将设计理念付诸实践，带来更多的创新。

第 4 节　产品原型的测试

案例 4-4

经过深思熟虑，某团队已提出了新型智能手表的诸多创意概念，但尚未确定最终的产品设计。为了使这些创意概念更具体、更易于理解，该团队决定制作一个低成本的原型。这样，团队成员可以更有效地向其他人展示他们的想法。在完成原型后，团队成员对其进行了内部测试。然而，他们意识到需要更多的反馈来优化产品。因此，该团队邀请了一些潜在用户参与原型测试与反馈会议。在会议上，团队向参与者展示了原型，并邀请他们试戴手表，同时询问他们的感受和建议。参与者提出了一些有价值的反馈，例如手表的尺寸是否合适、功能是否实用以及界面是否易于使用等。团队成员详细记录了这些反馈，并将其用于改进原型。

问题：测试对于产品原型来说有哪些意义？

一、产品原型测试的概念

产品原型测试是指对产品原型进行测试和评估的过程。这个过程旨在发现和纠正产品原型中的潜在问题，以确保产品的最终质量和性能达到预期。在产品原型测试中，测试人员会根据产品需求和设计规格，对产品原型进行一系列的测试和评估。这些测试包括但不限于功能测试、性能测试、安全测试和用户体验测试等。

通过这些测试，可以发现产品原型中可能存在的问题，并及时进行修正和改进。产品原型测试对于确保产品的质量和性能至关重要。如果在设计阶段未能发现并解决潜在问题，将会给产品的最终质量和性能带来负面影响，甚至可能导致产品无法满足用户需求。因此，产品原型测试是产品开发过程中不可或缺的一环。

二、产品原型测试的主要内容

1. 界面测试　检查原型的界面是否符合用户需求和设计要求，包括布局、风格、颜色、字体、图标等方面，以及界面之间的切换、跳转等是否流畅，是否符合用户习惯。

2. 功能测试　验证原型的各项功能是否符合需求，以及功能是否完善、稳定，包括但不限于输入输出、查询搜索、数据展示、业务逻辑等方面，需要模拟用户的使用场景，进行多角度、全方位的测试。

3. 性能测试　测试原型的性能是否稳定，包括响应时间、吞吐量、负载能力等方面。在原型测试阶段，可以通过模拟大量的用户请求来测试系统的性能表现，以便及时发现和解决潜在的性能问题。

4. 安全测试　检查原型的安全性是否得到保障，包括数据的加密、权限控制、防止恶意攻击等方面。安全测试需要模拟各种恶意攻击场景，以验证系统是否能够有效地抵御攻击。

5. 兼容性测试　测试原型在不同平台、不同浏览器、不同操作系统下的兼容性。由于用户使用的设备和环境千差万别，原型需要在各种不同的环境下都能够正常运行，以保证用户体验的一致性。

6. 易用性测试　验证原型的易用性是否良好，包括用户界面的友好程度、操作流程的合理性、提示信息的清晰度等方面。易用性测试需要从用户的角度出发，关注用户体验的细节，以提高产品的易用性和可操作性。

7. 可靠性测试　测试原型的可靠性、稳定性和可用性等方面的表现。需要对原型进行长时间的运行测试，以及在各种异常情况下的测试，以发现潜在的缺陷和问题。

总之，在进行产品原型测试时，需要考虑多个要素以确保产品的质量和用户体验。通过对这些要素进行评估和测试，可以及早发现和解决潜在问题，从而减少开发过程中的返工和用户使用过程中的困扰。

三、产品原型测试的方法

在测试环节，遵循一些既有的方法，能够帮助我们快速、有效地获取用户反馈与结果。

1. 团队交叉测试　是指不同团队之间相互测试并分享反馈。这种方法不仅适用于测试阶段，也适用于其他各个环节。在同一个项目里，虽然各个小组面对的挑战是一样的，但他们的观察和理解可能会有所不同，关注点也会有一些分歧。因此，在解决方案的呈现上，就会有更多的开放性和多样化特征。在测试阶段，小组间相互作为测试对象，给出内部反馈，往往能进一步提升原型的质量，优化测试方案，有利于后期向用户展示。团队交叉测试可以帮助团队之间相互学习、分享经验和知识，同时也可以提高团队之间的沟通和协作能力。通过交叉测试，各个团队可以更好地了解其他小组的工作方法和思路，从而更好地协调合作，共同解决问题。

2. 极端用户测试　是指从该领域有极端体验的用户群体身上获得新的启发。极端用户是指那些特别频繁使用产品的人，他们对产品的需求和体验更加迫切和敏感。对于极端用户来说，他们在使用产品的过程中遇到的问题以及因产品不足而被迫采取的补救方法都更容易被捕捉到。从极端用户那里获得反馈之后，可以反过来去满足普通人还不太明显的隐性需求，这正是极端用户测试的意义所在。极端用户测试可以帮助设计师发现产品中存在的问题和不足之处，并且可以提供更加深入的反馈和建议。这些反馈和建议可以指导设计师进一步优化产品，提高用户体验和质量。

3. 专家测试　是将原型呈现给相关领域的专家，由他们给出专业性的反馈意见。专家测试可以帮助我们在短时间内加深对挑战和解决方案的理解。专家测试是一种非常有效的测试方法，因为专家们在该领域有着丰富的经验和专业知识，他们可以深入地了解原型的设计思路和实现细节，并从专业的角度给出反馈意见。这些意见可以帮助设计师更好地优化原型，提高产品的专业性和质量。通过专家测试的反馈和建议，设计师可以更好地了解该领域的技术和发展趋势，并且可以更加深入地了解用户需求和体验。这些反馈和建议可以帮助设计师在短时间内提高产品的质量和用户体验，并且可以使产品在该领域更具竞争力。

思 考 题

1. 原型制作具有哪些价值?
2. 除了教材中列举的方法,你还有其他的原型呈现方式吗?

(吴维)

创 业 篇

第一堂目

第 5 章
创业者与创业团队

> **学习目标**
> 1. 素质目标　了解创业者和创业团队应该具备的素养和价值取向,建立服务社会的家国意识和人文情怀。
> 2. 知识目标　掌握创业者素质模型,理解组建团队的基本原则,了解成员招募的途径和方法,掌握团队管理和激励的基本方法。
> 3. 能力目标　能够搭建合理的团队组织架构,制订科学的招募方案,并根据团队和项目实际情况制订人员激励方案和管理方案。

选合适的人比选优秀的人更有利于企业发展。本章旨在深入剖析创业型人才的素质模型,帮助同学们掌握系统"识人"的方法;通过系统阐述组建团队的基本原则,引导同学们了解并掌握团队成员招募的科学流程,让每位成员都能为团队带来独特的贡献与价值;通过详细解析初创团队管理与激励的有效策略,使团队在面对"组建前"的筹备、"组建中"的协调与"组建后"的管理等各个环节时,都能游刃有余地应对挑战,规避潜在风险,最终构建起一支凝聚力量、富有创造力的黄金创始人团队。

第 1 节　创 业 者

> **案例 5-1**
> 在校期间,小叶凭借其出色的艺术才华和领导能力,担任了校艺术团的团长,多次带领团队外出参加各类演出活动,积累了丰富的舞台经验与人脉资源。某日,当他拖着行李箱走向机场的登机口时,一个大胆而创新的想法诞生了:如果将行李箱、滑板车与背包三者巧妙融合,便能实现一路滑行至登机口的便捷与酷炫。
>
> 怀揣这一独特创意,小叶迅速集结了一群志同道合的同学,共同成立了一个创业团队。他们积极向行业内的资深人士请教,不断完善产品设计,并借助学校的融资平台成功吸引了天使投资人的青睐,使项目得以顺利量产。随后,这款集便捷与时尚于一体的产品迅速在市场上崭露头角,特别是在各大网上交易平台的销量节节攀升,海外市场更是反响热烈。在小叶的带领下,公司的业务不断拓展,产业链条日益完善,公司的规章制度和组织架构也逐渐健全。
>
> 问题:1. 在小叶身上你看到了哪些创业者特质?
> 　　　2. 如果让你寻找一个创业合伙人,你会从哪几个维度去考量他?

一、创业者素质与能力

20 世纪 70 年代,美国著名心理学家戴维·麦克利兰(David McClelland)提出了著名的冰山模型。该模型深入剖析了人员个体素质的构成。这一模型将人员素质划分为两个主要部分:表面的"冰山以上部分"和深藏的"冰山以下部分"。"冰山以上部分"主要涵盖基本知识和基本技能,这些素质是外在的、易于观察和测量的。由于它们的外显性，这些素质相对容易通过培训和发展来提升。相对而言，"冰山以下部分"则更为复杂和难以捉摸。它包含了社会角色、自我形象、特质和动机等深层次的、内在的因素。这些素质往往难以直接测量，并且不容易受到外界影响而发生变化。然而，正是这些内在的、深层次的素质，对人员的行为和表现起着决定性的作用。

冰山模型作为一种分析工具，其应用已扩展至多个领域。基于广泛的创业案例研究，将冰山模型应用于创业型人才素质模型的构建。创业型人才素质模型涵盖了理念、意识、能力、知识和经验等多个方面（图5-1），为理解和培养创业型人才提供了有力的理论支持。创业型人才素质模型具体展开如下。

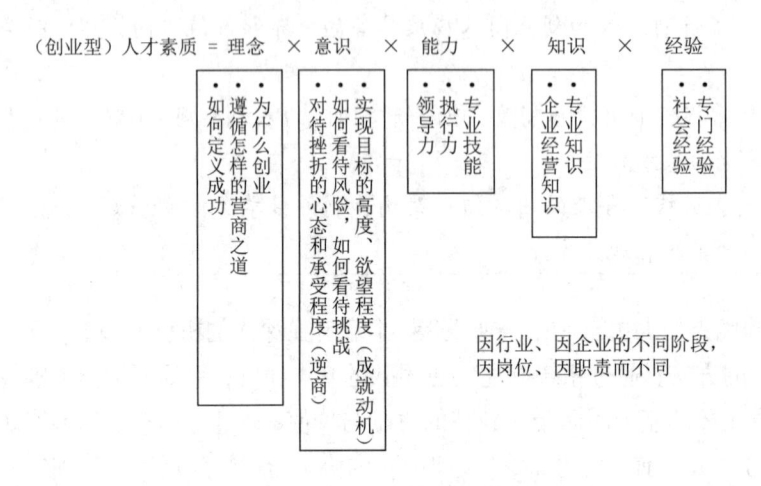

（创业型）人才素质 ＝ 理念 × 意识 × 能力 × 知识 × 经验

理念	意识	能力	知识	经验
为什么创业 遵循怎样的营商之道 如何定义成功	实现目标的高度、欲望程度（成就动机） 对待挫折的心态和承受程度（逆商） 如何看待风险，如何看待挑战	领导力 执行力 专业技能	企业经营知识 专业知识	社会经验 专门经验

因行业、因企业的不同阶段，因岗位、因职责而不同

图 5-1　创业型人才素质模型

1. 理念　理念涵盖了个人为何选择创业、所遵循的营商原则，以及个人对成功的独特定义。真正的创业型人才，往往心怀创业梦想，这种梦想不仅源于个体自我实现的渴望，更包含了对创造更美好社会的使命感。这种使命感能够激励个体在创业道路上勇往直前，克服重重困难，并在成功后获得强烈的成就感。

2. 意识　意识主要包括了个人对实现目标的高度认知、对成功的强烈欲望、对风险和挑战的正确态度，以及面对挫折时的心态和承受力。创业之路充满未知与挑战，要求创业者具备坚定的信念、强大的意志力和抗压能力，以及面对困难时勇往直前的勇气。

3. 能力　能力主要包括了较强的专业技能、出色的执行力和领导力。专业技能是创业者在特定领域内的技能，而执行力和领导力则决定了创业者能否将理念和计划有效转化为现实，带领团队共同实现目标。

4. 知识　知识主要包括了所在专业领域的专业知识，以及企业经营所需的多方面知识，如法律、财税、人事、管理、营销等。这些知识的储备，有助于创业者更全面地了解市场、把握机会，并在实际运营中做出明智的决策。

5. 经验　经验主要包括了所在领域内的从业经验和社会经验。通过积累经验，创业者可以更加深入地了解市场需求、行业规律以及人际关系，从而在创业过程中更加从容应对各种挑战和困难。

综上所述，一个成功的创业型人才需要具备坚定的理念、强烈的意识、出色的能力、丰富的知识和经验。这些要素相互作用、相互支持，共同构成了创业成功的基石。

在评估创业者的综合素质时，企业所处行业不同、发展阶段不同，并且内设不同岗位，因此对于创业者的能力、知识和经验有着差异化的要求。但理念和意识作为创业型人才素质模型的核心，是共通且至关重要的，它们构成了人才素质模型中"冰山以下部分"。"冰冻三尺，非一日之寒"，这句话深刻揭示了理念和意识形成的长期性和稳定性。因此，在考察一个人是不是创业型人才时，我们通常会首先关注其理念和意识是否与创业型人才素质模型相契合，然后进一步评估其能力、知识与经验是否与特定的岗位相匹配。

在实际创业历程中，创始人很难招募到每个要素都完美达标的合伙人。因此，创始人需要根据公司当前的发展阶段和该岗位对人才的迫切需求程度来做出综合判断。当某个岗位对专业性有极高要求，且该岗位的填补对于公司的发展至关重要时，创始人可以适度提高对候选人在知识和能力方面的考核权重。

综上所述，理念、意识、能力、知识和经验都是成为一个创业者不可或缺的要素。无论是对自己进行审视，还是评估潜在的合伙人，都需要从这几个维度进行深入思考，以确保找到真正值得信赖和依靠的合作伙伴。这样的合伙人不仅能在关键时刻为公司带来价值，还能与创始人共同携手，推动公司的持续发展。

二、创业动机的含义与分类

创业动机是激发、维持、调节人们从事创业活动，并引导创业活动朝向某一目标的内部心理过程或内在动力。大学生开展创业活动是外部适宜的环境与内在足够的动机相结合的产物，大学生创业动机归纳起来主要有以下四种类型。

1. 生存的需要 部分家庭经济条件欠佳的大学生，为了支付学费和满足日常生活开支，会在课余时间参与各类兼职工作，广泛接触社会。在兼职过程中，具有创业潜质的学生会发现并把握商机，从而开始他们的创业之路。

2. 积累的需要 人的需求层次随着成长而不断变化，大学生对于建立社会关系与自我成长的追求也在逐渐增强。部分大学生选择创业，是为了积累实践经验、丰富社会阅历，为未来的经济独立做好准备。

3. 自我实现的需要 在25~29岁这一创造力活跃的年龄段，许多大学生对创新有着强烈的渴望和憧憬，他们思维活跃、行动力强。大学生有很多接触科研机构、学术组织和实验室的机会，他们更容易了解到新的研究成果和技术趋势。为了早日实现个人价值和社会成就，他们选择踏上创业之路。

4. 就业的需要 在当前就业形势下，部分大学生由于难以找到薪资待遇满意的工作，选择创业作为就业的一种途径。他们通过自主创业，寻求职业发展新路径。

三、产生创业动机的驱动因素

随着经济的蓬勃发展和市场的日益繁荣，创业的热潮逐渐席卷而来，新兴的创业项目如雨后春笋般涌现。在这股创业风潮中，创业者的动机并非凭空而生，而是由一系列深思熟虑的驱动因素所共同铸就。以下是对这些驱动因素的详尽阐释。

1. 知识驱动 大多数创业者都曾是某一专业领域的探索者和深耕者。无论是通过学校系统的学习，还是通过丰富的从业经历，都让他们积累了深厚的专业知识。他们会根据自己的知识背景和专长，寻找与之契合的创业项目，将知识转化为实际的商业价值。

2. 能力驱动 创业者的个人能力是他们走向成功的关键所在。这些能力并非一蹴而就，而是经过长时间的积累和磨砺才得以形成。无论是沟通能力、创新能力、协同能力还是审美能力，都是创业者在实践中不断锻炼和提升的。他们凭借这些能力，勇敢地踏上创业之路，将自己的潜能发挥到极致。

3. 环境驱动 就业市场的形势使得越来越多的人开始思考创业的可能性。同时，身边亲朋好友的成功创业经历也会成为一股强大的推动力，激励他们迈出创业的步伐。创业者们渴望通过自己的努力，创造出一片属于自己的天地。

4. 兴趣驱动 兴趣是最好的老师，对于创业者而言同样如此。当他们对某个项目产生浓厚的兴趣时，即便这个领域对他们来说并不熟悉，他们也会选择这个项目，并坚定地坚持下去。因为兴趣是他们最大的动力源泉，能够让他们在创业的道路上不断前行。

5. 政策驱动 政府的支持是创业者走向成功的重要保障。根据国家产业布局和行业发展需求，政府相关部门会对相关领域内的项目给予优惠政策支持。这些政策不仅为创业者提供了更多的机会和更好的平台，还为他们的发展提供了有力的保障。在政策的推动下，他们也会坚定地走上创业道路。

第 2 节　初创团队组建的基本原则

案例 5-2

应届毕业生小张凭借对技术的热爱，创办了一家专注于软件开发的公司，共有 4 位股东。这 4 位股东在公司成立之时就明确了分工，两人负责技术研发，一人负责业务拓展，而小张则负责行政管理。公司轻资产、轻人力的特点使其在市场中保持灵活，只要有业务需求，便能迅速转化为利润。小张深知团队的重要性，坚信公司的核心资源是团队成员。因此，他们确立了共同的理念，决定在前五年不急于追求利润，而是着重于完善平台、磨合团队和开拓市场。五年后，公司将步入新的发展阶段，小张将制定严格的制度以保障每位股东的权益。在面临意见分歧时，股东们将采用民主投票的方式，确保决策符合整体利益。由于团队成员对于公司的愿景和理念一致，分工明确，所以股东之间的合作很愉快。

问题：1. 在案例中小张觉得公司的核心资源是团队，你是否认可这样的说法？
　　　2. 一流创业团队的组建应遵循哪些原则？

一、初创团队组建的"板凳模型"

组建一个卓越的团队对于初创企业的重要性不言而喻。尤其是对于大学生创业者来说，在经验、人脉、资金等社会资源相对匮乏的情况下，构建一个稳定且高效的团队更是显得至关重要。然而令人遗憾的是，很多创业项目都会出现团队问题。以某职业院校学生创意创业园为例，在孵的初创企业在成立两年后，有超过半数发生了重大股东变动。变动的原因多种多样，有的是因为团队成员间理念不合，有的是因为团队的知识和能力结构存在显著短板。

案例 5-2 当中小张的团队为我们提供了一个正面的范例。他们的初创核心成员共四人，理念高度一致，分工明确，决策机制清晰。这种合理的团队架构是他们项目能够顺畅运行的基本前提。基于众多初创团队的创业经验，归纳出组建核心团队的基本原则——"板凳模型"（图 5-2）。该模型强调团队成员间的互补性和稳定性，为初创企业的成功奠定了坚实的基础。

1. 基本面共通 在构建一个团队时，确保成员间对创业理念和创业愿景有共通共识是至关重要的。这个共识就如同圆圆的凳面，构成了团队的基本面。这种共识必须在团队组建之初就牢固确立，对于"为何选择创业""企业未来的战略规划是什么"等核心问题，初创团队的每一位成员都必须有清晰且高度一致的认知。同时，团队成员都必须具备强烈的创新精神、出色的抗压能力以及高成就动机，以确保团队在创业的道路上能够稳健前行。

2. 专项能力互补 支撑凳面的凳脚，象征着团队成员所具备的、各有所长的专项能力。这些能力在团队内部形成了良好的互补，使得团队在各方面都能得到充分的支撑。若所有成员都拥有相同或高度相似的专项能力，那么团队将无法有效支撑起整个项目的运作。相反，只有团队成员在技术、市场、管理等不同领域各自独当一面，才能确保项目得以稳固发展。

图 5-2　板凳模型

二、初创团队组建的"劳动欲望水准"

劳动欲望是指劳动者对自己劳动价值的期望成就程度，它涵盖了从基本生存需求到对社会的深远贡献等多个层面。具体来说，劳动欲望可细分为以下七个水准：满足基本生存的需求，获得团队内部的认可与尊重，追求收入的稳步提升，寻求职务的晋升，对自我价值实现的追求，期望能为企业带来显著的贡献，渴望为社会的进步与发展贡献自己的一份力量（图 5-3）。

层次	劳动欲望	物质追求	索取心态	工作能力	贡献范围	物质获取	应有的水准 高层	应有的水准 中层	应有的水准 基层
7	对社会的贡献	低	弱	强	宽	多	●		
6	对企业的贡献							●	
5	自我价值的实现								
4	职务的提高								●
3	收入的提高								
2	团队认可								
1	基本生存	高	强	弱	窄	少			

图 5-3　劳动欲望法则

在初创团队的成员甄选过程中，经营者应当深入洞察每位候选者的劳动欲望水准，并制订相应的激励措施，确保团队成员的劳动欲望水准能与相应的岗位要求相匹配，从而共同推动初创团队的稳健发展。

1. 劳动欲望水准的考察要求　①基层员工。劳动欲望水准应集中在第 1 至第 4 阶段，核心诉求为职务的提高。他们注重物质基础的稳固和职务发展的机会，是团队的基础力量。②中层干部。劳动欲望水准需涵盖第 3 至第 6 阶段，重点在于自我价值的实现和对企业的贡献。他们既寻求个人成长，也期望为团队和企业的成功作出贡献。③高层管理者。劳动欲望水准应达到第 5 至第 7 阶段，核心在于为企业和社会做出重大贡献。他们具备高度的责任感和使命感，致力于引领团队和企业实现长远目标，并回馈社会。

2. 劳动欲望水准的影响领域　①物质追求。随着劳动欲望水准的上升，员工的物质追求逐渐减弱，而精神追求和事业追求逐渐增强。②索取心态。劳动欲望水准较低的员工索取心态往往更强，而水准较高的员工则更多侧重对企业与社会的贡献。③工作能力。与劳动欲望水准正相关，水准较高的员工因为格局和视野的开阔，自我驱动力更强，因此通常具备更高的工作能力和决策能力。④贡献范围。劳动欲望水准较低的员工主要关注个人和家庭的福祉，水准较高的员工则更加致力于为团队、企业乃至整个社会的繁荣与发展做贡献。⑤物质获取。基于工作能力、贡献范围等因素影响，劳动欲望水准较低的员工虽然索取心态更强，但是物质获取相对较少，而劳动欲望水准较高的员工相对物质获取更多。

3. 针对不同劳动欲望水准员工的管理策略　在团队管理的过程中，经营者必须深刻认识到管理员工劳动欲望水准的重要性，这有助于维持团队的和谐稳定，推动团队的持续发展。对于劳动欲望水准较高的员工，仅满足其金钱需求是远远不够的。他们渴望在工作中实现自我价值，如果这种价值感得不到体现，他们很可能会因此而离开团队。因此，需要通过提供挑战性的工作任务、晋升机会、专业培训等方式，让他们感受到自己的价值和成长。对于新入职的年轻人，他们的劳动欲望水准往往集中在满足基本生存需求上。在这个阶段，首先应给予他们相应的物质回报，同时向他们介绍公司的愿景和使命，激发他们对未来的期待和热情，以确保年轻人能够稳定地留在团队中发展。

4. 认知劳动欲望水准的重要意义　①精准激励员工。通过了解员工的诉求并满足其相应的劳动欲望，可以显著提升员工的满意度和忠诚度，从而增强团队的凝聚力和稳定性。②人岗匹配。公司不同层级的岗位，需要不同劳动欲望水准的人才来担任，将最合适的人才放在最合适的岗位上，实现人力资源的最优化配置。

第3节　初创团队的成员招募

一、招募时机与渠道

（一）合适的招募时机

一些创业者会将公司人数的增长、规模的增速当成一件比较荣耀的事情，但其实过快的增长会给企业带来很大的压力。人数增长并不一定能够带来真正的业务增长，因为员工增加的同时意味着成本的增加，这里的成本包括经济成本和管理成本。因此人员招募时机非常重要。以下两种情况需要招募人员。

1. 能力不足　面对现有业务，依靠现有人员的能力，最多只能满足50%～75%，这种情况下要考虑从外部引入一些更加有能力的人来弥补现有空缺，带领业务发展。

2. 负担过重　在员工能力达标的情况下，若他们的工作负担超出了其正常时间负荷的1.2～1.5倍，导致他们长期处于高负荷工作状态，此时应当迅速增加人手，以减轻员工的负担，保证工作效率和质量的稳定。

此外，当团队内部出现疲惫或懈怠情绪时，外部招募人员的加入可以为企业带来新的活力、灵感和文化，有助于激发整个组织的活力。

在新型雇佣关系的背景下，企业在寻求人才时，特别是对于非核心岗位，招聘往往不是唯一选择。通过兼职、外包合作等方式，企业可以更加灵活地满足自身需求。未来，随着工作模式的转变，个体与企业之间的关系可能更多地从雇佣关系转变为合作关系。

（二）合适的招募渠道

人员招募的渠道丰富多样，每种渠道都有其独特的优势和适用场景。常见的招募形式分为线上和线下两种渠道。

1. 线上招募渠道　主要包括以下几种：①专业招聘网站。专业的网站通常是综合性社区，网站上会提供比较综合而全面的行业和岗位。②专业性和垂直性的招聘网站。垂直性的网站往往针对的是专门人才，比如产品经理、开发到运营等。③猎头招聘。针对一些具体的、重要的、急需的人才，可以通过猎头来与这些人才取得联系。④新媒体社交网络。上亿数量级的社交网络用户，比起仅有千万数量级别的传统招聘网站的简历，天然就形成了一个大社区优势。

2. 线下招募渠道　主要包括以下几类：①校园招聘。根据企业招聘需求，参加相关专业的校园招聘会，可以直接接触到专业对口的学生，是一种相对高效率的招募方式。②人才市场。企业可以参加政府组织的大型人才招聘会，这类招聘渠道主要特点是综合性强，适合寻找对专业要求较低、综合素质较高的岗位人才。③人员推荐。通过发动身边的亲戚、朋友、同事等人脉资源，寻找合适的人选。因为推荐人对被推荐人有着较深的了解，这种方式的招聘成功率更高。例如，师兄推荐师弟、老师推荐学生、朋友推荐朋友等。

二、岗位说明书

案例 5-3

某公司计划招聘一名市场营销经理。在招聘广告中，公司仅简单描述了市场营销经理的基本职责，没有具体列出所需的技能。正在找工作的张先生具有丰富的销售经验，他看到这个招聘广告后，按流程投递了简历。然而，在面试过程中，公司负责人表示，除了销售经验，应聘者还需要具备较强的数据分析、团队管理和项目策划等多方面能力。由于张先生对这些额外要求并不了解，而且也不具备这些额外的能力，最终未能如愿被录用。

问题：该公司的这次招聘工作是否存在需要改进之处？

企业在开展招聘工作时，需要深入剖析岗位需求，并确保这些信息精准传达给每一位应聘者。这一举措至关重要，因为它不仅能助力应聘者全面了解工作岗位，减少误解，提升招聘效率，还能为应聘者构建一个合理的职业预期，确保他们在入职后能迅速融入并胜任岗位。因此，制订一份详尽且明确的岗位说明书至关重要，拟定步骤如下。

1. 明确岗位基本信息　当企业计划招聘新的职位时，需与用人部门进行深入沟通和确认基本岗位信息，确保对岗位的工作职责和任职资格有清晰的界定。首先设计岗位说明书的表头内容，确保信息的全面性和准确性。这些内容包括：①职位名称；②所属部门；③职等职级（由内部高层沟通而定）；④直属上级；⑤薪资标准（可根据行业信息来确定薪资范围）；⑥填写日期；⑦核准人等。

2. 编写岗位职责　编写过程中需要注意以下几点：①用词要精确，避免使用概念含糊的词语（例如可能、也许等字眼）；②语言要简短易懂（因为是概要，所以不要过于复杂）；③内容要涵盖所有工作内容，体现工作特性；④要进行岗位目标的描述；⑤用词要确切，能体现承担职责的程度（例如参与、制订、配合、完成等词语）。

3. 确定任职资格　为确保能够选拔到与岗位高度匹配的人才，需要细致界定任职资格，包括以下关键要素：①教育背景，其专业背景应尽可能与职位需求相契合，这将为候选人提供坚实的理论基础；②培训经历，与职位紧密相关的培训履历，能够有效弥补教育背景中的不足，并增强候选人的实际操作能力；③工作经验，设定合理的工作经验年限，以确保候选人具备足够的实践积累；④技能技巧，拥有与职位相关的技能技巧将使候选人快速胜任工作，提高工作效率；⑤态度，积极、负责、敬业的工作态度是候选人在工作中持续成长并取得成功的关键。

4. 其他　一份完整的岗位说明书还应该包括以下内容：①工作场所，有助于应聘者了解岗位所在的具体位置和环境，便于他们做出更明智的职业选择；②工作时间，包括日常工作时间、轮班制度、加班情况等，这有助于应聘者更好地平衡工作和生活；③环境状况，包括岗位是以脑力劳动为主还是体力劳动为主,以及工作环境是否存在特殊要求等,这些都将直接影响应聘者的职业体验和健康;④危险性,对于某些特殊职业,工作环境可能存在一定的风险或危险,因此需要在岗位说明书中明确标注,并制订相应的安全措施和待遇标准,以保障员工的生命安全和健康。

表 5-1 是一个岗位说明书的模板,仅供参考。在使用过程中,可根据公司的实际情况进行调整。

表 5-1　岗位说明书模板

文件名称	××岗位说明书			文件编号	
制订日期	/ /	生效日期	/ /	文件版本	
撰写人		审核人		审批人	
岗位名称		所在部门		岗位定员数	
岗位编号		部门编号		薪酬等级	
直接上级			直接下级		
所在部门岗位图					
工作综述					
岗位职责					
序号	工作项目	具体职责			关键业务流程
1					
2					
3					
4					
5					
任职资格	任职资格项目	要求			
	教育程度				
	专业				
	工作经验				
	工作知识				
	工作技能				
	素质要求				
	职称及其他证书要求				
	身体健康要求				
其他	工作场所及环境				
	工作时间				
	使用的主要工具/设备				
述职签字	任职人		任职人上级		人力资源部

三、人才甄别方法

通常的人才甄选方法包括面试、测评等多种形式,具体使用方法要根据岗位需求量身定制,以精准筛选出与企业需求相契合的人才。

1. 理念和意识的甄选 理念和意识比较有效的甄选方法包括深度交往、教练式谈话和测评等。

（1）深度交往 当创始人在挑选核心团队成员时，建议投入更多时间与候选人进行深度交流。在深度交流的环境选择上，氛围比较轻松的非办公场合更有利于观察候选人在创业理念和创业意识上是否与公司的发展理念相契合。这种方法的优势在于能够从多个维度深入了解候选人，但劣势在于耗时较长。因此，它更适合在项目创始人进行人才储备阶段时采用，通过日常工作与生活的交往，持续观察和关注候选人的表现。

（2）教练式谈话 教练式谈话侧重于通过一系列问题来深入探索候选人的理念和意识。在谈话过程中，尊重候选人的选择和理念，仅呈现其真实状态。这种方法的成功关键在于发问方保持中立态度，从而确保能获取到候选人的真实想法。教练式谈话的优势在于能够在较短时间内对候选人的理念层面进行考察，但要求引导者具有较高的专业素养，确保问题设置不具有明显的导向性。一些可参考的问题包括：①你为何选择参与这个项目？②你希望在此收获哪些成果？③你人生中的哪个时刻让你感到特别自豪？④你认为什么样的人生状态可以称为成功？

（3）测评 目前市场上存在众多测评工具，如迈尔斯-布里格斯人格类型测验（Myers-Briggs type indicator，MBTI）、性格测试和RTC（RtCatch）测试等，这些工具可以作为参考，帮助更好地了解候选人的性格特质、兴趣点等，进而判断其是否适合该岗位。测评方式的优势在于耗时短且真实还原度高，能够检测出测评者是否有意隐瞒信息。其劣势在于更适合于意识层面的测评，如抗压能力、自信度等，但对于理念层面的检测较难实现。

综上所述，每个甄选方法都有自己的优势和劣势（表5-2），需要创始人根据人员招募的紧迫程度和岗位需求特点等进行综合考量。

表 5-2 理念和意识甄选方法比较

甄选方式	优势	劣势	适用场景
深度交往	可以多维度深入了解候选人，真实度高	用时较长	人才储备阶段，岗位需求紧迫性不强
教练式谈话	较深入考察候选人的理念和意识	对引导者要求较高，发问不当会降低所考察的真实度	岗位需求紧迫性强，且岗位对理念和意识的要求较高
测评	快速出结果，真实度较高	主要考察意识层面，理念层面较难考察	岗位需求紧迫性强，岗位对理念的要求没那么高

2. 知识和能力的甄选 在人才素质模型中，知识和能力构成了其可见且易于评估的部分。由于任何单一的测评工具都难以全面准确地预测候选人的真实能力，为了精准甄别候选人的这些素质，可采用面试、测评等多种方式相结合的方式，全面评估候选人的知识和能力。

（1）工作样本测试 工作样本测试旨在模拟候选人未来可能遇到的实际工作场景和内容，通过观察其在这些模拟场景中的表现来评估其工作绩效。例如，在招聘Java工程师时，可以要求候选人编写一段代码；而在招聘营销策划人员时，则可布置一项主题活动策划任务。

（2）认知能力测试 认知能力测试主要用于衡量一个人的学习能力以及完成特定工作的能力，通常涵盖语言能力、逻辑计算能力、感知速度及推理能力等方面。这种测试特别适用于那些缺乏工作经验的候选人，有助于我们全面了解其潜在能力。

（3）结构化行为事件面谈 结构化行为事件面谈是一种通过询问真实事件而非假设情境来了解应聘者是否具备公司所需能力的方法。在准备面谈时，面试官需根据公司和岗位的关键能力要求，预先设计相关问题，并通过导入性问题和探索性问题引导候选人分享相关经验，从而评估其能力素质。

第4节 初创团队的管理与激励

案例 5-4

情形一：在一家蓬勃发展的创业公司中，当管理者深入与员工交流，询问有关公司愿景的问题时，得到的答案千差万别，甚至有些人对此一无所知。这值得管理者深思，因为愿景乃是组织存在的基石，是公司每日奋斗的方向标。若团队对此模糊不清，那么公司诸多努力可能是盲目的，难以产生实质性的成效。

情形二：尽管管理者时常向员工阐述公司的愿景，员工在表面上也能流利地复述，但私下里却认为管理者不过是夸夸其谈。这一矛盾的产生，往往源于管理者在多数情况下仅停留在口头上的宣扬，未能将公司的战略规划、组织行为与公司愿景紧密相连，使愿景成了一个空洞的口号，而非引领公司前进的明灯。

问题：公司出现上述两种情形，管理者应该采取什么样的措施来应对？

一、初创团队成员的"4分享"原则

在漫长的人类历史长河中，无论是古代的智者还是现代的杰出领袖，他们都深知一个共同的真理：成功并非个人之力所能独揽，而是背后有着一群志同道合的优秀团队成员共同铸就的辉煌。为了集结这些卓越的人才，领导者们都施展出了各自的策略与智慧。刘备为了求得诸葛亮的辅佐，不惜三顾茅庐，在风雪中忍受饥饿与寒冷，这份诚意与决心最终打动了诸葛亮，使其出山相助。初创企业通常难以提供市场上有竞争力的薪酬，这使得吸引优秀人才成了一个棘手的难题。初创企业可采用"4分享"原则来吸引优秀人才，即分享愿景、分享公司、分享价值和分享爱（图5-4）。

分享愿景：分享愿景，用公司未来和梦想感召人

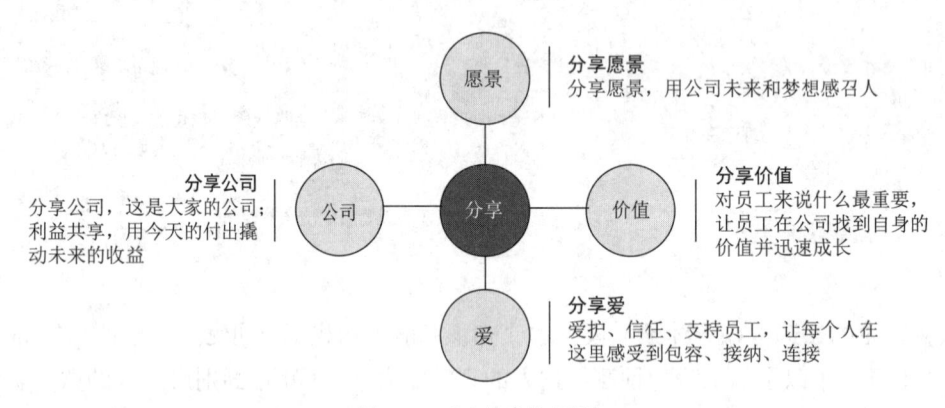

分享公司：分享公司，这是大家的公司；利益共享，用今天的付出撬动未来的收益

分享价值：对员工来说什么最重要，让员工在公司找到自身的价值并迅速成长

分享爱：爱护、信任、支持员工，让每个人在这里感受到包容、接纳、连接

图5-4 "4分享"原则

1. 分享愿景（share the vision） 分享公司愿景，是指创始人将他对公司未来的宏伟蓝图和理想信念真诚地传达出去。很多时候优秀的人愿意加入团队，是因为团队的愿景和自己的梦想同频共振。越是优秀的人才，越在乎未来。

2. 分享公司（share the company） 分享公司是从利益的角度出发，向每一位新加入的成员传达"我们很在乎你的加入，我们希望你能成为这个公司的一部分，公司未来的成长所获得的收益，你是有份的"。分享公司的形式往往是股权、期权等，将公司或者团队的短期人力成本分摊到相对长的时间周期里，这对于初创阶段的公司来说是非常有利的。

3. 分享价值（share the value） 价值在此指的是优秀人才所看重和追求的核心要素。每个人在选

择工作时，都有自己的独特诉求和期待。如果我们能够深入了解并准确把握这些优秀人才的核心诉求，就能在招聘和谈判过程中占据有利地位，为他们提供真正符合他们期望的工作机会。

4. 分享爱（share the love） 人具有很强的社会属性，每个人都渴望得到他人的爱护、信任和支持。在一个充满爱和温暖的团队中，每个成员都能感受到归属感，从而激发出更高的创造力和活力。初创企业由于规模相对较小、层级简单，更容易营造一种"家"的氛围。当这种和谐、亲密的团队文化形成后，公司的整体运作将变得更加高效和顺畅，每个成员都能在其中实现自我价值和成长。

二、初创团队成员的分工与定位

在构建团队之际，确保团队的架构清晰明了，分工细致精确是至关重要的。每个成员都需要明确自己的定位，确保团队能够协调一致，形成强大的合力。

1. 经营者的核心职责 经营者不仅需要具备前瞻性的理念和深厚的业务素养，其核心的职能更在于决策。决策的科学性与有效性，很大程度上取决于经营者的视野广度。只有能够洞察经济动向，预见产业和行业发展趋势的经营者，才能精准地把握市场机遇。经营者的视野越开阔，其决策就越具灵活性和前瞻性；反之，若视野狭窄，则可能导致决策过于固执，局限于既有概念，难以适应市场的快速变化。

2. 不同层级经营者的职责 根据企业内部组织架构的设置，会出现不同层级的经营者，并承载着不同的责任（表 5-3）。团队成员须准确理解并履行各自的角色与职责，确保团队整体运作的高效与顺畅。

表 5-3 不同层级经营者的职责

公司经营者职责：（成长追求）
1. 结合外部环境，制订战略政策，并与下属达成共识；
2. 结合战略政策，构筑企业体制，并与下属达成共识；
部门经营者职责：（利益追求）
1. 结合内部资源，根据战略制订战术政策，并与下属达成共识；
2. 根据战术政策，构筑部门体制，并与下属达成共识；
团队经营者职责：（效率追求）
1. 结合人际关系，根据战略和战术制订团队政策，并与下属达成共识；
2. 根据团队政策，构筑团队体制，并与下属达成共识。

在初创团队阶段，由于资源有限，创始人常常需要身兼数职，集公司经营者、部门经营者、团队经营者等多重角色于一身。这种多重的角色转换使得创始人忙碌于各项事务之间，很容易陷入日常琐事的泥沼，进而忽视了作为公司经营者应履行的战略规划和体制构建等重要职责。这无疑会对企业的长远发展产生不利影响。表 5-3 对初创企业的公司经营者有两个重要启示。

（1）保持宏观视野与微观行动的结合 作为公司经营者，需要跳出日常经营的局限，从更宏观的角度审视企业的经营政策，把握市场动向和行业动态。同时也要深入一线，与员工并肩作战，共同应对市场的挑战，服务好每一位顾客。这种既能仰望星空又能脚踏实地的态度，是企业成功的关键。

（2）学会适时授权 随着企业规模的扩大，以及组织结构的复杂化，经营者需要学会授权，让下属在各自的岗位上发挥更大的作用。过度集权不仅会导致职责不清、流程混乱，还会让下属感到价值感缺失,甚至导致优秀人才的流失。因此,经营者应该根据员工的能力和特点,合理分配任务,给予他们足够的信任和授权,激发他们的工作积极性和创造力。

三、初创团队成员的长期与短期激励方式

1. 长期激励 企业通常采用的长期激励方式包括公司愿景感召、限制性股权激励、期权激励。

（1）公司愿景感召 愿景的重要性体现在：①它为集体指明了前进的方向；②它确保了个体在团队中不会迷失；③它协助团队成员在关键时刻做出正确的决策。为了避免愿景与实际操作脱节,需将愿景与企业的价值观、战略以及工作任务紧密结合,将远大的愿景逐步细化至日常工作的每一个环节。这样,团队才能清晰地看到短期与长期的目标,以及实现这些目标的具体路径。愿景的确立,需要召集企业的核心成员,经过深入的讨论,最终达成共识。对于那些具有强烈成就动机的员工来说,公司的愿景具有巨大的感召力,结合经济利益的配套激励措施,能达到更好的激励效果。

（2）限制性股权激励 在限制性股权的激励方式中,股权并不会立即分配给员工。只有当员工满足特定的条件,如在企业中服务达到一定年限或业绩达到预设标准后,股权才会正式归属员工。这种策略旨在确保员工与企业的长期利益紧密相连,共同为企业的发展贡献力量。

（3）期权激励 期权赋予了员工在未来某一时刻,以预定价格购买公司股份的权利。举例来说,一个期权允许员工以每股1元的价格购买公司股票。若员工决定行使这一权利并购买1万股,那么其成本即为1万元。这一过程被称为"行权"。但值得注意的是,期权并非立即可行使,它有一个成熟期。只有当期权成熟后,持有人才具备行权的资格。以某期权为例,若它允许员工在三年后以每股1元的价格购买股票,那么员工只有在等待三年后,才能以这一价格购买股票。假设届时股票的市场价为每股5元,那么员工通过行权获得的每股股票的收益即为4元。这种基于未来可能性的激励方式,可以有效地将员工的个人利益与企业的长远发展相结合。

2. 短期激励 在现代企业中,短期激励的核心是薪酬策略。一个精心设计的短期薪酬方案,不仅能有效激发员工的积极性与创造力,更能为企业带来显著的效益提升。具体来说,短期薪酬主要包含以下几个组成部分。

（1）基本工资 基本工资是员工每月固定获得的薪酬,它基于员工的职位等级、技能水平及工作经验等因素进行合理设定。这一部分是员工收入的稳定基石,为员工提供了基本的生活保障。

（2）奖金 奖金是对员工工作表现与成果的直接奖励。当员工完成特定目标或取得卓越业绩时,企业会支付相应的奖金以表彰其贡献。这种即时的正向反馈,能极大地激发员工的工作动力。

（3）佣金 对于销售、市场等岗位,佣金成了一种有效的激励手段。它基于员工的销售业绩进行支付,鼓励员工积极拓展市场,提升销售业绩。

设计薪酬方案的时候,需要首先明确短期薪酬方案的目标,例如提高员工积极性、提高公司业绩等。其次设定有效的激励机制,例如,设定与员工业绩挂钩的奖金、佣金等,使员工在为企业创造价值的同时,也能获得相应的回报。再次要保持公平性,不同职位、不同技能水平的员工应获得与其贡献相符的薪酬。最后要开展定期评估与调整,为了确保短期薪酬方案的有效性,企业需要定期评估方案的执行情况,并根据实际情况进行调整,这包括检查薪酬水平是否合理、激励机制是否有效等。

四、初创团队成员的绩效管理工具

案例 5-5

小邓在毕业之际创办了一家主营平面设计和活动策划的企业。经过两年的辛勤耕耘,团队规模已扩大至十几人。然而,随着企业的迅速扩张和人员的不断增加,小邓在管理上也面临着前所未有

的挑战。他深切体会到,管理一个十几人的团队相较于之前管理七八个人的团队,其复杂性和难度都显著上升。小邓发现,部分员工在他不在公司时,工作积极性明显降低,存在偷懒现象。为了改善这一状况,小邓曾尝试开除一名表现不佳的员工,但结果并未如他所愿,新的员工似乎也没有带来明显的改善。这让小邓倍感烦心,他深知长此以往将不利于企业的长远发展。然而,在面临管理困境时,他暂时还未能想到更为有效的解决方案。

问题:如果你是小邓,你会采取什么措施来解决这个问题呢?

1. 适用对象 企业人员的迅速扩张很容易给管理带来挑战。有很多的员工是属于任务型员工,这类员工主要关注短期利益的获得,他们的激励点来自完成既定任务后可以获得的利益,这些利益包括奖励、奖金或者晋升机会。鉴于他们的工作特性和动力来源,为了更有效地激发他们的工作热情并确保任务的顺利完成,实施明确的目标设定和绩效管理工具显得尤为关键。

2. 历史背景 著名的管理大师彼得·德鲁克(Peter Drucker)在1954年提出目标管理,这个方法将每个人的目标和公司的目标协同起来,使得每个团队成员的目标得以实现,最终达成整个团队目标实现。后来出现了很多企业沿用至今的目标和绩效管理工具——关键绩效指标(key performance index, KPI)。关键绩效指标强调在指标遴选过程中得出一些核心指标,只要厘清了员工绩效中最重要的指标,就可以有效指导工作和达成目标。

3. 目标与关键成果法的含义 近几年新的目标管理工具——目标与关键成果法(objectives and key results, OKR)走入了大家的视野。其中O代表团队的目标,KR则代表支撑这些目标达成的关键任务。目标与关键成果法的优势在于,能够精准聚焦团队目标,确保目标的主次分明、层次清晰。同时,它还能促进团队工作的协调性,确保每个成员在行动上都与整体方向保持一致。这个管理方式曾在谷歌大放异彩,后来被很多人效仿和学习。

4. 目标与关键成果法的使用方法 在实际应用中,OKR的O源于公司的整体战略规划,随后经过细致的层级分解,转化为各部门的子目标,进而落实到每位成员的具体目标上。KR则是实现这些目标所需完成的具体任务。例如,人力资源部门下个季度要争取招募5~8名工程师,这是O,为实现这个目标设定了以下具体关键任务:①在5所大学进行职业宣讲;②在"领英"上挖掘250位潜在的候选人,并与他们进行联系;③在公司举行一个职业开放日,并确保50个成员参加;④要重新设计发布招募信息的网站,并重新规划这个网站。

5. 目标与关键成果法的使用原则 该工具在具体应用过程中,有以下5个基本原则:①目标的设定要有一定的野心。如果这个目标轻松被完成了,代表这个目标并没有什么挑战,也就没有什么意义了。②目标可执行。如果这个目标遥不可及,或者根本不在团队的可控范围内,那这个目标的设定也是有问题的。③目标需要有一个达成的时间限制。这个时段可以是未来的一个季度、半年或者一年。④一个时间周期内的一个员工目标个数不宜多。目标最好控制在3~4个,如果超过5个,就会导致员工模糊工作焦点。⑤每个关键任务要是可量化的。量化可以有绝对量化和相对量化。绝对量化如销售额,相对量化可在团队成员之间进行比较。

思 考 题

1. 组建黄金创始人团队是企业成功的关键,请结合你身边熟悉的成功案例及失败案例思考:是什么原因让团队合作默契,又是什么原因导致团队分道扬镳?

2. 通过线上资料的检索,以及线下对师兄师姐的访谈,了解他们面试的时候都有哪些形式,问了哪些问题，并思考这样设计的背后是想考察面试者哪些方面的素质或能力。

3. 请列举你所知道的公司激励员工的措施，并思考这些属于"4分享"原则中的哪一条。

（同婉婷）

第6章 创业机会与创业风险

> **学习目标**
> 1. **素质目标** 提高对创业机会和创业风险的认知，培养商业模式开发与设计的基本素养。
> 2. **知识目标** 了解创业机会的概念与内涵，认识有商业潜力和适合自己的创业机会；认识创业风险，了解新企业创建的相关法律和伦理问题；认识商业模式的本质，了解战略与商业模式之间的关系，明确开发商业模式的关键影响因素。
> 3. **能力目标** 掌握创业机会评价、创业风险规避和防范的方法，掌握商业模式设计和开发的思路，提高防范创业风险的能力。

创业成功往往离不开好的创业机会。创业者首先要准确识别创业机会，按照创业思路开展创业活动，才有可能成功实现自己的创业蓝图。创业之路曲折艰难，创业活动中面临着诸多创业风险，稍有不慎则导致创业失败。因此，创业者及其团队在创业过程中，需要准确识别创业机会，规避创业风险，科学评估，筛选出适合自己的创业项目，开发适合项目发展的商业模式，才能成就创业梦想。

第1节 创业机会识别

> **案例6-1**
> 小杨是一所职业院校电子信息工程技术专业学生。大一的时候，小杨就经常遇到寝室洗澡没热水或者热水很少的窘境。经过调研，他发现几乎每个大学生都在寝室洗澡时遇到过热水供应不足、出水压力不够、蓄水温度不高等问题，寝室洗澡冲凉这个简简单单的生活常态，却成为许多同学的生活痛点。于是他思考能否结合自己所学专业知识来解决上述问题。后来小杨组建了研发团队，积极开展技术研发，开发出了广受市场关注和欢迎的产品，先后申请了10余项国家专利和软件著作权，3项国家级产品认证，并成立了自己的科技有限公司。
> **问题**：如果你准备创业，能从上述案例中得到什么启示？

当代很多大学生想创业，却苦于不知道从何入手。其实创业并不神秘，首先需要寻找到好的创业机会。在进行创业行为之前，创业者需要有一个明确的想法，并将这一想法转化为创业机会，而创业的过程就是对创业机会进行识别并开发的过程。

一、创业与机会

机会是指未明确的市场需求或者未充分使用的资源或能力。创业机会是指能够产生投资回报的市场机会，通常表现为具有商业价值的创意。创意是对现有事物进行一定创造性的改进、创新或创造新事物的想法。当创业者开始准备创业时，头脑里首先已经有了一些创意。创业者将这些具有商业价值的创意进行转化则形成创业构想。一般而言，创业者在产生创业构想时主要考虑以下几个方面的问题。

1. 产品或服务类别 创业要明确能够为消费者提供具体何种产品或服务，这是创业构想首要解决的问题。

2. 市场需求　创业构想应始终关注市场需求，能够满足消费者的需要。例如，现在年轻人注重健康生活需求，有的创业者就根据市场需求开设了轻食主题餐厅。

3. 市场定位　创业中需要思考的重要问题，如产品或者服务面向的群体、购买力等。

4. 产品或服务销售方式　创业构想中还要明确销售方式，如线上还是线下实体专卖店、直销或者分销等。

创业者的创业构想与机会密切相关，好的创业构想往往源于发现和把握机会。例如，大学校园内学生用户群体的特殊性，为外卖跑腿、在线家教、二手交易等业务提供了良好的商业机会。然而，并不是所有的创业构想都能够转化为成功的机会，需要创业者对市场进行深入的研究和分析，了解消费者的需求和行为模式，并结合自己的资源和能力，才能有效地识别和把握机会。

> **链　接**　创业构想的来源
>
> 　　一个好的创业构想必定基于一定的条件之上，这跟创业者本人的素质、能力、关注点等密切相关，一般来源于以下几个方面。①创业者的爱好和兴趣：爱好和兴趣是创业最好的原动力，会使一个人对所从事的事情具有长久的关注力和执行力。②创业者的经验和技能：很多创业成功的人都是在自己熟悉和擅长的领域创业。如大学生根据自身专业特长，在自己专业领域创业成功的可能性更大。③市场调查：既可以是通过正式或非正式的交谈、问卷调查、访问、观察等方法来完成，也可以与亲戚、朋友、同学交谈等，从而启发创业构想。④行业痛点：行业中往往存在的一些产品弊端或者痛点问题，如果能够找到解决问题的办法，就能找到市场机遇。⑤社会变化：变化意味着机会。政策、环境、消费结构、产业结构、人口结构的变化都会给各行各业带来良机，创业者观察、把握这种变化，就会发现新的机遇和前景。⑥创造发明：创造发明为大家提供了新产品、新服务，同时也带来了大量的创业机会。

二、创业机会的来源、特征与类型

（一）创业机会的来源

1. 市场需求　满足市场需求是创业的主要目的。随着经济社会的发展，生活和工作中存在的各种各样的问题为创业者提供了诸多创业机会。例如，当前信息技术快速发展，电商经济繁荣，各类直播平台快速崛起等，都是由人民对美好生活的需求而来的。

2. 市场环境变化　不断变化的市场环境带来的市场结构和需求也在发生变化。这种变化主要体现在产业结构和消费结构的调整、人口结构和需求的变化、居民收入的提高、城镇化加速、政府政策的变化等诸多方面。

3. 新知识、新技术的产生　人们的消费观念受到新知识的影响发生改变，而新技术可以满足甚至改变人们的消费需求，如网络电视、网络媒体等取代电视机、纸质媒体。这些技术的更新，正在深刻地影响着消费者和企业，进而影响企业的产业结构与布局，促使创业者考虑如何充分利用移动互联网向顾客提供产品或服务。

4. 发明创造　发明创造提供了新的产品和服务，能够更好地满足顾客需求。人类发展史表明，每一次重要的发明创造都为社会带来重大的产业结构调整，产生出无数的创业机会。例如，互联网和智能手机的诞生，完全改变了我们的生活方式，也催生出了线上服务等商机。

5. 竞争　竞争对手的缺陷和不足也蕴藏着创业机会。仔细观察竞争对手并与他们进行对比，如果能够比他们提供更方便、更快捷、更实惠的服务，就等于找到了创业机会。例如，某热门电商平台的崛起就在于价格较其他平台亲民，提供拼团模式等服务，吸引了大批消费者。

(二) 创业机会的特征

1. 客观性 创业机会是客观的，存在于一定的社会环境中，不因创业者主观意识而变化。创业者需要从市场环境变化的必然规律中预测和寻找创业机会。

2. 价值性 创业机会的价值性不仅体现在为顾客带来，同时也体现在为创业者带来经济价值和人生价值。创业机会往往是收益与风险并存，只有收益大于风险，创业机会才具有价值性。

3. 需求性 好的创业机会必定对顾客产生强大的吸引力，满足顾客的某种需求，才会有丰厚的收益。如线上支付方式的发展，给消费者带来了便利，受到广大消费者的欢迎。

4. 时效性 创业机会存在的时间是有期限的，在存续时间内发现并利用机会才能促成创业成功。如曾经共享单车项目风靡全球，但到2018年，共享单车市场过度饱和，不少公司纷纷倒闭或转向经营，这就表示共享单车的黄金发展期已经过去，机会之窗越来越小。

(三) 创业机会的类型

1. 根据机会的来源不同，可以将创业机会分为问题型机会、趋势型机会和组合型机会。

(1) 问题型机会　基于社会中存在的问题而产生的机会。这类机会在人们的生活和实践中无处不在。如针对消费者的抱怨和痛点而产生的大量创业机会就是问题型机会。

(2) 趋势型机会　指在变化中看到未来的发展方向，预测到将来的潜力和机会。趋势型机会一般发生在变迁的时代和重大改革时期，如随着我国互联网时代浪潮产生的人工智能、在线教育、智慧养老等。

(3) 组合型机会　指将现有的两项以上的技术、产品、服务等因素组合起来，以实现新的用途和价值从而获得的创业机会。这种组合机会属于因素重构，往往能做到效果倍增。例如，将农产品劳作与农家乐相结合、绘画和插花体验相结合就是典型的组合型机会。

2. 根据目的和手段之间的关系明确程度，可以将创业机会分为识别型机会、发现型机会和创造型机会。

(1) 识别型机会　这是当市场中的目的和手段之间的关系非常明确时，创业者能够通过目的和手段之间的联系直接识别出的机会。通常情况下，这种类型的创业机会的前提条件是市场中的手段目的关系相当明显。

(2) 发现型机会　在这种类型的机会中，目的和手段的关系只有一方不明确。也就是说，创业者可能对目标市场有明确的理解，但实现目标的具体手段尚未完全明确，或者创业者可能已经拥有实现目标的具体手段，但对目标市场的需求和规模不太确定。

(3) 创造型机会　这是当目的和手段之间的关系都非常模糊时出现的创业机会。在这种情况下，创业者需要同时探索和定义目标市场和他们打算使用的具体手段。这通常需要大量的创新和尝试，风险也相对较高。

三、创业机会的识别过程和行为技巧

(一) 影响创业机会识别的要素

创业机会识别是指创业者与外部环境互动的过程，是思考和探索互动反复，并将创意进行转变的过程，也是一个系统性、多元的复杂过程。影响创业机会识别的因素是多元且相互交织的，主要因素包括以下几方面。

1. 个体因素 包括创业者的警觉性、自身经验知识和创造力。创业者需要有对市场趋势和变化的敏锐洞察力，同时也需要拥有相关的专业知识和技能，以便在复杂和不确定的环境中识别出有价值的商业机会。

2. 社会关系 社会关系网络能带来承载创业机会的价值信息，个人社会关系网络的深度和广度影响着机会识别。社会关系网络往往是个体识别创业机会的主要来源，其中同质性较强的强关系获得的信息重复性较高，而异质性较强的弱关系充当信息桥的特质更有助于个体识别创业机会。

3. 市场趋势和变化 创业者需要关注市场中的新兴、成长阶段的项目、市场缺口、未来的市场需求等方面的机会趋势，以及基于政治、经济、社会和技术变化所带来的商业机会。

4. 先前经验 在特定产业中的先前经验有助于创业者识别机会，这被称为走廊原理。创业者一旦创建企业，相当于他开始了一段旅程，在这段旅程中，通向创业机会的"走廊"将变得清晰可见。创业者依靠行业内的经验，能够更加敏锐地识别创业机会，更清晰地规划好创业之路，从而缩短创业的过程。

5. 创造性 从某种程度上讲，机会识别是一个创造过程，是不断反复进行创新创造思维的过程。对个人来说，创造过程可分为五个阶段，分别是准备、孵化、洞察、评价和阐述。

（二）创业机会的识别过程

创业者通过各种渠道、方式掌握并获取有关环境变化的信息，从而发现现实世界中产品、服务、原材料和组织方式等方面存在的差距和缺陷，最终识别出可能带来新产品、新服务、新原料和新组织方式的创业机会。识别创业机会的过程通常包括以下几个步骤。

1. 机会搜寻 创业者对整个系统中可能的创意展开搜索，如果创业者意识到某一创意可能是潜在的商业机会，具有潜在的发展价值，就进入机会识别的下一阶段。

2. 机会筛选 从创意中筛选合适的机会。通过对整体的市场环境，以及一般的行业分析，识别出市场中存在的问题或痛点，判断该机会是否在广泛意义上属于有利的商业机会，并考察是否有价值。

3. 机会评价 创业者可以非正式地调查市场的需求，确定所需的资源，直到断定这个机会值得考虑或是进一步深入开发。在机会开发的后期，这种评价变得较为规范，并且主要集中于考察这些资源的特定组合是否能够创造出足够的商业价值。

4. 机会验证 创业者在找到创业机会后进行验证。可以通过与潜在消费者进行访谈、进行小规模的市场测试等方式进行。

（三）创业机会的识别方法

创业机会识别的方法有很多，以下是一些常见的方法。

1. 调查研究 通过市场调查和研究，了解消费者的需求和痛点，找到市场上存在的问题或未满足的需求。既可以通过公开出版的作品、网络搜索等途径开展二级调查，也可以直接与客户进行沟通，了解情况。

2. 观察分析 观察和分析竞争对手的产品、服务和商业模式，找到他们的弱点和不足之处，从而找到自己的机会。

3. 关注趋势 关注行业趋势和变化，创造新的机会点。随着科技的发展，新的技术可能会带来新的商业机会。例如，短视频、直播媒体的兴起，形成了新的商业机会。

4. 发掘机会 利用自身的专业知识、技能和经验，发掘自己的优势和特长，找到适合自己的创业机会。

5. 加强交流 参加创业活动、展会和论坛，与创业者和投资人交流，了解市场动态和投资趋势，寻找合作和发展机会。

6. 用户反馈 利用社交媒体和网络平台，关注用户反馈和评论，了解用户需求和偏好，通过问题的分析和顾客的建议找到自己的机会点。

第 2 节 创业机会评价

> **案例 6-2**
> 1987 年，娃哈哈集团创始人宗庆后创办了一个经销部，靠代销汽水、棒冰及文具纸等开始了创业历程。后来，宗庆后通过市场调研得知，随着国民生活水平和经济水平的提高，保健品市场越来越活跃。于是，他对保健品市场作进一步分析比较，发现当时我国的儿童营养品市场是一个空白领域，并且我国有很多孩子出现偏食厌食、营养不良的问题。随后，宗庆后寻求了浙江医科大学营养系的技术支持，研制出"娃哈哈"系列产品，并获得了良好的经济收益。经过多年的运营，娃哈哈公司逐渐发展成为一家多元化的大集团。
> 问题：创业过程中如何评价创业机会？

一、有价值的创业机会

有价值的创业机会是指那些具有巨大市场潜力、创新性和可持续性的商业项目。有价值的创业机会具备以下基本特征。

1. 客观性和偶然性 创业机会是客观存在的，但有价值的创业机会往往出现在特定的外部环境和内部条件结合的瞬间，具有一定的偶然性。

2. 时效性和不稳定性 创业机会往往与时代、技术或市场需求的变化紧密相关，因此具有明显的时效性和不稳定性。

3. 均等性和差异性 有价值的创业机会可能适用于多个市场或行业，但每个市场或行业的应用都有其特殊性。

4. 新颖性和难模仿性 有价值的创业机会通常是独特和创新的，这样的特性使其难以被竞争对手模仿。

5. 消逝性和普遍性 由于市场的不断变化和新机会的出现，有价值的创业机会往往不会长久存在，因此需要创业者快速行动以抓住机会。虽然每个创业机会都有其特殊性，但高质量的创业机会通常具有一定的普遍性，能在多个场景或市场中产生价值。

6. 双重价值 对用户有价值，能提供解决问题的产品或服务；同时对创业者也有价值，能带来经济或其他形式的回报。

总体来说，创业机会不仅提供了商业价值，还对创业者的个人成长和社会发展有所贡献。因此，创业者需要具备敏锐的洞察力和高度的执行力，以便准确把握和利用这些有价值的创业机会。

二、个人与创业机会的匹配

创业是创业者、创业机会、创业资源三者进行合理匹配的动态平衡过程。个人与创业机会的匹配是指创业者的个人特质、技能经验与创业机会的需求之间的契合程度。

（一）个人与创业机会的匹配内容

一个成功的创业项目往往需要创业者与创业机会之间具备以下方面的匹配。

1. 兴趣和热情 创业者对创业项目的兴趣和热情是推动他们克服困难、持续努力的重要动力。只有对创业项目充满热情，才能在面临挑战时保持积极的心态，不断学习和成长。

2. 技能和经验 创业者需要具备一定的专业技能和行业经验，以便更好地理解市场需求、制订有效的商业策略、组建有效的管理团队。这些技能和经验可以帮助创业者在竞争激烈的市场中脱颖而出。

3. 资源和网络　创业者需要有一定的资源和人脉网络，以便获取资金、人才和其他支持。这些资源和网络可以帮助创业者更快地实现创业目标，降低创业风险。

4. 创新和适应能力　创业者需要具备创新思维和适应能力，以便在不断变化的市场环境中找到新的商业机会和应对挑战。创新能力可以帮助创业者开发出独特的产品和服务，而适应能力则有助于他们在市场变化时迅速调整战略。

5. 风险承受能力　创业过程中充满了不确定性和风险，创业者需要具备一定的风险承受能力，以便在面临困难时保持冷静，勇敢面对挑战。

总之，个人与创业机会的匹配是决定创业成功与否的关键因素之一。创业者需要在兴趣、技能、资源、创新和风险承受能力等方面与创业机会相互匹配，以提高创业成功率。

（二）个人与创业机会匹配的类型

创业者个人与创业机会的匹配一般有三种类型。

1. 增补型匹配　增补型匹配是指有关顾客的信息与创业者所掌握的顾客知识相同或相似，或者有关技术的信息与创业者所掌握的技术知识相同或相似，从而能产生类似于成员与组织匹配中的增补型匹配的效果。这种增补型匹配会增强创业者的创业意图。

2. 互补型匹配　互补型匹配是指个人因素或机会因素能在一定程度上改善创业环境或者补充创业环境所缺少的内容，从而产生类似于成员与组织匹配中互补型匹配的效果，因此，互补型匹配有利于识别创业机会。例如，创业者掌握了有关顾客问题的先前知识，外部环境提供了相关新技术的信息，如果这种新技术信息能用来解决创业者认知的顾客问题，那么，创业者先前掌握的关于顾客问题的知识与外部环境提供关于新技术的信息就属于互补型匹配。或者创业者先前掌握了技术知识，外部环境提供了有关顾客的信息，如果创业者先前掌握的技术知识恰好能用来解决新的顾客问题，那么两者也产生了互补型匹配。

3. 结构性匹配　结构性匹配是指已知某种知识关系（如某种技术或服务适合应用于某类顾客），通过直接推理、类比推理、相似性比较、模式匹配等方式，把这种知识关系应用于改进新的顾客需求与创业者所拥有的知识、技术和服务方法或新技术之间的匹配，这与认知领域结构匹配理论中的结构性匹配相似。

三、创业机会的评价策略和评价方法

（一）评价策略

创业机会的评价具有一定的特殊性，一般可以从创业者自身、市场和效益等角度综合评价创业机会。

1. 注重对人的因素评价　创业者素质与能力是创业成功的关键要素。创业机会与创业者具有一定的匹配性才是有价值的创业机会，所以评价创业机会的过程中，对于创业者的评价也十分重要。对创业者的评价有一套已成体系的方法，下面列出了评价中的几大关键因素。

（1）独特的产品构思　创业者在构建符合市场需求的产品上要有自己独特的构思，但具备纯粹独创思想的不多，有些创业者只是模仿复制别人的创意构思，或者在别人的创意构思上再创造。

（2）心理因素　创业者应当做好创业的心理准备，可以思考诸如以下几个问题：是什么驱动自己不断前进？你做好准备面对创业过程中诸多的逆境与不确定性了吗？你想证明什么？你有获得成功的强烈愿望吗？你愿意为获得成功而做出牺牲吗？

（3）适配性　这主要表现在创业机会与创业者的信念和价值观是否一致，创业者是否尤其关注现在正遇到的问题等。

（4）对市场具有敏锐的洞察力　创业者应当对问题、市场时机等具有独特的观察力，及时捕捉市场需求。

（5）智商及情商、自我意识等　创业犹如下棋布局，当涉及产品决策、商业决定、人员决策时，创业者需要全面考虑，提前谋划好后几步的走法。

（6）价值观　创业者是否具备良好的价值观。例如，创办一家人员密集型的企业，创业者会足够重视员工，还是仅仅以自我为中心？

（7）判断力　创业者应该对产品、市场判断等具有好的决策能力。

（8）经验　创业者应具有丰富的从业经历，并有很强的执行力。

（9）领导力　创业者应能输出自身观点并被他人接受，从而组建起多功能型的团队。

2. 关注市场和效益

（1）市场规模与成熟度　市场的规模与成熟度是影响新创企业成败的重要因素。一般而言，市场规模较大，则竞争程度相对较低。但是如果创业者进入的是一个已经发展成熟的市场，即使市场规模较大，竞争依然会很激烈，而且由于没有成长空间，利用水平较低，所以，创业者要在"机会之窗"存续时间内进入市场，抓住正确的时机。

（2）准确的市场定位　创业机会对应客户的潜在需求，创业者应该有明确的市场定位，分析自己的潜在客户，为顾客带来价值增值或者创造价值。价值越高，成功的可能性也就越大，所以创业者应该深入挖掘创业机会中隐藏的目标客户，而不是想要满足所有客户的需求。当然，创业者也可以通过创造市场需求来寻求收益。

（3）合理的投资回报率和税后净利　并非创业者发现的所有创业机会都具有可以收回初期开发所投入的成本的价值。因此，综合考虑各方面的成本与风险，投资回报率在25%以上的创业机会往往更具有被开发利用的吸引力。如果创业初期预期的税后净利在5%以下，则难以成为一个好的创业机会。

（4）盈亏平衡所需要的时间　创业企业最关键和最艰难的阶段一般在两年左右，所以，合理的盈亏平衡时间应该是企业创办后的两年之内。如果企业在三年内还没有实现盈亏平衡，那么这可能就是一个不值得投入的创业机会。当然，这不包括那些前期确实需要长期投入的创业机会。这时，谨慎和准确的财务计划就十分必要。

3. 寻求帮助与建议　个人的知识和能力都是有限的，因此对创业机会的评价可以寻求外界的帮助与建议，这类可以寻求帮助的人应该有实际的创业经验，或者有中长期的企业决策管理经验，这样才能更好地帮助创业者识别创业机会、预见并把握好创业机会。

（二）评价方法

创业是一种高风险行为，不少创业者在创办企业不到一年的时间即宣告结束。因此，在创业前对创业机会做出客观科学的评价，将会大幅提升创业的成功率。在国内外的创业研究中，使用较多的是杰弗里·蒂蒙斯（Jeffry A. Timmons）创业机会评价体系和优势（Strengths）、弱点（Weaknesses）、机会（Opportunities）和威胁（Threats）SWOT分析法。本书的第7章中详细介绍了SWOT分析方法，本章着重介绍蒂蒙斯创业机会评价体系。

素有"创业教育之父"美誉的杰弗里·蒂蒙斯是创业教育的先驱，他在长期研究的基础上，提出了蒂蒙斯创业机会评价框架。蒂蒙斯创业机会评价体系中涉及8个维度53项指标（表6-1），该体系通过定性或定量的方法来评价一个创业企业或项目的投资价值和机会。蒂蒙斯创业机会评价体系是目前最全面的评价体系，最适合风险投资家使用，它将涉及的所有因素都纳入进来，这样有利于全面地分析创业机会的优劣、是否适合投资等。当然，由于该评价体系对评价的主体要求较高、维度指标有交叉重复、定性和定量混合等问题，因此对其使用的效度会产生一定的影响。

表 6-1 蒂蒙斯创业机会评价表

评价维度	评价指标
行业与市场	1. 市场容易识别，可以带来持续收入 2. 顾客可以接受产品或服务，愿意为此付费 3. 产品的附加价值高 4. 产品对市场的影响力高 5. 将要开发的产品生命长久 6. 项目所在的行业是新兴行业，竞争不完善 7. 市场规模大，销售潜力达到 1000 万至 10 亿元 8. 市场成长率在 30%～50% 甚至更高 9. 现有厂商的生产能力几乎完全饱和 10. 在五年内能占据市场的领导地位，达到 20% 以上 11. 拥有低成本的供货商，具有成本优势
经济价值	1. 达到盈亏平衡点所需要的时间在 1.5～2 年 2. 盈亏平衡点不会逐渐提高 3. 投资回报率在 25% 以上 4. 项目对资金的要求不是很高，能够获得融资 5. 销售额的年增长率高于 15% 6. 有良好的现金流量，能占到销售额的 20%～30% 甚至更高 7. 能获得持久的毛利，毛利率要达到 40% 以上 8. 能获得持久的税后利润，税后利润率要超过 10% 9. 资产集中程度低 10. 运营资金不多，需求量是逐渐增加的 11. 研究开发工作对资金的要求不高
收获条件	1. 项目带来附加价值的具有较高的战略意义 2. 存在现有的或可预料的退出方式 3. 资本市场环境有利，可以实现资本的流动
竞争优势	1. 固定成本和可变成本低 2. 对成本、价格和销售的控制较高 3. 已经获得或可以获得对专利所有权的保护 4. 竞争对手尚未觉醒，竞争较弱 5. 拥有专利或具有某种独占性 6. 拥有发展良好的网络关系，容易获得合同 7. 拥有杰出的关键人员和管理团队
管理团队	1. 创业者团队是一个优秀管理者的组合 2. 行业和技术经验达到了本行业内的最高水平 3. 管理团队的正直廉洁程度能达到最高水平 4. 管理团队知道自己缺乏哪方面的知识
致命缺陷	不存在任何致命缺陷
创业者的个人标准	1. 个人目标与创业活动相符合 2. 创业者可以做到在有限的风险下实现成功 3. 创业者能接受薪水减少等损失 4. 创业者渴望进行创业这种生活方式，而不只是为了赚大钱 5. 创业者可以承受适当的风险 6. 创业者在压力下状态依然良好

续表

评价维度	评价指标
理想与现实的战略性差异	1. 理想与现实情况相吻合 2. 管理团队已经是最好的 3. 在客户服务管理方面有很好的服务理念 4. 所创办的事业顺应时代潮流 5. 所采取的技术具有突破性，不存在许多替代品或竞争对手 6. 具备灵活的适应能力，能快速地进行取舍 7. 始终在寻找新的机会 8. 定价与市场领先者几乎持平 9. 能够获得销售渠道，或已经拥有现成的网络 10. 能够允许失败

第3节 创业风险识别与规避

案例 6-3

小张同学是某职业学院眼视光专业大三学生，即将毕业走向社会。小张在校期间曾利用寒暑假从事销售工作，大二下学期开始和几位同学在眼镜店实习较长时间，掌握了相关零售知识和管理知识。小张自身家庭条件较为优越，面对竞争激烈的就业市场，毕业后他与另外两名同学合作开办了一家眼镜店，生意较好。有一次，某顾客从小张眼镜店购买了隐形眼镜，后发生严重感染，给顾客造成了人身损害。同时，顾客得知小张眼镜店未办理医疗器械经营许可证，便将此事发布在网络上，同时将小张告上法院。小张赔偿损失，眼镜店声誉受损，生意一落千丈，小张最后只好关停门店。

问题：小张的企业为何关停？

创业风险指创业过程中面临的一切与创业相关的风险，包括进入新市场、创建新企业等带来的各种风险。创业风险无处不在，无时不有，伴随企业始终，贯穿到企业生产经营活动的全过程。较为常见的创业风险是创办新企业中的法律和伦理风险，表现为风险因素、风险事件和损失结果等。例如，某个食品生产过程中，某位工作人员操作失误，在配方中过量添加了某种成分，致使食用该产品的消费者中毒，导致企业重大损失。创业涉及的法律和伦理问题相当复杂，对创业者而言，最重要的是能认识到这些问题，以免由于法律和伦理失误而给新企业带来沉重代价，甚至使其夭折。创业者一般不会有意触犯法律，但可能高估自己所掌握的与创建和经营新企业相关的法律知识，或者缺乏伦理意识。因此，在企业创建期间，新企业必须处理好创业风险，尤其是重要的法律和伦理问题。

一、新企业创建的相关法律问题

在每一个创建活动中，都有特定的法律和规定决定创业者能做什么和不能做什么，创业者必须熟悉相关法律法规。在企业的创建阶段，创业者面临的主要法律问题包括确定企业的组织形式、税收缴纳、租赁和融资、起草合同、申请专利、商标和知识产权保护等，其中，知识产权方面的风险尤其值得注意。

知识产权是人们对自己通过智力活动创造的成果所依法享有的权利。知识产权包括专利、商标、版权等，是企业的重要资产。知识产权可通过许可证经营或出售，带来许可经营收入。实际上，几乎所有的企业（包括新企业）都拥有一些对其成功起关键作用的知识、信息和创意。传统观念意义上有形资产（如土地、房屋和设备等）是企业最重要的资产，随着经济社会发展，有形资产的法律保护已较完善，而知识产权已逐渐成为企业中最具价值的资产。对现在创业者，尤其是大学生创业者来说，为了有效保护自己的知识产权，也为了避免无意中违法侵犯他人的知识产权，了解知识产权的内容及相关法律是非常必要的。除了与知识产权相关的法律法规外，《中华人民共和国反不正当竞争法》《中华人民共和国劳动合同法》《中华人民共和国产品质量法》《中华人民共和国劳动法》等法律法规也是创业者及其初创企业应当了解和关注的。

二、新企业创建的相关伦理问题

创业伦理是适应创业教育和时代要求而发展起来的一种集理论性与实践性于一体的伦理，主要是指贯穿于创业活动之中的规范与准则。创业伦理是初创企业健康发展和成功的精神动力，有助于创业者创业目标的实现，以及创业责任感、使命感和荣誉感的树立。

创业的目的是获得财富和价值。俗话说"君子爱财，取之有道"，创业者在创业过程中一定要遵守伦理道德，这是创业能够成功并持续发展的关键。新企业创建过程所涉及的商业伦理，是指创业者处理新企业与外界的关系，处理内部成员之间权利和义务的规则，以及在决策过程中所体现的人与人之间的关系和所应用的价值观念。创业者作为创新实践者，通过创造新产品或服务和提供就业机会，极大地推动了社会进步和发展。然而，创业者又常常被批评片面追求商业成功，甚至为了个人私利牺牲道德价值观。例如，有的创业者延迟偿付厂商和其他债权人的账款，有时候对员工也采取同样的方法，延迟工资的发放。创业者使用这种方法，有的是因为确实陷入困境，有的则不是。有些创业者常常在未经他人允许和同意的情况下，使用他人的资源来弥补自身资源的不足，这些行为会因为违背相关法律规定和市场经济原则而受到惩罚。如果创业者有意这样做，是不道德的，也是有悖商业伦理的。长此以往，人们会对创业者的诚信度产生怀疑。

第4节　商业模式开发

案例 6-4

樊登是帆书 APP（原樊登读书）的创始人。2001 年，樊登加入中央电视台担任主持人，主持《实话实说》《12 演播室》《选择》等节目。工作之余，他把大量时间用来读书，读书让樊登找到了人生的方向。后来，他辞职回到母校西安交通大学成为一名老师。学生们听完他的课，都请他推荐书单。于是，樊登把自己读过的每一本书，都提炼出精华，写成 PPT，卖给学生们。一年发 50 本书的精华，收费 300 元。购买的学生非常多，大大出乎樊登的意料。这件事让他看到，读书是个巨大的市场，蕴藏着无穷商机，可以以此为切入点，为大众提供读书节目。2013 年樊登与朋友共同创办了一个读书平台——樊登读书会，全职投入知识付费的创业。樊登读书会吸纳了大量会员和代理商，并逐步发展成为知名品牌。2023 年樊登读书更名为"帆书"。帆书引领了"听书"的新阅读模式，同时，围绕书籍，也提供课程、训练营等服务，并拓展出版、图书销售、书店等。2023 年 4 月，帆书 APP 注册用户数超 6400 万人。

问题：樊登是如何确定帆书 APP 的商业模式的？

一、商业模式的概念与内涵

（一）商业模式的定义

商业模式一词源自英文 business model，简单来说，商业模式就是企业创造价值的基本方式。具体来讲，商业模式是为实现客户价值最大化，把能使企业运行的内外各要素整合起来，形成一个完整的高效率的具有独特核心竞争力的运行系统，并通过最优实现形式满足客户需求、实现客户价值，同时使系统达成持续盈利目标的整体解决方案。通过商业模式，可以整合企业拥有的和可支配的各种资源，进行战略规划和实施，提供满足消费者需要的产品或服务，从而使企业获得最大化利润。从管理的角度来看，商业模式的本质是企业经营策略具体化的一个重要步骤，并且也是经过不断优化和协调的最终经营方案对策。从经营活动的角度来看，商业模式指的是在一定的时期之内，商业要素之间相互作用、相互影响的一种内在机制，并且也是其内在的联系方式，利益的相关方面均处于平衡的状态。对于企业而言，商业模式并不仅仅代表经营思想、价值观念或者营销创新思路，也是经营创新思想的具体实现形式，是完整的企业经营机制，强调了企业组织内部的有机联系整体。

（二）商业模式的本质

商业模式的本质是创造价值、传递价值和获取价值。商业模式的核心逻辑是企业如何通过不同的方式创造价值，并将这些价值传递给消费者，最终实现企业的盈利目标。

1. 创造价值　创造价值是企业基于客户需求，提供解决方案。企业的本质首先就是基于生产功能的价值创造实体，企业创造价值的服务对象首先就是客户，为客户提供产品或服务，这也是企业商业模式的最核心本质。

2. 传递价值　传递价值是通过企业的资源配置对价值进行交付和传递。价值通过顾客、伙伴、企业的合作被创造出来后，需要通过商业模式在它们之间进行传递、交付。

3. 获取价值　获取价值是企业利润获取，即企业内部利益相关者进行对内的利益分配，并通过一定的盈利机制来持续获取利润。

（三）商业模式的结构维度

商业模式通过构建商业模式界面，企业与顾客、供应商、股东之间发生物质、能量和信息的交流，实现了不同的价值创造和交换，并使商业模式得以延续和发展。界面中存在多个结构维度，一般包括如下几个方面。

1. 价值对象　指企业在某个商业模式下，需要选择价值交换活动的对象，确定商业模式必须能够定义出清楚的顾客群体市场细分，而市场取向可以帮助了解顾客所需要的价值。

2. 价值主张　指的是企业需要选择与价值对象进行价值交换的内容，即企业要为顾客解决何种问题，为顾客提供何种价值。价值主张随着企业价值定位的不同而不同，企业商业模式的活动也将会产生不同的差异，透过企业商业模式所有活动的设计与执行，企业将其价值主张传递给顾客，并为企业创造财富。

3. 价值实现方式　指的是企业进行价值交换时，如何选择其实现的方式，包括了价值交换渠道的构成及作用方式等。具体而言，包括产品和服务如何设计来表达价值，收入如何实现，以及依靠什么样的价值传递方式来实现价值。

4. 内部构造　指的是企业如何在既定的价值主张下进行内部组织结构的设计。企业还需思考哪些经营活动是自制、哪些活动是外包的，这也影响了组织的内部构造，可以说内部构造是企业商业模式实现的结构载体。

5. 资源配置　一个成功的商业模式不能只停留在规划上，模式成立的条件之一是需要资源的配置。不同的模式对资源的配置要求不尽相同，但其基本属性是一致的，即资源配置是公司为了达到其目标所持有的资产与流程。

6. 价值潜力　商业模式的生命力表现为其价值潜力，价值潜力越大，其商业模式的竞争优势也就越明显。从根本上说，模式的价值潜力影响了模式的生存和发展。

（四）商业模式的类型

商业模式有许多不同的类型，以下是一些常见的商业模式类型。

1. 产品模式　这是一种最传统的模式，包括研发、生产和销售。其中，自产自销是最古老的模式之一。此外，还有渠道销售类，即通过建立销售渠道来销售产品或服务的方式。

2. 广告收益模式　这是一种通过广告收入来盈利的模式。在这种模式下，企业提供免费的内容或服务，并通过显示广告来获得收入。

3. B2B 模式和 B2C 模式　B2B（business to business）模式是指企业对企业的商业模式，而 B2C（business to customer）模式是指企业对消费者的商业模式。这两种模式的主要区别在于目标客户的类型。

4. 免费式模式　指针对不同的客户群体提供产品或服务，其中至少一类庞大的客户群体可以享受持续的免费服务，向其他客户群体收费获取收益的一种商业模式。例如，移动通信行业的缴话费免费送手机、0元购体验课程、赠送血糖仪促使重复购买血糖试纸等。

5. 长尾商业模式　这是一种通过满足少数用户的个性化需求来盈利的模式。企业依托于网络技术，且产品或服务存储、传播成本等通过网络技术能够大大降低。市场要建立在庞大的目标群体的个性化需求基础上。同时，目标群体个性化的需求定制和不断创新要占据业务的主导地位。

二、商业模式和商业战略的关系

商业模式对每一个初创企业的成功都起着至关重要的作用。但商业模式的成功还需要一个重要前提，即商业模式离不开商业战略，有生命力的商业模式都需要建立在成功的商业战略之上。商业战略，是指确立企业的根本长期目标，并为实现目标而采取的必需行动序列和资源配置。商业模式与商业战略之间，商业战略是导向，商业模式则是动力，商业战略决定商业模式。

商业模式作为企业价值创造方式具有一定的结构，其组成要素有机联系在一起共同作用形成一个良性循环。商业模式的基本要素是与微观经济学原理中的用户、企业、产品市场、生产要素市场相对应的价值主张、价值生产、价值提交、价值获取。其本质特点是空间的、横向的方式和状态。商业战略是企业所采取的旨在达成一项或多项组织目标的行动。对于大多数企业来说，压倒一切的目标就是实现优于竞争对手的绩效。如果一家公司的战略产生了卓越的绩效则称它拥有竞争优势。商业战略的本质特点是时序、纵向的行动和过程。一般来说，在某个时段企业一般只有一个商业模式，但可能同时存在多个战略。商业模式和商业战略的各自本质特性，以及它们之间存在共同要素的事实，表明它们之间具有一种水平垂直式的交融关系。商业模式与商业战略之间的交融关系决定了企业在制订战略的时候必须要考虑商业模式的配套。在战略实施的时候需要依据商业模式作为蓝图，在设计商业模式的时候必须考虑企业战略的目标和意图。

商业战略和商业模式还具有以下一些相反或相似的特性。商业战略是面向未来的、动态地、连续地完成决策到实现的过程。商业模式是面向现实的、静态的、离散的经营活动方式。商业战略关注外部环境和竞争优势，商业模式关注内部结构和价值实现。商业战略用于指导企业经营方向和远景目标的选择和行动计划的制订，商业模式用于企业价值目标的创造。企业战略和商业模式都具有全局性，都面向整个企业，都具有系统性，前者包含目标体系和战略体系，后者包括结构体系和价值体系。

商业模式与商业战略既相互依存又相互独立。在理论研究和实际应用中，既要分辨两者的相互关系和特性方面的异同，更要彼此兼顾和相互结合。只有这样才能有助于更好地发挥它们在价值创新和竞争优势方面的作用。商业模式从商业战略丛林中凸现，说明市场环境的变化要求企业更加注重经营方式的整体创新，更加注重价值链、资源、能力、知识、网络关系、商业生态关系等战略要素的系统整合。两者关系的明晰可以有力地确定商业模式的商业战略理论基础，这将为商业模式的研究和创新提供可靠的理论支撑。反之，商业模式将为企业战略理论的整合提供系统的方法和工具。如果能将商业模式建立在企业战略的基础上，将外部竞争与内部经营互补地进行匹配，就会为企业获得绩效、创造价值，使企业获得持续竞争优势。

三、设计商业模式的思路和方法

（一）商业模式设计

商业模式的设计是指企业为了实现商业目标，通过创新和整合资源，构建一个可持续、高效和有竞争力的商业运作模式的过程。商业模式的设计需要考虑市场需求、竞争环境、技术趋势、组织能力和财务可行性等因素，以确保商业模式的可行性和成功实施。

商业模式设计应包括该商业模式的特点、收入来源、价值主张、企业产品、企业客户、盈利模式、组织结构等，需要考虑该模式能否为客户创造最大价值等。目前比较主流的商业模式设计方法主要有如下四种。

1. 麦肯锡 7S 理论　这是由麦肯锡顾问公司研究中心设计的企业组织七要素，指出了企业在发展过程中必须全面地考虑包括结构（structure）、制度（system）、风格（style）、员工（staff）、技能（skill）、战略（strategy）和共同价值观（shared value）各方面的情况。主要的思想是强调"软件"与"硬件"要素同样重要，在商业模式设计过程中都需要被重视。

2. 波士顿咨询提出的商业模式设计方法　波士顿咨询公司提出，在对企业监管环境、行业竞争环境、市场机会三个方面进行评估的基础上，建立经济学模型，进而形成适合企业经营的商业模型。

3. 价值链角度分析企业的战略系统　这个方法是把一个企业的业务从价值链的角度分成许多小模块，在每一个小模块去发现商业模式设计的价值点和机会点。

4. 商业模式画布方法　这是许多创业者所借鉴，相对比较直观易懂的商业模式设计方法。商业模式画布方法将商业模式分为九大模块，通过商业模式的类型描述、设计方法阐述、战略思考、流程总结，整体地给出了商业模式设计的建议方法，具有很强的工具属性。

商业模式的设计是一个不断迭代和完善的过程，需要不断地与市场和客户进行反馈和调整。同时，商业模式的设计也需要与企业的组织能力和文化相匹配，以确保商业模式的成功实施和可持续发展。

（二）商业模式画布

商业模式画布（business model canvas）是一种以商业模式为基础，用于描述、设计和分析企业商业模式的工具，更加形象具体地将商业模式以可视化的形式进行了构造。商业模式画布的概念出自亚历山大·奥斯特瓦德（Alexander Osterwalder）和伊夫·皮尼厄（Yves Pigneur）在《商业模式新生代》中提出的一个商业模式框架，该框架是对商业模型组成元素及其本体论进行初步研究，进而建立起来的一种非常简单、易于实现结构化思维分析的模型。商业模式画布可以帮助企业管理者、创业者们提出商业创意，并按照画布找到自己的目标客户，从而解决面临的现实问题（表 6-2）。

表 6-2　商业模式画布

重要合作 （key partnership, KP）	关键业务 （key activity, KA）	价值主张 （value proposition, VP）	客户关系 （customer relationship, CR）	客户细分 （customer segment, CS）
	核心资源 （key resources, KR）		渠道通路 （channel, CH）	
成本结构（cost structure, CS）			收入来源（revenue stream, RS）	

商业模式画布工具通过构成商业模式的九大模块来完成对商业模式的描述，这九大模块包括客户细分、价值主张、渠道通路、客户关系、收入来源、核心资源、关键业务、重要合作、成本结构。这九大模块可以系统并且符合逻辑地描述一个公司运行并寻求利润的过程，涵盖了一个商业体的四大主要部分：客户、产品或服务、基础设施以及金融能力。

1. 客户细分　是指企业依据一定的客户属性、消费特点、产品需求等对所有目标客户群进行分类的过程。客户细分有助于企业为客户提供分类分标准、定制化的特殊服务，能够极大地提升客户服务感知。客户是任何商业模式的核心。为了更好地满足顾客，企业应该根据顾客的需求、行为和特点将顾客分成不同的群体。一个商业模式可以服务于一个或多个大型或小型的客户群体。但是一个组织需要注意选择哪些客户需要服务，哪些需要忽略。一旦确定了这一点，就应该在深入了解这些群体的需求的基础上设计商业模式。客户细分模块要解决"企业为谁创造价值""谁是企业的重要客户"这两个问题。

2. 价值主张　是指企业针对竞争对手所制订的策略，是为其目标客户及合作伙伴所提供的价值。价值主张是顾客选择一家企业而不是另一家企业的原因。它解决客户的问题或满足客户的需求。每种价值主张都是迎合特定客户群的产品或服务的组合。从这个意义上说，价值主张是公司向其客户提供的利益的集合或组合。价值主张可以是创新的，并产生新的或革命性的产品或服务，也可以是添加新的功能和属性的，类似于现有的产品或服务。价值主张模块就是满足不同客户的需求，确认企业产品或服务对客户的实际意义。

3. 渠道通路　是指通过沟通、销售等渠道向其细分客户传递其价值主张。渠道通路的作用包括以下几点：帮助客户了解公司的产品和服务；帮助客户评估公司的价值主张；向客户传递价值主张；向客户提供售后支持。渠道通路模块解决"通过哪些渠道能够接触到客户细分群体""哪些渠道最有效""哪些渠道成本效益高""如何整合渠道"这些问题。

4. 客户关系　是指企业经过长期的客户服务维护、产品提供等与客户之间建立的一种关系。企业与客户可以建立短期服务，更多的是与客户建立长期可持续的服务关系。企业需要清楚他们想要为每个客户群体建立什么样的关系。客户关系的范围既包括依靠人员维护的关系，也包括依靠设备、平台实现的与客户之间的互动。客户关系一般由以下动机驱动：拓展新客户、维护现有客户、提高销量或单价。客户关系模块解决"每类客户群体希望跟企业建立什么样的关系""我们已经跟客户建立了哪些关系""建立这些关系的成本如何""如何将建立客户关系的方式融入商业模式"等。

5. 收入来源　是指企业获得收入与利润的方式，企业通过什么样的产品、内容及服务来获取收入、利润，盈利和收益点是什么。收入来源是商业模式的动脉。企业需要自问每个客户群体真正愿意为什么付费。对这些问题的回答，可以给企业带来收入来源。每个收入来源可能包括不同的定价机制，如固定目录价格、议价、投标、市场浮动定价、批量采购价、收入管理系统定价等。商业模式可能包括两种不同类型的收入来源：客户一次性支付带来的收入和通过向客户传递新的价值主张或提供售后服务而带来的持续收入。客户关系模块解决"客户愿意为什么样的价值付费""目前客户付费买的是什么""客户如何支付费用以及更愿意如何支付费用""每类客户带来的收益占总收入的比例"等。

6. 核心资源　是指企业在从事生产经营活动中所需要的各种关键资源力量，例如资金、技术、人才等。核心资源是使商业模式顺利运行所需的最重要的资产，使公司能够创造和提供价值主张，进入市场，维护与特定客户群体的客户关系，并产生收入。不同类型的商业模式需要不同的核心资源。核心资源可以是自有的、租赁的或从主要合作伙伴那里获得的。核心资源模块要清楚"传递的价值主张需要什么样的核心资源""渠道通路需要什么样的核心资源"。

7. 关键业务　关键业务是企业生产经营过程中所从事的能够满足客户需求的、具体的、有特性的、能够为企业带来收益的核心活动。每个商业模式都有一系列关键业务，这是企业成功运营所必须采取的最重要的行动。与核心资源一样，关键业务是企业创造和提供价值主张、进入市场、维护客户关系和产生收入所必需的，关键业务因商业模式类型而异。关键业务模块要清楚"实现价值主张需要什么样的关键业务""渠道通路需要什么样的关键业务"等。

8. 重要合作 重要合作指为保证商业模式顺利运营所需要的上游供应商和其他合作伙伴，企业需要通过建立联盟来优化自身的商业模式，降低创业风险或获得更多的创业资源。企业要建立重要合作的原因有很多，而重要合作在许多商业模式中逐渐扮演起基石的角色。企业通过建立联盟来优化其商业模式，降低风险或获取资源。重要合作模块要解决"我的重要供应商是谁""我的重要伙伴是谁""合作伙伴能提供哪些核心资源"等问题。

9. 成本结构 是指企业的生产经营活动的各个环节正常运转需要支出的描述企业在实现其商业模式过程中所承担的主要成本，包括固定成本、变动成本和间接成本等。成本结构模块要解决"商业模式中重要的固定成本是多少""核心资源的主要花费是多少""关键业务的主要花费是多少"等问题。

通过填写这九个构建块，企业可以更好地理解其商业模式的优势和劣势，从而制订更有效的战略和决策。同时，商业模式画布也可以帮助企业在创新和优化过程中保持关注于核心要素，确保其商业模式能够适应不断变化的市场环境。

（三）商业模式构建

商业模式构建指对商业模式从设计到实施的全过程，其本质就是分析创业机会、整合创业资源、制订和实施企业经营战略。商业模式构建主要有以下五个阶段。

1. 准备阶段 确定项目的框架，开展初步的项目计划，并且寻找合适伙伴，组成项目团队。

2. 调研分析 包括梳理环境状况，研究潜在客户、专家等。尤其是调研已有的模式，了解其成败原因，收集创意和观点。此阶段需要对商业模式即将演进的背景环境建立起较为深刻的理解。

3. 设计阶段 根据市场的反馈不断调整并修改商业模式。这个阶段，扩展性思维与勇气是关键。为了能够产生突破性的创意，团队成员必须有能力舍弃常规的现状，探索更多的可能。

4. 实施阶段 具体实施商业模式模型。在完成了商业模式设计后，就要开始将其转化为可实施的方案。这期间包括定义相关的项目、设定里程碑、组织各类指导原则与框架、制订详细的预算与项目路线图等。

5. 纠偏阶段 根据市场的反馈不断调整和修改商业模式。一般而言，全新的商业模式不是一蹴而就的，需要在实施过程中适时调整，修正商业模式的方向，并且将这种检测评估设定为长期的管理制度。

四、商业模式的创新

商业模式创新是指创业者通过改变原有的商业模式，创造新的商业价值和竞争优势的过程。这种创新可以涉及产品、服务、市场、渠道、收入模式等多个方面。一般而言，商业模式创新有以下几个方面。

（一）基于价值活动的商业模式创新

这种创新把关注的焦点放在价值活动的定位、设计与匹配上。具体来讲，有三种创新策略可供选择。

1. 价值链上的新定位 通过专注于价值链上的某些活动，而将其余活动外包出去。例如，某些服饰品牌，为了聚焦于它最具竞争力的品牌运作与设计这两块核心价值活动，而将需要投入大量资金和精力的生产活动全部外包出去，结果不仅节省了数以亿计的资金，同时也很好地解决了原有生产能力不足的问题。

2. 重组价值链 通过对产业价值链进行创造性重组，也能实现商业模式的创新。例如，某知名电脑公司在运营中砍掉中间销售环节，采取直销模式，大幅度降低了价格，有效将价值回馈给顾客，也为公司创造了利润。

3. 构造独特的价值活动体系 即对价值活动进行重新挖掘寻找新的价值贡献点。例如，在餐饮业一直以来都是高档环境伴随高价格，而低档环境伴随低价格，但杭州某餐饮集团独辟蹊径，采用近似高档的环境伴随低廉的价格来吸引顾客，并一举成功，吸引了大量顾客，蜂拥而至的顾客为其创造了极高的翻台率，从而为其弥补了低价格而失去的利润。

（二）基于资源能力的商业模式创新

这种商业模式创新重在对新资源的发掘和利用，或是充分挖掘现有资源的潜在价值和延伸价值，从而实现盈利。

1. 围绕新资源构建商业模式 在技术升级日新月异的时代，新资源层出不穷，有效利用一种新资源往往就能构建多种创新的商业模式。例如，某传媒公司发现了电梯间的视觉空白地带，从而很好地创造了一个人们在等待电梯时的绝佳视频广告播放时空，并在此基础上构建了楼宇广告体系，获得了巨大的成功。

2. 创造性地利用现有资源 有许多资源不仅仅具有该资源本身的核心价值，同时也具有延伸价值，例如，产品与电影的结合。国外某谍战系列电影很早就和一家知名汽车品牌进行了合作。汽车原本只是电影中的一个简单的道具元素，但是进行创造性挖掘之后也可以成为一种广告载体，当观众看到男主角开着汽车风驰电掣时，自然而然形成了对该品牌汽车的好感。

3. 整合现有资源 也就是用一种全新的方式整合现有资源，给消费者带来更为清晰、明了的价值贡献。例如，第三方购票网站对传统酒店信息和机票信息进行在线整合，结果就为消费者提供了便捷的出行服务。

（三）基于价值网络的商业模式创新

这种创新的重点在于打造全新的价值网络体系，设计各种交易机制将企业自身与价值创造伙伴有机联系起来，形成价值创造的合力。采取这种商业模式创新的企业可以选择成为交易的组织者、交易平台的构建者或是交易的中介者。在这方面非常典型的一个例子就是国内某知名购物网站。该平台正是通过为广大商家和个人客户提供一个网上买卖商品的交易平台，从而获得了巨大的成功。它不是传统意义上的买卖商品者，而是一个交易平台的提供者，从中获得了巨大的利润。平台搭建成功之后，里面蕴藏着巨大的盈利点。例如，广告、向每位商家的合理收费、巨大现金流等，这些都为该平台的发展提供了无限的空间。

（四）基于收入模式的商业模式创新

传统的商业模式往往是直接从售出商品中赚得利润，但是创新的收入模式可以从多种途径赚到利润，甚至可以赚得更多。目前已经出现的收入创新模式有以下几种。

1. 利用互补品 这是一种"此失彼得"的策略。具体有三种基本方式可供选择。第一种是"产品+产品"的互补，如某打印机品牌的"低利润打印机+高利润墨盒"。第二种是"产品+服务"的互补。例如，一些汽车4S店从汽车销售中赚到少量利润，而从日后的保养及维修服务中赚到大量利润。第三种是创造"间接的互补品"。例如，某知名电脑公司对那些自身没有使用但对公司核心业务有辅助功能的技术采取了非常开放的态度，允许其他公司使用这些技术，此举有助于其他公司开发出符合该公司技术的其他用途，从而带动客户对公司核心产品的需求量。

2. 从免费到收费 这在互联网中得到了最大的体现，有许多服务类APP刚推出时是免费的，但是一段时间后，也就是客户对此形成了较大的依赖性之后，再开始局部收费，当然这种收费方式需要前期大量资金的铺设。

3. 第三方付费　这种方式并不需要消费者付费，企业通过其他利益相关方赚取收入。例如，一些搜索引擎的搜索服务并不直接要求搜索者支付费用，而是通过向被链接网页的公司收取费用而获得收益。

（五）基于价值曲线的商业模式创新

这种模式的创新策略聚焦于企业所提供的顾客价值，通过创造独特的价值曲线为顾客提供非凡的体验，从而获得利润。这对提供服务而非实体产品的产业尤为重要，例如，一些农庄项目，给顾客所提供的主要是种植和采摘蔬果的过程体验，而非蔬果本身。基于价值曲线的商业模式创新关键在于对顾客价值的深刻理解和洞察，从而通过别具一格的价值曲线来吸引顾客。

新的企业必须有效地开发出合适的商业模式，才能够充分地利用机会，并通过向顾客有效地传递价值而创造出利润。

思 考 题

1. 创业离不开机会，创业机会的来源有哪些？结合自己的专业，谈一谈如何识别创业机会。
2. 商业模式画布是常见的商业模式分析工具，请结合所学知识，对身边你所熟悉的某一家企业的商业模式进行分析。

（凌敏）

第7章 创业计划书与项目路演

学习目标

1. 素质目标　树立计划书是梳理创业构想最重要载体的意识，正确分析计划书面向群体的需求、配合PPT清晰沟通表达展示项目要点。
2. 知识目标　认识创业计划书的作用，了解创业计划书的基本结构、编写过程和所需信息等，掌握计划书撰写的流程和撰写方法，了解相关工具，掌握路演PPT包括的重要部分和答辩的问题类型。
3. 能力目标　具备资料搜集、逻辑思考能力，以及对于创业项目的书面表达能力，能依据创业构想写出一份完整的创业计划书，能进行完整的项目路演的资料准备和实施。

任何一个创业构想都需要一个载体，这个载体能实现与内部和外部的相关利益体沟通。对内沟通需要给团队成员专业完整地呈现可操作性的经营计划和行动指南，对外沟通需要给投资人和客户呈现创新性、竞争优势和收益、前景及风险。这个重要的载体就是创业计划书，而将创业计划书进行加工处理凝练为PPT汇报材料，由项目负责人（或团队成员）进行讲解展示的过程就是项目路演。

第1节　创业计划书

案例 7-1

一个在线短租平台，允许房东将自己的闲置房屋出租给旅行者。这个创意最初是由两个外国人在2008年提出的。当时，他们面临着巨大的经济压力，无法支付房租。为了筹集资金，他们决定将家中的空余房间出租给需要临时住宿的人。这个想法迅速演变成了一个创业计划书，详细描述了他们的商业模式、市场分析、竞争优势和盈利策略。

这个创业计划书为他们的成功奠定了基础。以下是一些关键因素。

1. 明确的商业模式　他们的创业计划书详细描述了其商业模式，即通过连接房东和旅行者，实现房屋共享。这个模式具有很高的可行性，因为它利用了市场上现有的资源（闲置房屋）并创造了新的价值（便捷的住宿选择）。
2. 市场分析　他们的创业计划书对短租市场进行了深入的分析，包括市场规模、增长趋势、竞争对手等。这有助于创始人了解市场需求，制订有效的营销策略。
3. 竞争优势　他们的创业计划书明确了其竞争优势，即提供一个便捷、安全、价格合理的住宿选择。此外，他们还通过提供个性化服务、建立信任机制等方式，与竞争对手区分开来。
4. 盈利策略　他们的创业计划书详细描述了其盈利策略，包括向房东收取佣金、向旅行者收取服务费等。这些收入来源既保证了平台的可持续发展，又为公司创造了利润。
5. 融资计划　他们的创业计划书还包括了详细的融资计划，包括种子轮融资、天使轮融资等。这有助于创始人吸引投资者，为公司的发展提供资金支持。

总之，他们的成功在很大程度上归功于其详尽的创业计划书。这份计划书为创始人提供了一清晰的蓝图，帮助他们在竞争激烈的市场中找到立足点，最终发展成为全球最大的短租平台之一。

问题： 假设他们没有写好这份计划书，直接开始着手做业务会出现什么样的问题？

我们撰写创业计划书前最需要考虑的是明确目的和受众，呈现内容并突出特点和优势，以便产生更好的反馈，所以创业计划书可以作为团队的操作指南和投资人第一印象的范本。我们需要做好充足的前期资料搜集、调研、论证、计算。计划书的框架应完整、合理，内容包括准确的数据支撑和科学、可操作的计划，还需要对业绩和市场潜力进行科学地评估。完成计划书后还需要检查内容是否翔实、全面，同时考虑阅读者的感受，需要对计划书进行校对、润色以及美化。

一、创业计划书的用途和基本要求

（一）创业计划书的用途

创业计划，又称"商业计划"，是引领创业的纲领性文件，是创业者具体行动的指南。创业计划是创业的行动导向和路线图，既为创业者的行动提供指导和规划，促使创业团队及雇员团结一心地工作，也为创业者与外界沟通提供基本依据。创业计划书的撰写可以使创业者系统地思考新创企业涉及的各个因素，促使创业团队定期沟通讨论创业工作。一般情况下，撰写创业计划书主要有两大原因：①在企业内部，创业计划书为企业执行战略和计划提供了值得借鉴的"蓝图"，能够使创业团队一起努力工作，全力以赴地解决风险创业的各个细节；②对企业外部来说，它能够向潜在投资者和其他风险投资者介绍企业正在追寻的商业机会，赢得对方的支持。

创业计划书的呈现，需要着重考虑两类群体：团队成员和投资人。面向创业团队，需要描述清楚怎么干；面向投资人，需要突出经济价值。团队成员最需要了解如何共同完成项目，因此重点工作包括：项目目标、市场分析、创新点与竞争对手、财务情况、营销手段、阶段性工作以及团队分工。投资人最关心投资回报的可能性，包括：项目愿景、实际进展、资源到位情况、现金流及资产负债、盈利模式、投资回报预估，以及风险和退出机制。创业计划书符合以上两大核心受众需求之后，可以按照各类赛事的基本要求进行强化和润色（本书将在第13章详细解读这一部分内容）。

（二）创业计划书的基本要求

计划书的思考逻辑需要以需求为导向、以用户为核心，论证三个核心要素的价值：①问题，证明所选择的需要解决的焦点问题有巨大价值和想象空间；②方案，证明提出的解决方案有很强的创新性和可行性；③团队，证明创业团队是发现和分析问题、制订和执行解决方案的有效最佳人选。

撰写初稿后可以核对计划书是否满足以下十点基本要求。

1. 简洁明了 计划书应该以简洁明了的语言和结构呈现，避免冗长和繁复的描述，以便读者能够快速了解项目的关键信息。

2. 逻辑清晰 计划书应该按照合理的逻辑顺序组织内容，使读者能够理解项目的整体框架和各个部分的内在联系。

3. 全面翔实 计划书应该全面涵盖项目的各个方面，包括项目背景、市场分析、产品或服务描述、商业模式、营销策略、运营计划、财务计划、融资计划、风险预测等，以确保读者获得全面而翔实的信息。

4. 可行性与实际性 计划书应该展示项目的可行性和实际性，包括市场需求的证明、商业模式的可行性、团队的能力和资源等，以增加读者对项目的信心和认可度。

5. 具体可量化 计划书应该给出具体、可量化的指标，包括市场规模、市场份额、预计销售额、成本预测、盈利预测等，以提供对项目效益和回报的可行性评估。

6. 风险识别与管理 计划书应该对项目可能面临的风险和挑战进行识别和评估，并提供相应的风险管理和应对策略，以展现团队的风险意识和应变能力。

7. 合理的融资需求 计划书应该明确阐述项目的融资需求和资金用途，并对融资金额和投资回报进行合理的规划，以吸引投资者并提供对投资回报的合理期望。

8. 专业外观和准确性 计划书应该具有专业的外观和格式，包括合适的字体、排版、标题等，同时内容应准确无误、严谨可信。

9. 细节到位 计划书的内容应当细节到位，注意完整性和一致性，避免出现矛盾、遗漏或不准确的信息。

10. 针对读者 计划书应该针对特定的读者群体进行撰写，例如投资者、合作伙伴或其他相关方，以确保信息的精准度和有效传达。

二、创业计划书的框架和内容解析

创业计划书是创业者向投资人或合作伙伴展示自己创业项目的书面文档，其重要性不可忽视，但创业计划书的框架可能会根据具体项目和行业的不同而有所变化。以下是一个常见的创业计划书的基本框架。

1. 封面和目录 封面也称"标题页"，可以先从起一个好的项目名称开始，根据项目名称设计一个徽标（logo）。投资者拿到创业计划书，最先看到的是封面，封面的设计非常关键，会给投资者留下第一印象，因此封面的设计要有独特的风格（图 7-1）。有的创业计划书使用的是精装封面，以体现创业者对项目和阅读者的重视。

图 7-1 创业计划书封面的参考模板

封面页后紧跟目录页，用来显示创业计划书中的章节名称及其所在的页码，目的是方便阅读者快速了解创业计划书的整体结构与内容，并根据目录页码查阅相应的内容。

2. 概述和背景 概述部分是对创业计划内容的简要介绍，概述创业项目的核心理念、目标和竞争优势。为了让投资者一目了然，内容需要控制在 500 字以内。

3. 市场分析 包括市场趋势分析、目标市场分析和竞争分析。

（1）市场趋势分析 作为市场发展走势、市场潜力判断的宏观分析，可以参考各类政府统计数据、行业白皮书，或者专业咨询机构发布的行业发展报告内容，选择最主要参考的数据进行比对，论证项目的前景可行性。市场分析可以用数据制作分析图表的方式进行展现，更加直观明了。

（2）目标市场　概念由美国著名的市场营销学者杰罗姆·麦卡锡（Jerome McCarthy）提出。他认为应当按消费者的特征把整个潜在市场分成若干部分，根据产品本身的特性选定其中部分消费者作为一个特定的群体，这一群体被称为目标市场。详细的目标市场分析能够促进投资者判断企业目标的合理程度及他们承担的风险大小。目标市场分析需要针对自己的项目回答以下问题：你的细分市场是什么？你所拥有的市场有多大？你的市场份额是多少？你的目标顾客群是哪些？你的五年生产计划、收入和利润分别是多少？你的营销策略是什么？

（3）竞争分析　是分析和市场中竞争对手博弈的现状。竞争对手在市场上和你的企业提供着相同或类似的产品和服务，并且在配置和使用市场资源的过程中与你的企业具有一定的竞争性。在进行竞争分析时可以使用 SWOT 分析法，SWOT 中的 S 代表优势（strengths），W 代表劣势（weaknesses），O 代表机会（opportunities），T 代表威胁（threats）。所提的 S/W 为企业内部能力的盘点，其项目包括技能或专业资产、声誉/品牌、产品线、整合程度、技术、管理能力、客户资源、地理位置等。O/T 为企业外部环境的变迁，包含的项目有市场变动、竞争者、替代产品、技术发展、客户偏好、政府政策等。SWOT 旨在分析企业内部能力与外部情况，并规划对应策略。SWOT 是策略规划的起点，也是特定方案的解析工具。分析竞争对手时，通常要回答以下问题，如表 7-1 所示。

表 7-1　SWOT 分析法

优势	劣势
1. 专业技术/技能领先业界	1. 缺乏具有竞争意义的技能技术
2. 庞大的消费者群	2. 缺乏关键人才（基础科学）
3. 有能力获得财务支援	3. 过时设备/过多负债/成本过高
4. 市场领导者取经济规模与学习曲线效果利益	4. 产品线太窄
5. 专属技术/专利	5. 品牌名声不好或缺乏品牌
6. 成本优势	6. 缺乏营销通路
7. 地理位置/策略联盟	7. 关键领域里的竞争能力正在丧失
机会	威胁
1. 客户群的扩大趋势	1. 新竞争者进入
2. 扩大产品线满足较多顾客需求	2. 新需求减少
3. 使用公司技术研发新产品或降低成本	3. 替代品/新技术出现
4. 市场进入壁垒降低	4. 容易受到经济萧条或生产周期的大幅影响
5. 贸易障碍解除	5. 同业利润压缩
6. 有能力满足市场突发需求	6. 市场增长趋缓
7. 并购/联盟	7. 汇率变动与外贸政策改变
8. 取得新技术	8. 顾客/供货商议价能力增加
9. 新市场开放或进入新市场区隔	9. 新的规范增加成本

还可以根据波特五力模型进行竞争分析。波特五力模型又称为波特的五种力量模型，由哈佛大学教授迈克尔·波特（Michael E. Porter）于 1980 年提出，旨在帮助企业识别和分析其所处的行业结构，以

及影响企业战略决策的五种关键竞争力量。这五种力量包括：行业内现有竞争者之间的竞争程度，潜在进入者的威胁，替代品的威胁，供应商的议价能力，买家的议价能力。

4. 产品或服务描述 是创业计划书中的重要内容，包括产品或服务的概述、优势、开发和生产计划。①产品或服务概述，详细描述创业项目提供的产品或服务特点、功能和解决方案。②优势，阐述产品或服务相对于竞争对手的优势和独特性。③开发和生产计划，说明产品或服务的开发进展和生产计划。

5. 风险评估与风险管理 风险识别与评估，列出与创业项目相关的主要风险，并进行风险评估。风险管理策略，提供针对各项风险的具体管理策略和措施。

6. 团队介绍 ①核心团队，介绍创业团队的核心成员，重点介绍他们支撑项目分工的背景、经验和专业能力。②顾问团队，列出任何与创业项目相关的顾问或合作伙伴以及潜在人脉资源。

7. 附录 补充信息包括市场调研数据、数据支持材料、专利或版权信息等，有时候百页的计划书，佐证篇幅达30页左右。

三、创业计划书的呈现和写作工具

（一）创业计划书的呈现

一份创业计划书是一份详细的蓝图，描绘了创业者对于未来的规划和愿景。它不仅展示了创业者的商业理念、目标、战略和实施计划，还反映了创业者的专业素养、行业知识和经验。因此，创业计划书的呈现和表达至关重要。

在撰写创业计划书时，首先要注意的是内容和结构。逻辑思路围绕增强吸引、展示内容和细节推送，基本框架围绕摘要、主体和附录三部分，主体部分清晰地阐述公司的使命、愿景、目标、产品或服务、市场分析、竞争分析、营销策略、管理团队以及财务预测。同时，创业计划书应该按照逻辑顺序进行组织和结构化，并且每个章节应该有明确的标题和子标题。运用目录和页码让读者能够轻松导航和跳转到感兴趣的部分，使计划书具有逻辑性、条理性和可读性，以便读者能够快速理解创业者的想法和计划，如图7-2所示。

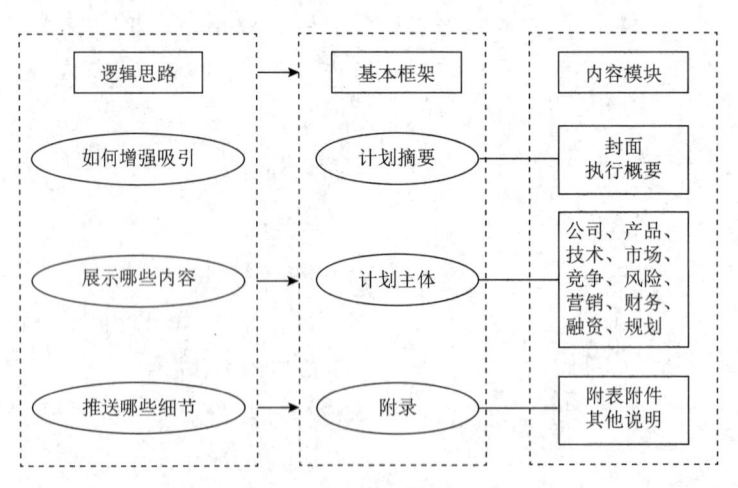

图7-2 创业计划书的呈现

在语言表达上，应该使用简明扼要的语言，避免使用过于专业或者复杂的术语。同时，应该注重文字的流畅性和可读性，让读者能够轻松理解计划书的内容。例如，在计划书开头写一个引人入胜的概述，吸引读者的注意力，并概括项目的核心内容。此外，图表和图片也是表达创业计划书的重要手段。它们可以直观地展示数据、信息和观点，帮助读者更好地理解计划书的内容。

在呈现方式上，应该注重细节和质量。计划书应该采用高质量的纸张和装订方式，使得整体外观显得专业、整洁、大方。同时，应该注意文字的排版和格式，使得内容更加清晰、易读、易于理解。控制文本长度，避免冗长和繁复的句子。使用简明扼要的语言，重点突出，清晰地传达项目的核心信息。此外，应该尽可能避免错别字、语法错误和拼写错误等低级错误，这些错误会给读者留下不专业的印象。

在特色的产品或服务方面要清楚地描述其特点和优势，突出创业项目的独特性和竞争力。说明它们如何满足市场需求，并提供对竞争产品的比较优势。使用有力的语言和故事性的叙述来增强说服力。

（二）创业计划书的写作工具

1. 封面制作工具　制作创业计划书封面有很多工具可以选择，以下是一些常用的工具。

（1）Canva可画　这是一款智能化的平面设计工具，内置了海量的计划书封面设计模板和丰富的图片、插图、文字等素材。无论你是否有设计功底，都可以在短时间内轻松完成一幅精美的封面设计。

（2）创客贴　这个平台提供了大量精美的商业计划书封面模板和设计素材，你可以在线编辑制作，选择喜欢的模板，修改文字替换图片，快速完成商业计划书封面设计。

（3）疯狂商业计划书（bussiness plan，BP）　这是一款在线的商业计划书制作工具，特别适合没有设计经验和软件下载困难的人群使用。你可以在网页上直接编辑操作，无须下载任何软件。站内提供了各行业的创业计划书模板，都可以免费创建使用。

2. 创业计划书结构图制作工具　制作创业计划书结构图表有很多工具可以选择，以下是一些常用的工具。

（1）WPS Office　这是大家都非常熟悉的一款办公软件，目前它已经可以集文字、表格、演示等多功能于一体，除了首页封面可以直接添加制作之外，其中包含了丰富的图表制作工具，如柱状图、折线图、饼图等，方便帮助你制作出各种结构图表。

（2）印象笔记　这是一款非常流行的笔记应用，除了文字记录外，印象笔记也提供了丰富的图表制作功能，可以用它来绘制流程图、思维导图等多种类型的结构图表。

（3）Visio　这是一款专业的图表绘制软件，能够制作各类结构图表，包括组织结构图、流程图、网络拓扑图等。该软件需要付费购买。

（4）Dia　这是一款免费的开源图表绘制工具，基于GTK+（GIMP Toolkit）开发，可以用于绘制多种类型的结构图表，如实体关系图、统一建模语言（unified modeling language，UML）图、流程图等。

3. 创业计划书AI写作工具　AI工具是特指基于人工智能技术开发的各种软件或系统，旨在帮助人类调用和应用人工智能功能和算法来解决问题、增强效率或提供智能化的服务。使用AI工具来写创业计划书可以大幅度提高效率和质量。目前市面上的AI工具有很多种，如"天工AI助手""讯飞星火"等都可以提高计划书的编写效率。编写SWOT分析时，只需要填写事件描述，工具会根据事件做出SWOT分析。例如，打开"讯飞星火"AI工具助手中心选择SWOT分析进入助手模式，只需要填写事件描述，助手会根据事件做出文件编写，如图7-3所示；又如，"翻译机新产品发布"助手会根据该事件进行SWOT分析，如图7-4所示。

图 7-3 讯飞星火的 SWOT 分析

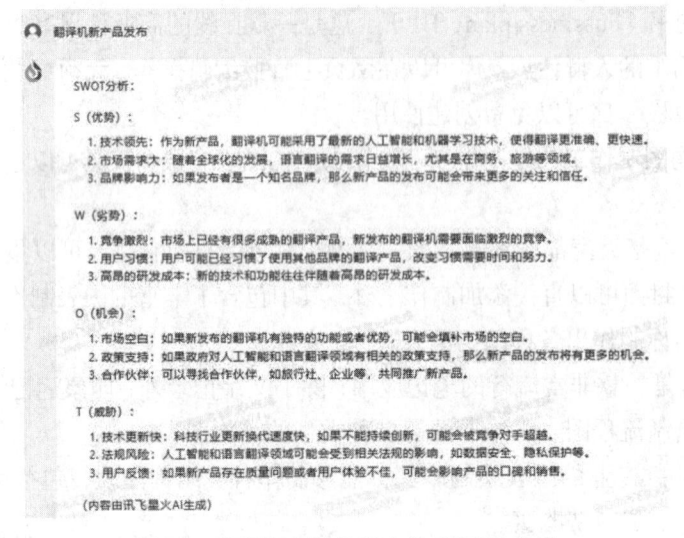

图 7-4 翻译机新产品发布的 SWOT 分析

在编写创业计划书时可以借助 AI 现有的一些辅助功能来优化内容：①数据收集和分析；②语言处理和校对；③模板和参考资料；④数据可视化；⑤智能写作；⑥优化和反馈。在使用 AI 工具过程中，可以根据工具提供的建议和意见，修改和改进文档的数据、结构、语言和内容。

第 2 节 项 目 路 演

案例 7-2

戴韵峰，2017 年"全国大学生创业英雄十强"，幼年曾大病一场，后来得益于中医救治而康复，并因此决心要将中医发扬光大以救治更多患者。他在广州中医药大学攻读中医的 7 年制本硕连读期间，就曾针对失眠症状整理成 7000 多条病因和药方，致力于通过标准化和数字化建设来推进中医的发展。大学毕业后，他于 2011 年牵头成立金华佗学术研究团队，2012 年创办深圳市金华佗科技有限公司，2015 年成立广州杜仲哥互联网科技有限公司，并在 2015 年年底开办了第一家"写字楼"

里的中医体验馆。通过项目路演，项目获得资本市场第一轮投资。

2016年年中，金华佗看到了中医人才培养的潜力，将业务重心从中医线上线下商务（Online to Offline, O2O）向中医师承和确有专长培训转型，研发独有的教研体系，持续课程开发，以多种中医学术流派为核心，构建完善的中医传承教学体系，打造中医执业0~1和1~N培训架构。2016年广州杜仲哥成功进行路演后获得第二轮资本融资，同年荣获新芽榜2016中国最具投资价值企业50强，于2019年在国内领先的一站式中医执业发展平台宣布完成了千万级A轮融资。

问题：这个项目的两次路演的故事关键的表述点分别是什么？

项目路演是指创业企业或创新项目团队为了吸引投资、展示项目价值和寻求合作伙伴等目的而进行的演讲和展示活动，使投资者和合作伙伴对项目产生兴趣和信心。在路演中，创业者和团队成员通常通过演讲、投影和展示等方式，向投资者、行业专家和潜在合作伙伴介绍他们的项目，展示解决方案、市场机会和商业潜力。内容通常包括问题陈述、解决方案介绍、市场分析、商业模式、营销策略、财务预测、发展规划等方面。

项目路演是创业者通过演讲和展示，向投资者和合作伙伴传达项目价值、吸引资源和合作机会的重要方式。

一、路演展示对象分析

在路演展示对象分析过程中，首要任务是对目标受众进行深入剖析，包括其年龄、性别、职业、收入水平、兴趣爱好等多个方面。通过这些信息的综合分析，可以对目标受众形成一个全面的认识，从而为后续的路演展示内容的设计和策划提供有力的依据。

同时，还需要对竞争对手的产品或服务进行细致的分析，了解其产品特点、优劣势以及市场占有率等信息。通过与竞争对手的对比分析，可以更好地理解自身的优势和不足，从而在路演展示中更加精准地突出自身产品的特点和优势。

此外，路演前搜集一些新的市场趋势和行业动态也是必须关注和分析的重要方面，这样可以及时调整路演展示策略，确保其符合市场需求和发展趋势。

路演展示对象分析是一项系统而复杂的工作，需要从多个角度进行全面而深入的分析。只有通过对目标受众、竞争对手和市场趋势等方面进行综合分析，才能更好地理解受众需求和市场环境，从而为路演展示的成功打下坚实的基础。

二、路演的提纲和内容展示

路演需要在短时间内阐述项目，打动目标受众，需要在逻辑和形式上仔细斟酌，就像一部好的广告片，设定好逻辑、选择好呈现可以增加你演讲的专业性和可信度。确定好逻辑后，选择好PPT的模板——一个清晰、简洁、吸引人的模板可以让观众更容易理解你的观点和思路。以下是一个常见的路演提纲，以及一些关于如何展示内容的建议。

（一）路演的提纲

1. **封面页**　①标题：简短、明了地概括出演讲主题。②日期和地点：写出演讲当日的日期和演讲地点。③名字和联系方式：便于感兴趣的目标观众可以联系你。
2. **目录页**　列出你演讲的主要章节和内容。
3. **介绍**　对你的公司、产品或服务进行简短的介绍，说明你为什么要演讲，以及你的目标。
4. **问题与解决方案**　阐述目前市场上存在的问题或痛点，可用图片重点强化问题场景，数据图表突出问题严重性，并说明创业项目将如何解决问题。使用生动的案例或场景描述问题的紧迫性和影响。详细介绍创业项目的产品或服务，以及其独特的解决方案和核心竞争优势。使用示意图、演示视频或其他可视化工具展示产品或服务的工作原理和效果。

5. 市场机会 分析目标市场的规模、增长趋势、竞争环境和目标客户群体。说明项目在市场中的定位和战略，以及如何利用市场机会获取更多用户或客户。

6. 创新成果展示 ①产品：具体性能参数、外观照片和组件及分项。②解决方案：技术先进性描述、方案解决的实现度和软件硬件的组合。③成果展示：完成了哪些内容的研究、解决了哪些方面的缺陷和如何制订下一步计划。④专利情况知识产权说明：专利类型、专利申请号和专利授权公告号。⑤论文及查新报告：影响因子、被引次数和其他支撑，如已经研发的成品。

7. 财务及市场营销策略 提供项目的财务预测和投资回报分析，包括收入预测、成本预测、盈亏平衡和资金需求等。准备好具体的财务数据和指标，并强调项目的盈利潜力和投资回报率。描述项目的市场营销策略和推广计划，包括市场定位、目标客户群体、销售渠道和品牌推广等。使用图表或数据展示市场营销策略的预期效果和潜力。

8. 商业模式 阐述项目的商业模式、盈利方式、成本结构和运营模式。说明项目的盈利能力和可持续性。

9. 结论 总结你的主要观点，以及你希望观众从你的演讲中总结到的要点是什么。

10. 问答环节 留出时间让观众提问，这是了解观众对你演讲的反馈和增进你与观众之间互动的好机会。

（二）路演的内容展示建议

在展示内容时，以下是一些建议。

1. 使用简洁明了的语言 尽量避免使用过于复杂的术语和行话，保持语言的简洁和明了，这样可以让观众更容易理解你的观点和思路。

2. 使用图表和图片 图表和图片可以有效地传达信息和吸引观众的注意力。使用图表和图片时，要确保它们清晰易懂，并且与你的演讲内容相关。

3. 与观众保持眼神接触 在与观众交流时，保持眼神接触可以增加你与观众之间的互动和信任。同时，也可以让观众感受到你对他们的尊重和关注。

4. 控制语速和音量 在演讲时，控制好语速和音量可以让你的声音更加清晰、有力，更容易被观众理解。同时，也可以让你更好地控制演讲的节奏和氛围。

5. 使用例子和故事 例子和故事可以让你的演讲更加生动有趣，同时也可以帮助观众更好地理解你的观点和想法。在使用例子和故事时，要确保它们与你的演讲主题相关，并且具有代表性和说服力。

三、路演技巧及答疑准备

案例 7-3

一位英国政治家曾经在伦敦参事会上讲述劳工状况，在讲话过程中，他突然停了下来，并且拿出了手表，站在那儿一声不响地看着现场观众，时间长达 1 分 12 秒，其他参事员坐在椅子上觉得很奇怪，面面相觑，不知发生了什么。后来其他人一致以为："他忘记了演讲词。"就在此时，这位政治家突然大声地讲道："诸位刚才感觉到局促不安的 72 秒正是普通劳动工人垒起一块砖所需的时间。"在此案例当中，政治家恰当地运用了逻辑停顿，让参加会议的其他参事员感受到了普通劳动工人的艰辛，凸显了演讲的主题。

问题：怎样路演可以让观众通过你的提问恰好加深对项目的良好印象？

在路演中，除了要展示自己的产品或服务，还需要做好答疑准备，以应对投资者或客户可能提出的问题。以下是一些常用的路演技巧和答疑准备建议。

（一）路演技巧

1. 了解受众　在路演前，了解受众的需求和关注点，以便能够更好地展示自己的产品或服务，并解答他们可能提出的问题。

2. 做好充分准备　在路演前，做好充分的准备，包括了解自己的产品或服务，掌握相关的数据和信息，以及熟悉市场和竞争对手的情况。

3. 保持自信和冷静　在路演中，保持自信和冷静，不要被紧张情绪所影响，同时要时刻保持微笑和礼貌。

4. 关注细节　在路演中，关注细节，尽可能地了解自己的产品或服务在市场中的表现，以及客户对其的评价和反馈。

5. 掌握沟通技巧　在路演中，掌握沟通技巧，包括如何表达自己的观点和想法，如何听取他人的意见和建议，以及如何与投资者或客户进行互动等。

6. 做好答疑准备　在路演中，做好答疑准备，预测投资者或客户可能提出的问题，并准备好相应的答案。同时也要关注他们的反馈和意见，以便能够更好地改进自己的产品或服务。

7. 保持学习和更新　在路演中，保持学习和更新，了解最新的市场趋势和竞争对手的情况，以及相关的政策和法规。同时，也要关注自己的产品或服务在市场中的表现，以及客户对其的评价和反馈。

（二）答疑准备

1. 预测问题　尽可能地预测可能会被问到的问题，并针对性地准备回答。可以从投资者和其他路演观众的角度思考，考虑他们可能会对你的项目提出哪些疑问。

2. 深入研究　对与你的创业项目相关的行业、市场和竞争对手进行深入研究，以便能够回答相关的问题，并展现你对行业的了解和市场洞察力。

3. 清晰回答　回答问题时，要保持简洁清晰，不要太过啰唆。确保你的回答直接回应问题的核心，并结合你的创业项目进行解释和说明。

4. 利用数据　如果可能的话，使用可信的数据和事实来支持你的回答，例如，引用市场调研数据、用户反馈或其他可量化的指标。

5. 实事求是　如果你不知道某个问题的答案，不要随意猜测或编造回答。可以诚实地说出你不清楚，但承诺尽快调查并回复相关信息。

6. 展示合作能力　如果有合作伙伴、顾问或投资人的支持，可以适当提及，以展示你的团队和网络。

7. 谦虚开放　对于不同的观点和反馈，保持谦虚和开放的态度。愿意倾听和接受反馈，展示你的学习能力和适应能力。

（三）路演高频问题举例

当创业者参加项目路演时，可能会被问到以下一些问题：

（1）你的创业项目是什么？请简要介绍一下。

（2）你的目标市场是什么？你对这个市场的了解有多深？

（3）你的竞争对手是谁？你与他们有什么不同之处？

（4）你的商业模式是什么？如何盈利？

（5）你的市场规模有多大？你有多少潜在用户或客户？

（6）你的营销策略是什么？你打算如何吸引用户或客户？

（7）你的团队有哪些核心成员？他们的背景和经验如何支持项目的成功？

（8）你的产品或服务有哪些特点和优势？为什么用户或客户会选择你而不是竞争对手？

（9）你的项目有哪些风险和挑战？你打算如何应对和克服这些风险和挑战？

（10）你需要多少资金来支持项目的发展？你打算如何使用这些资金？

（11）你的项目计划是什么？你打算在多长时间内实现什么样的目标？

（12）你对项目的长期发展有什么规划和愿景？

（13）你的项目有哪些里程碑和关键节点？你已经取得了哪些进展和成果？

（14）你如何衡量项目的成功与否？你有哪些 KPI 来衡量项目的进展和结果？

（15）你对投资者有什么期望和要求？你希望投资者能够为你提供哪些支持和资源？

思 考 题

1. 小 Q 的团队一直都没有写计划书，自己做的校园外卖业务非常顺手，五六个骑手自己安排得好好的，小 T 是一个光伏创新小发明制作高手，他俩都觉得没有必要写创业计划书，你怎么看？

2. 小 M 参加了很多次学校的创新创业大赛，她觉得参加路演就是背好稿子就完事，你怎么看？

3. 对照你们小组的创业项目，自己提出 20 个路演问题并写出答案。

（李少华）

第8章 新企业创建

> **学习目标**
>
> 1. 素质目标 了解新企业创建的各项准备工作，主动承担社会责任，树立以创业带动就业的意识。
> 2. 知识目标 掌握企业起名与选址方法，熟悉新企业的法律组织形式分类以及区别，了解创办新企业的流程。
> 3. 能力目标 熟练掌握新企业创建各项准备工作的流程，能够运用起名和选址的方法，选择适合的企业法律形态，顺利完成企业注册。

2022年2月国家发展改革委、教育部等八部门联合印发的《关于深入实施创业带动就业示范行动力促高校毕业生创业就业的通知》指出："要尊重高校毕业生的创业意愿，引导高校毕业生正确认识创业风险，着重帮助有强烈创业意愿、有良好项目基础的高校毕业生实现创业梦想"，"突出创业带动就业主线"，"坚持抓创业、促就业"。

新企业的创建就是把创业者的企业想法、构思变成现实。再好的企业想法，也要付诸实施，才能实现创业者的成功之梦。本章通过企业的法律形态、企业起名注意事项、企业选址策略、企业登记注册流程的学习，让创业者在新企业创建之前充分掌握创办企业的基本流程和注意事项，也让创业者从顶层设计开始着眼于企业的长期稳定发展，避让雷区坑塘，帮助创业者成功实现创业之梦。

第1节 新企业的法律形态选择

案例 8-1

2023年以来，为进一步培育壮大经营主体，四川省市场监督管理局聚焦对接小微经营主体营商要素获取需求，依托跨部门、跨领域集成的涉企数据、便企服务、惠企政策，创新搭建"营商环境云地图"掌上服务平台，累计服务用户数超140万人。聚焦提升登记注册便利化水平，该局梳理经营主体名称与高频关联经营范围表述索引7272条，推出"名称—经营范围"一键式智能申报服务。规范经营场所"一照多址"备案，为大型连锁企业设立分支机构提供更多简易程序。聚焦推动小微经营主体高质量发展，在全省范围推行以变更的方式开展"个转企"登记工作，全面畅通个体工商户转型为企业，个人独资企业、合伙企业转型为有限责任公司的升级通道，全省完成"个转企"3.97万户。

问题：1. 以上材料所涉及的个人独资企业、合伙企业是如何区分的？
      2. 注册企业时如何选择企业的法律形态呢？

在正式注册企业之前，首先应该选择符合企业发起人实际情况的企业法律形态。企业法律形态是由法律规定的企业形态，又被称为企业的组织形式。随着我国的商事制度不断完善，企业的注册开办、营业活动和组织结构模式受到越来越严格的法律保护和约束。设立企业时只能选择法律规定的企业组织形式，不能随心所欲，任意创建企业组织形式。根据企业产权人的不同，企业法律形态主要分为个人独资企业、公司制企业和合伙企业三种（图8-1）。

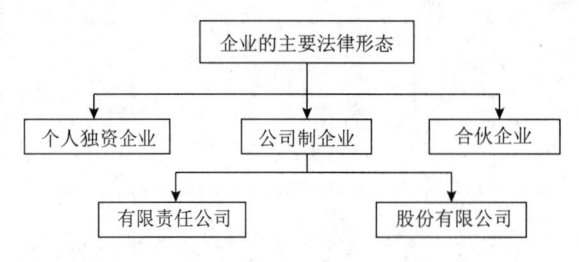

图 8-1　企业的主要法律形态

一、个人独资企业

个人独资企业是指依法设立的，由一个自然人投资，资产为投资人个人所有，投资人以其个人财产对企业债务承担无限责任的经营实体。投资人享有企业的全部经营所得，独立承担企业风险，同时对企业债务负有完全的偿付责任。这种企业不具有法人资格，也无独立承担民事责任的能力，但是独立的民事主体，可以以个人的名义从事民事活动。个人独资企业的分支机构的民事责任由设立该分支机构的个人独资企业承担。

设立个人独资企业必须满足如下条件：①从投资人角度而言，如果在中国境内进行个人独资企业的登记注册，需要注意三点：第一，投资人只能为一个自然人，只能是中国公民，且不包括法人；第二，投资人不能为港、澳、台同胞；第三，国家公务员、党政机关领导干部、法官、检察官、警官、商业银行工作人员等不得投资设立个人独资企业。②从企业名称的角度而言，企业必须有合法的名称，企业名称中不得出现"有限""有限责任"或者"公司"字样。③从企业设立的条件角度而言，需要具备三个方面的基本条件：一是有固定的生产经营场所和必要的生产经营条件；二是有必要的从业人员；三是有投资人申报的出资。

二、合伙企业

合伙企业是指由自然人、法人或其他经济组织设立的，由各合伙人订立合伙协议而形成的营利性组织。合伙企业可分为普通合伙企业和有限合伙企业两种基本形态。合伙企业与个人独资企业一样，都不能领取企业法人营业执照。

（一）普通合伙企业

普通合伙企业由两个以上普通合伙人组成，合伙人对合伙企业债务承担无限连带清偿责任。法律对普通合伙人承担责任的形式有特别规定的，按照其规定，合伙人按照协议共同出资，合伙经营，共同分享企业所得，并对营业亏损共同承担完全责任。企业可以由部分合伙人经营，其他合伙人仅出资并共负盈亏，也可以由所有合伙人共同经营。

（二）有限合伙企业

由普通合伙人和有限合伙人组成，普通合伙人对合伙企业债务承担无限连带清偿责任，有限合伙人以其认缴的出资额为限对合伙企业债务承担责任。有限合伙企业由两个以上、五十个以下合伙人设立，法律另有规定的除外。有限合伙企业至少应当有一名普通合伙人。国有独资企业、国有企业、上市公司，以及公益性事业单位、社会团体不得成为普通合伙人。

三、公司制企业

公司制企业是指依法由股东出资组成，或是由两个或两个以上股东联合出资而组成的企业。公司是法人，在法律上具有独立人格，这是公司制企业与个人独资企业、合伙企业的重要区别。公司按集资方式和股东承担的责任不同可分为多种形式，我国的公司制企业主要分为有限责任公司和股份有限公司两种。

（一）有限责任公司

有限责任公司是指由两人以上、五十人以下的股东共同出资，每个股东以其出资额对公司承担有限责任，公司以其全部资产对其债务人承担责任的法人。有限责任公司主要有以下基本特点：一是公司的资产不被分为等额股份，公司根据各股东出资份额的多少，向股东签发出资证明书，不发行股票；二是公司的股份转让有严格限制；三是股东人数在法律上有限制；四是股东按出资额享受相应额度的权利并承担相应义务。

（二）股份有限公司

股份有限公司是指将注册资本分成等额股份，并通过发行股票或股权证筹集资本，股东以其所认购的股份对公司承担有限责任，公司以全部资产对公司债务承担责任的企业法人。股份有限公司主要有以下基本特点：①股东人数须达到法定人数；②股票可以自由交易和转让；③股东以其持有的股份数量享有相应的权利，承担相应的义务；④公司应将注册会计师审验后的财务报告公开。

（三）有限责任公司和股份有限公司的区别

1. 公司设立时对股东人数的要求不同　设立有限责任公司必须有两个以上的股东，最多不得超过五十个；设立股份有限公司应有三个或三个以上发起人，多则不限。

2. 股东的股权表现形式不同　有限责任公司的权益总额不做等额划分，股东的股权是通过投资人所拥有的比例来表示的；股份有限公司的权益总额被平均划分为相等的股份，股东的股权是用持有多少股份来表示的。

3. 股份转让的限制不同　有限责任公司不发行股票，对股东只发放出资证明书，股东转让出资需要由股东会或董事会讨论通过；股份有限公司可以发行股票，股票可以自由转让和交易。

四、不同企业法律形态的区分

进行不同企业法律形态区分的主要依据是法律层面的企业产权制度，而不同法律形态的企业由于其产权人情况不同，在法律上依据法律基础、法律地位、产权人人数、权利与义务、设立与解散、企业管理与运营等方面都会表现出差别。三种企业法律形态的区别见表 8-1。

表 8-1　不同企业法律形态的区别

企业法律形态	业主数量和注册资本	成立条件	利润分配和债务责任
个人独资企业	1. 业主是个人 2. 无资本数量限制	1. 有相应的经营资金和经营场所 2. 企业名称合法 3. 投资人为自然人	1. 利润归个人或家庭所有 2. 如由个人经营，其以个人资产对企业债务承担无限责任；如由家庭经营，其以家庭财产承担无限责任
合伙企业	1. 业主为两人以上 2. 无资本数量限制	1. 有两个以上合伙人，其依法承担无限责任 2. 签订书面合伙协议 3. 合伙人实际缴付出资 4. 企业名称合法 5. 有经营场所 6. 符合法律法规规定的其他条件	合伙人按照合伙协议分配利润，并共同对企业债务承担合伙人自有财产的无限连带责任

企业法律形态	业主数量和注册资本	成立条件	利润分配和债务责任
公司制企业	1. 股东符合法定人数要求 2. 一般公司无注册资本要求 3. 法律、行政法规和国务院决定对某些公司注册资本实际缴纳和注册资本最低限额有规定的，从其规定	1. 有符合公司章程规定的全体股东（发起人）认缴（认购）的出资额（股本总额） 2. 股东（发起人）共同制订公司章程，采用募集方式设立的经创立大会通过 3. 有公司名称，建立符合要求的组织机构 4. 有公司住所	1. 股东以其出资额（所认购的股份）享受相应的权利，并对公司债务承担有限责任 2. 公司以其全部资产对其债权人承担责任

第2节　新企业的名称设计

案例 8-2

北京市市场监管部门在企业名称登记关键环节，持续优化自主申报服务，建立新兴行业用语"正面清单"和禁限用字词"负面清单"，通过"一正一负"两张清单，让名称申报更简单、更便捷。2022年1~8月，本市自主申报通过名称达37.1万件，名称自主申报系统日均访问量达2700余次，为企业开办按下了"快捷键"。名称自主申报在不断便利化的同时，也更加注重"放管结合"。一方面鼓励企业申请使用具有独创性且内涵丰富的企业名称，另一方面在事中审查和事后监管时重点关注企业名称是否存在违反法律法规、违反公序良俗和诚信原则以及傍名牌等不正当行为等情形，有效维护名称登记秩序。

问题：1. 企业名称设计有何讲究？
　　　2. 应该如何设计企业名称？

企业名称对于企业发展而言具有较大价值，企业名称不仅能体现出企业所处的行业和经营的业务范围，而且能体现出企业的价值理念和发展愿景，是企业文化属性的集中体现。一个适当的企业名称，不仅能体现出企业发展的起点与基础，而且能描绘出企业未来的发展方向。

一、新企业命名的基本原则

新修订的《企业名称登记管理规定实施办法》自2023年10月1日起施行。该办法第八条强调："企业名称一般应当由行政区划名称、字号、行业或者经营特点、组织形式组成，并依次排列。"新企业的名称命名时，首先把一般行政区划放在最前面，不同级别的行政区划对企业整合资源的影响力有所不同。其次是字号，字号一般要与商标相统一关联，与商标关联的字号将享有商标保护权，不能统一就只能享有字号保护权。再次是行业或经营特点，意味着企业命名时就要告知公众企业将从事的行业内容或者经营的项目特点。最后是法律组织形式，这将决定创业者对未来公司的规划定位。新企业命名科学合理可以提升初创企业的资源汇集能力和人才聚集效应，每个初创者一定要审慎对待企业的命名。

二、新企业命名的思路

1. 企业名称要具有文化属性　有文化底蕴的好名字有助于增强企业的凝聚力，体现公司的文化特征。企业名称若兼顾企业的发展理念和服务宗旨，那么将有助于企业形象的塑造。例如，盼盼集团，以国宝大熊猫的名字命名，给人一种忠厚老实的印象，从而树立起良好的企业形象。企业名称若兼顾行业的特征，特别是行业中的老字号企业名称，那么将给人留下深刻印象，并有助于提升信任感。例如，常见的"全聚德""同仁堂"等含有庄、号、堂等老字号的公司、店铺可以给人一种浓厚的企业文化信息，更让人信赖。

2. 企业名称最好与品牌、商标统一　企业名称与品牌、商标相统一，有利于产品的推广，尤其是日化类企业，大众都是先熟悉产品，然后才知道生产产品的企业，如果品牌和企业名称统一，那么企业名称将会很快获得大众认识。

3. 企业名称顺口并兼有个性　企业名称如果复杂拗口，不但不利于发音，也不利于传播，从而很难引起大众的共鸣。像"旺旺""娃哈哈"等企业名称简单、朗朗上口，有利于大众熟识。

4. 企业名称应当有美好的寓意　选用此方法命名可以彰显企业实力、品牌档次，也可以体现企业的与众不同。例如，"报喜鸟""金六福"等企业集团，企业名称寓意美好，更容易被消费者接纳，更容易被合作伙伴接受。

5. 企业名称应当着眼于全球发展　随着经济一体化和跨国营销的发展，企业名称必须考虑全球通用的策略，尽量摆脱区域化。如果一味抱着企业立足本地来定制品牌的观点，必定掣肘企业发展，无异于画地为牢。许多企业之所以做不大，就是因为其品牌区域特色太明显。今天，全球各大跨国公司，均开始千方百计地摆脱区域性的色彩，将品牌融入当地人的生活。中国品牌也在为全球化做准备，"青岛电视机"改名为"海信电视机"，"厦新"改为"夏新"，便是考虑到日后品牌发展的需要。2003年，联想将其英文标识从 Legend 更换为 Lenovo，其中 Le 取自原标识 Legend，代表着秉承其一贯传统，新增加的 novo 取自拉丁词"新"，代表着联想的核心是创新精神。更名的主要原因是全球化的结果，因为 legend 是一个英文单词，跟很多国家的产品有冲突。所以联想新创造一个单词，赋予它意义，并且世界各地的域名可以一次性注册而不会重复。

6. 企业名称应当融入时尚气息　现在很多公司都把消费人群定位在年轻的白领一族身上，认为他们的工资水平高，消费能力强，因此在给企业起名字的时候一定要考虑年轻人的心理特点。年轻人都喜欢时尚、追求新颖，所以在给公司起名字的时候一定要融入这些元素。例如，"百盛""新柏"给人一种时尚的感觉。

三、新企业命名的风险规避

新成立的企业一般没有什么品牌优势，但是一旦企业发展起来，就会树立起自己独有的企业品牌。申请人可以在办理登记时直接向企业登记机关提交拟登记的企业名称，也可以通过企业名称申报系统对提交的企业名称进行自动比对，系统将依据企业名称禁限用规则、相同相近比对规则等做出禁限用说明或者风险提示，并保留合规企业名称。在选择企业名称时，应注意以下四点。

1. 避免与知名企业名称相似　新成立企业的名称不要与现有的知名企业名称或市场中知名商标名称同音或近形。这主要是因为一旦涉及侵权纠纷，会造成企业的人力、资金等方面的无谓浪费。

2. 避免企业品牌的外溢效应　新成立企业的品牌一旦打响，就有可能被别的企业所利用。如果企业的品牌信息不具有独特性、唯一性，很容易让他人获得"打擦边球"的机会，这在市场竞争中比较常见。

3. 拒绝投机取巧　企业名称反映企业品质与文化，在企业名称设计时，名不副实是一大忌讳。例如，使用某一句流行话语作为企业名称的字号，虽然短期内会迅速提升企业的曝光率，但从长远来说，名不副实就会制约企业进一步发展壮大。企业名称可以反映企业的行业属性、经营范围、区域范围等，大气、高端、上档次的企业名称往往更加容易给人更深刻的印象。作为新设企业，应考虑从企业自身的文化理念、行业属性、产品特性、功能属性等方面出发，结合起步阶段的实际与长远发展战略，设计符合自身实际和特色的企业名称。

4. 不得违规申报企业名称　《企业名称登记管理规定实施办法》中的第二十三条强调："申报企业

名称，不得有下列行为：①不以自行使用为目的，恶意囤积企业名称，占用名称资源等，损害社会公共利益或者妨碍社会公共秩序；②提交虚假材料或者采取其他欺诈手段进行企业名称自主申报；③故意申报与他人在先具有一定影响的名称（包括简称、字号等）近似的企业名称；④故意申报法律、行政法规和本办法禁止的企业名称。"

第3节　新企业的地址选择

案例 8-3

国内某顶级大型制造企业开设自己的直营专卖店时，选择了一线城市核心商圈购物中心对面的一个店面，纵使只有一街之隔，自己的生意却门可罗雀，始终眼睁睁看着对面人流如织。另一家某世界500强企业在国内的零售门店，选择了一线城市的社区商圈，虽然客流还是不错，但是在经营了十多年之后运用大数据才发现自己门店的商品定位与商圈的顾客结构有很大偏差。随着移动互联网时代的日益深化，数据信息愈发成为影响商业选址的关键因素，大数据已成为新时代的选址利器，并为商业选址提供更为科学的决策依据。

问题：1. 企业的选址对企业的发展有何影响？
　　　2. 如何进行企业选址？

创业者开始走上真正的创业之路，需要成立一家企业，那么有一个真正属于自己的正规的办公场所就显得十分重要。新企业都需要有经营场所，企业的选址与未来的经营发展有着很大的关系。新企业的选址对于新企业的生存有时起着非常关键的作用。创业者在进行新企业选址时需要考虑一些具体的因素，遵循一定的规范流程，在开展具体选址调查时要符合客观、科学、全面等要求。

一、新企业选址的影响因素

1. 经济技术因素　企业选址一般需考虑能源及原材料等资源的供应条件、交通运输条件、劳动力供应条件、科技依托条件和市场条件。要选择水、电、气等基础设施完备，接近原材料供应地，交通运输和物流系统便捷，土地价格低，劳动力供应充足且成本低，市场成熟的地区。企业必须依据产业特性进行选址，对上述各种条件，不同产业的企业在选址决策中会有不同的侧重点。例如，需要有效提供专业化分工协作的企业要侧重考虑产业的集聚效应，企业应选择在企业集聚区；高新技术企业要侧重考虑能及时了解和把握技术变化趋势，企业最好选择在科技研发中心附近。

2. 社会文化因素　要选择社会治安良好的地区，要考虑当地的文化教育水平和流动人口的管理水平，要有利于企业的人力资源管理。例如，服务业型企业适合建立在人口密集的城市，保证有足够的消费市场；大型企业噪声污染不易控制的企业则适合远离人口密集区。

3. 自然生态因素　自然条件要能满足生产技术要求，有利于员工的身体健康，同时应考虑对环境的影响，并且要便于进行污染处理，否则会受到周围居民的反对，甚至造成被迫关、停、并、转的局面。

4. 政治因素　要考虑地方政府对产业发展提出的法律法规和政策规划，以及在金融财税方面的政策支持。有些地区为了促进地方经济发展，往往采取鼓励企业在当地落户的政策，在各地划出特区或各种经济开发区，低价出租或出售土地、厂房、仓库，并在税收、资本等方面提供优惠。同时，这些地区的基础设施情况也较好，交通、通信、能源、用水都很便利。若创业者到境外创业，还要考虑创业国家与地区的局势是否安全稳定。

5. 企业自身因素　选址要符合企业的整体长远发展战略，如果采取租赁的方式，就需要保证租赁在一定时期内的稳定性，签订较长期的租赁合约；选址还需要考虑企业的一些内部需求，如企业形象培养的需求。

二、新企业选址的策略技巧

不同类型的企业选址策略是不一样的，考虑因素也有所不同，如零售类企业、批发类企业、服务类企业、制造类企业的选址策略与技巧均有所不同。

1. 零售类企业　对许多零售类企业而言，停车是否便利和道路交通情况是主要考虑因素，但开在购物中心的商店很少考虑这类因素。零售店还要考虑周围店铺的业务类型。例如，服装店就不适合设在加油站旁边。路过店铺的步行人数情况也是一个主要因素，可以问问路过这里的人是去公共汽车站还是去电影院，去看电影的人停下购物的可能性就不会很大。

2. 批发类企业　选址要考虑两个因素：①要有良好的交通条件，像铁路、公路等；②要具有便利性，如在建筑、设备、公共设施等方面。没有这些便利条件，批发类企业就很难处理大量的货物。有些地方政府还会对批发业务做出一些限制性规定，选址前一定要了解相关的规定。此外，批发类企业选址也要尽可能地接近它们的客户。

3. 服务类企业　应尽可能靠近大型购物中心，但像电脑维修店、干洗店、牙科诊所、修鞋店或儿童看护等业务，就没有必要选址在高租金地段。为了得到较好的服务，消费者情愿多花些时间、多走点路，所以这类业务可以选择相对偏僻的位置。但在服务类企业中，位置好坏也会有很大的差别。例如，干洗店靠近食品杂货店和药店，这就可能是个不错的选择，较大的客流和便利条件有利于干洗店的经营取得成功。然而，类似的位置却不一定适合牙科诊所。如果服务性质的新企业的经营模式以订单为主，那么低成本、高效能的办公楼应成为新企业选址的首选。目前，创业的年轻人多以从事服务性和知识性产品的创业者为主，集中在网络技术、电子科技、媒体制作和广告等产业，这些性质的企业可以选在行业聚集区或较成熟的商务区以及新兴的创意产业园区。

4. 制造类企业　选址不同于零售类、批发类及服务类企业。开办制造类企业时，要考虑交通状况和距离原材料的远近，所使用的劳动力资源能否尽量就地解决，当地税收是否有优惠政策等。其他需要考虑的因素还有离客户远近、设施情况及当地的规定等。如果是一些可能对环境造成影响的生产项目，还需考虑环保问题。

在研究企业选址一般性和特殊性因素的时候，创业者既要考虑企业目前的需要，也要考虑将来的需要。对于创业者来说，将新企业的地点选在哪个城市、哪个区域具有重要意义，尤其是以门店为主的商业或服务型企业，店面的选择往往是成败的关键，好的选址等于成功了一半。大多数创业者都会选择在熟悉的市、地（家乡或者学习的城市等）开展创业活动。在选定目标城市后，创业者还需要进一步选择具体的经营地点。不同类型的新企业，在选址上优先考虑的因素是不同的。在选择经营场地时，各行业的考虑重点各不相同，其中有两项因素是不容忽略的，即租金给付能力和租约条件。经营场地租金是企业最固定的营运成本之一，即使休息不营业，也得支出。有些货品流通迅速、空间要求不大的行业，如精品店、高级时装店、餐厅等，负担得起高房租，就设于高租金区；而家具店、旧货店等，因为需要较大的空间，最好设在低租金区。

第4节　新企业的登记注册

> **案例 8-4**
>
> 2023年以来，甘肃省酒泉市市场监督管理局充分发挥甘肃省企业开办"一网通办"服务平台、全程无纸化登记系统、个体工商户秒批系统的作用，全面推行电子营业执照，方便各类经营主体办理业务。在登记注册办理过程中，凡前序流程已收取的材料或通过网络核实的材料，不再要求群众重复提交。因营业执照遗失或者损毁申请补领营业执照的，不再要求提交刊登营业执照作废申明的报样。提交材料中股东、董监事、法定代表人、负责人及委托代理人为同一人的，不再重复提交身份证复印件。在办理营业执照时已提交身份证明材料、经营场所证明材料，办理食品类证照时不再重复提交。截至目前，酒泉市营业执照、特种设备作业人员资格证等事项已实现不见面审批。
>
> 问题：新企业注册登记规范的流程是什么？有哪些注意事项？

新办企业必须有一个明确的合法身份，就像企业的"户口"一样。我国法律规定新办企业需要经过市场监督管理部门核准登记，领取营业执照。营业执照是创业者依照法定程序申请的规定企业经营范围等内容的书面凭证。只有完成登记注册并被核准领取营业执照，企业才算有了正式户口，才可以开展各项法定的经营活动。

一、新企业注册的流程

新企业在完成初期开办准备（选择经营地点、撰写企业章程、指定代表证明、确定企业名称）后，进行内部事项的确定，包括内部筹备会议，确定法定代表人信息，确定董事、监事、经理信息，确定股东出资情况，确定财务负责人信息，确定联络人信息等，接下来就可以着手开始企业注册流程的操作了。

1. 企业设立申请　准备好上述初期开办准备和内部事项确定的各类材料后，即可正式到市场监督管理部门提交企业设立登记申请书，明确企业的名称住所、法定代表人、注册资本类型实收资本、出资方式、经营范围等核心事项。

2. 办理营业执照　2015年10月1日起，我国在企业注册过程中将营业执照、税务登记证、组织机构代码证"三证合一"，即将企业依次申请由原来的跑三个部门、交三次材料变为一个窗口受理、一次提交材料，大大缩短了企业办照时间。目前，这项改革仍在进一步深化，从2016年10月1日起，我国在全面实施企业"三证合一"的基础上，再整合社会保险登记证和统计登记证，实现了"五证合一、一照一码"。具体可以参考公司注册所在地的政策。

一般办理注册登记各地都可在线上进行申报，以江苏为例，线上申报如图8-2所示。

3. 刻制企业印章　企业办理工商注册登记过程中，需要使用公章、财务章、法人章、全体股东章等图章。可凭新申办的营业执照，前往公安局指定的刻章地点刻制印章，为以后的日常业务及财务文件的用章需要做好准备。

4. 开设银行账户　可凭新申办的营业执照去银行开设基本账户。在开设银行基本账户时，可根据自己的具体情况选择银行。通常这一步骤需要填写的表格众多，最好尽量带齐所有可能需要的材料与物品，比如营业执照正本原件、身份证、财务专用章、法人章等。银行为了资金安全一般需要申请者提供两个人的身份信息，办理开通网上银行之后会下发两个U盾（网上银行交易时所需要的硬件支持设备），由企业主安排两人监督资金交易，其中一个负责操作，一个负责审核。

5. 社会保险登记开户　企业注册之后，需要给员工缴纳社保。社会保险是法定的保险，它是国家

图 8-2　江苏企业注册线上申报页面

管理部门以法律为依据，以行政手段实施和管理的保险。按照《中华人民共和国社会保险法》的规定，企业应当在成立之日起 30 日内向当地社会保险经办机构申请办理社会保险登记。企业设立后，法定代表人（负责人）应督促经办人及时办理完成社保登记业务。新设企业取得载明统一社会信用代码证的营业执照后，即可通过登录人社部门网上办事服务大厅首页完善相关信息，实现网上社保开户。

二、新企业注册相关文件的编写

1. 起草创始股东协议　如果有两个或两个以上的创业者会成为公司的创始股东，则在成立创业公司前，各创始股东最好签署一份股东协议，约定清楚各创始股东在公司享有的权益（尤其是股权的授予与退回机制）、承担的责任、公司的治理机构与管理机制等。避免因事先约定不明，导致创业团队在创业过程中产生矛盾或利益冲突，使团队的凝聚力与战斗力减弱，甚至分崩离析。

2. 股东出资情况表　完成企业注册流程需要准备好股东出资情况表（表 8-2）。如企业追加注册资本，在股东出资情况中应填写本次出资额，持股比例应该按照追加资本后的总股本重新计算。

表 8-2　股东出资情况表

股东名称或姓名	证件名称及号码	认缴			实缴			余额缴付期限	备注
		出资额/万元	出资方式	持股比例/%	出资额/万元	出资时间	出资方式		

注：①根据公司章程的规定及实际出资情况填写。②"备注"栏中填写下述字母，A. 企业法人；B. 社会团体法人；C. 事业法人；D. 国务院、省级人民政府、经授权的机构或部门；E. 自然人；F. 其他。③出资方式填写：货币、非货币。

3. 起草企业章程　企业章程是股东共同一致的意志表示，是关于企业组织和行为的基本准则，具有法定性、真实性、自治性和公开性等基本特征。企业章程对企业的成立及运营具有十分重要的意义，它既是企业成立的基础，又是企业赖以生存的灵魂。起草企业章程需要注意的是，企业章程是股东一致意志的表示，只有股东大会才有权力制订和修改企业章程。

有限责任公司章程应当载明下列事项：①公司名称和住所；②公司经营范围；③公司注册资本；④股东的姓名或名称；⑤股东的出资方式、出资额和出资时间；⑥公司的机构及其产生办法、职权、议事规则；⑦股东会会议认为需要规定的其他事项。

企业章程的样本可以在各地相关管理部门网站下载，企业可根据自己拟开办企业的实际情况修改，并由所有股东签名。

4. 起草新企业成立的决议　　新企业成立的决议是企业设立的必要文件。新企业成立大会是由发起人主持召开的，组成人员是参与企业设立并认购股份的人，决议涉及企业住所、经营范围、注册资本、股东出资及企业能否成立等重要事项。

思 考 题

1. 请给自己未来的企业起一个合规的名称。
2. 注册企业的流程有哪些？注册前要做好哪些准备工作呢？

（许步亮）

第9章 创业资源与创业融资

> **学习目标**
>
> 1. **素质目标** 通过学习，明确创业资源和企业融资对于企业发展的意义。
> 2. **知识目标** 了解创业资源分类、获取路径、整合开发利用，了解创业融资的测算以及渠道和过程。
> 3. **能力目标** 掌握创业资源的管理能力以及企业融资的决策能力。

创业成功的关键不仅要有优秀的创业团队和合适的创业机会，还需要有充足的创业资源来支持。在当前竞争日趋激烈、国际环境瞬息万变的市场经济中，资源的争夺同样异常激烈，企业在创建活动中需要充足创业资源的支持，才能平稳运行，有序发展。资金是创业资源的重要组成部分，是企业运转的源头活水，是非常重要的创业资源，资金短缺就会导致企业运营处处掣肘。创业融资作为资源整合过程中的重要环节，创业者应当从资源整合的视角做好企业融资的顶层设计。本章将从认识创业资源，到学会管理创业资源，增强资源的整合能力；从了解企业融资的测算，到通过对融资渠道和融资过程的学习，进一步为企业创建成功赋能。

第1节 创业资源

> **案例 9-1**
>
> 2023年10月苏州工业园区发布集成电路产业人才政策。其中在核心团队支持方面，面向集成电路企业，对通过争取订单、拓展市场、提高产品价值等方式实现企业产值、营收、进出口提升的核心团队，最高给予100万元奖励，每家企业不超过3人；对经评审认定的集成电路企业中层骨干，每人每年给予不超过40万元的个人综合奖励；在青年紧缺人才扶持方面，重点面向30周岁以下，具有本科及以上学历学位，来园区求职就业的集成电路产业青年人才。符合条件的人才具体可享受最高2000元的一次性面试补贴、园区最低工资标准70%的生活补贴、无忧落户和生活补贴、住房保障、子女教育等多维度服务。
>
> 问题：1. 地方政府为何出台扶持政策助企业招引人才？
>   2. 创办一个企业除了人力资源还需要哪些资源？

创业资源是企业创立及成长过程中所需要的各种生产要素和支撑条件，是新创企业在创造价值过程中所需要的特定资产。创业者必须运用自身的整合能力，对各种创业资源进行科学合理地匹配、使用，才能形成新创企业的核心竞争力。

一、创业资源的分类

创业资源有多种分类，可以按照性质、存在形态、参与程度、重要性以及来源进行分类（表9-1）。

1. 按性质分类 创业资源按性质可以分为人力资源、财务资源、物质资源、技术资源和组织资源五种。

（1）人力资源　人力资源不仅包括创业者及创业团队的知识、技术和经验等，而且包括团队成员的专业智慧、判断力、视野和愿景，甚至创业者本身的人际关系网络。创业者是新创企业最重要的人力资源，其价值观念和信念是新创企业的基石，其所拥有的人际和社会关系网络使其能够接触到大量外部资源，降低潜在的创业风险。

（2）财务资源　财务资源主要是指资金资源，通常是新创企业向债权人、权益投资者通过内部积累筹集的负债资金、权益资金和留存资金。

（3）物质资源　物质资源是创业和企业经营所需要的有形资源，如建筑物、设施、机器、办公设备、原材料等。一些自然资源如矿山、森林等有时也会成为新创企业的物质资源。

（4）技术资源　技术资源包括关键技术制造流程作业系统、专用生产设备等。技术资源大多与物质资源相结合，可以通过法律的手段予以保护。

（5）组织资源　组织资源一般指企业的正式管理系统，包括企业的组织结构、作业流程、工作规范、信息沟通、决策体系、质量系统，以及正式或非正式的计划活动等，有时候组织资源也可以表现为个人的技能或能力。其中，组织结构是一种能够使组织区别于竞争对手的资源。

2. 按存在形态分类　创业资源按其存在的形态可以分为有形资源和无形资源。有形资源是具有物质形态的，价值可用货币度量的资源，如组织赖以存在的自然资源，以及建筑物、机器设备、原材料、产品、资金等。无形资源是非物质形态的，价值难以用货币精确度量的资源，如信息资源、关系资源、权力资源，以及企业的信誉、形象等。无形资源是撬动有形资源并使有形资源更好地发挥作用的重要工具。

3. 按参与程度分类　按照对创业过程的参与程度，创业资源可以分为直接资源和间接资源。直接资源是直接参与企业战略规划的资源要素，如财务资源、管理资源、市场资源、人才资源、科技资源等。间接资源是不直接参与创业战略的制订和执行的资源，如政策资源、信息资源等，它们对于创业的影响更多的是提供便利和支持，对创业战略的规划起间接作用。

4. 按重要性分类　创业资源按照对企业核心竞争力影响的重要性，可分为核心资源与非核心资源。核心资源主要包括技术和人力资源，这些资源涉及新创企业有别于其他企业资源的核心竞争力。非核心资源主要包括资金、场地和环境资源，这些资源是新创企业成功创办和持续经营所需的基本资源。

5. 按来源分类　创业资源按来源可以分为内部资源和外部资源。内部资源是创业者或创业团队自身所拥有的可直接用于企业创建运营的资源，如创业者自身拥有的可用于创业的资金、技术、创业机会信息等。外部资源来自对外部机会的发现，是创业者从外部获取的各种资源，包括从朋友、亲戚、商务伙伴或其他投资者处筹集到的投资资金、设备或其他原材料等。内部资源（特别是技术和人力资源）的拥有状况会影响外部资源的获得和运用。

表9-1　创业资源分类表

按性质分类	按存在形态分类	按参与程度分类	按重要性分类	按来源分类
人力资源	有形资源	直接资源	核心资源	内部资源
财务资源				
物质资源	无形资源	间接资源	非核心资源	外部资源
技术资源				
组织资源				

二、创业资源获取的影响因素

资源获取是在识别并确认资源的基础上得到所需资源并使之为创业服务的过程。创业资源的获取对于创业的成功非常重要。影响创业资源获取的因素主要有创业导向、商业创意价值、资源配置方式、创业者管理协调能力及创业者社会网络。

1. 创业导向 创业导向是一种态度或意愿，这种态度或意愿会导致一系列创业行为。创业导向会促进机会的识别和开发，进而促进对资源的获取。因此，创业者要注重创业导向的培育和落实，充分关注创业者特质、组织文化和组织激励等影响创业导向形成的重要因素。

2. 商业创意价值 创业的关键在于商业创意。商业创意为资源获取提供了杠杆，但获取资源还有赖于商业创意的价值被资源所有者认同的程度。换言之，能被资源所有者认同的且有价值的商业创意，才有助于降低创业者获取资源的难度。

3. 资源配置方式 由于资源的异质性、效用的多维性和知识的分散性，人们对于同样的资源往往具有不同的效用期望，有些期望难以依靠市场交换得到满足。因此，如果通过资源配置方式创新开发出其新的效用，使之更好地满足资源所有者的期望，创业者就有可能从资源所有者手中获得资源使用权。

4. 创业者管理协调能力 创业者的管理协调能力是企业软实力的主要表现，其管理能力越强，获取资源的可能性越大。创业者的管理协调能力可以从其沟通能力、激励能力、行政管理能力、学习能力和联动协调能力等多方面予以衡量。创业者在通过管理协调能力获取必要资源的同时，也能为企业创造良好的发展环境。

5. 创业者社会网络 社会网络是由机构之间及人与人之间比较持久的、稳定的多种关系组合而成的网络。创业资源广泛存在于各种资源所有者手中，这些所有者又处于一定的社会网络之中，而且人们对商业活动的认识和参与在客观上会受到自己所处的网络及在网络中地位的影响，所以，社会网络对创业资源的获取具有重要的意义。不同的社会网络和所处的网络地位，为人们之间的沟通、协作提供了不同的渠道。在社会网络中处于优势地位的创业者具有较好的社会关系依托，可以有选择地了解不同对象的效用需求，有针对性地向不同对象传递商业创意的不同方面，有目的地获取不同资源所有者的理解和信任，最终成功地从不同网络成员那里获取所需的资源，为自己进行资源配置方式创新提供基础。另外，创业者的资源辨识能力和外部社会环境等也会对创业资源的获取产生一定影响。

三、创业资源获取途径及利用

创业资源的获取对新创企业的成长非常重要，因此在创业过程中要积极拓展获取创业资源的途径。创业资源获取的途径包括资源的内部积累和资源的外部获取。

（一）资源的内部积累

资源的内部积累包括利用创业者自身所拥有的用于创业的资源和利用现有资源在企业内部通过培育形成所需资源，如利用创业者自身拥有的知识、资金、技术、管理才能、员工、土地、厂房、设备、机器、原材料，自建营销网络，在企业内开发新技术，通过培训提升员工的技能和知识，通过营销网络获得市场订单，通过企业自我积累获得资金等。职业院校的学生自身拥有的内部资源较少，可以通过积累逐步获得创业所需的能力和资源，如拥有产品方面的专利技术就能吸引投资，获得学校、政府、社会和市场的支持。

（二）资源的外部获取

资源的外部获取主要包括资源购买、资源租赁、资本运营三种方式。

1. 资源购买　资源购买是指利用财务资源，通过市场购入的方式获取外部资源，主要包括购买厂房、设备等物质资源，购买专利和技术，雇用有经验和技能的员工，以及完成外部融资等。

2. 资源租赁　资源租赁是指创业者通过支付一定费用获得所需要的创业资源。但是创业者由此获得的是在一段时间内使用该资源的权利，而非所有权。资源租赁主要有房产租赁、融资租赁、技术租赁、设备租赁等。

3. 资本运营　资本运营是通过兼并收购和联盟的方式获取所需要的资源。

（1）兼并收购　兼并收购简称并购。兼并指两家或者更多的独立企业合并组成一家企业，通常由一家占优势的企业吸收一家或者多家企业。收购指一家企业用现金或者有价证券购买另一家企业的股票或者资产，以获得对该企业的全部资产或者某项资产的所有权，或对该企业的控制权。

（2）联盟　联盟是指通过联合其他企业或组织共同开发一些单靠自身力量难以或根本无法开发的资源，或自主地进行互补性资源交换。联盟的各方有着共同的利益目标，共同分担风险、分享资源。

（三）创业资源的利用

新创企业普遍缺乏资源。同时，由于没有经营业绩，未来发展的不确定性使新企业在资源获得方面处于劣势。在获得创业资源后，创业者就必须考虑如何最大限度地利用这些资源，使之发挥更大的作用和价值。创业者利用资源的方法主要包括自身资源的充分利用、拼凑资源的创造性利用、杠杆效应的合理利用。

1. 自身资源的充分利用　创业者可分多个阶段投入创业资源，并在每个阶段或决策点投入最少的资源，如果看到成功的希望则扩大投入，如果不成功则马上停止，使风险、成本降低，让所拥有的资源发挥更大的效用，这种方法被称为步步为营。步步为营的策略原则表现为有志向，精打细算，量力而行，稳扎稳打，也就是创业起步求稳，从小做起，逐步发展，把风险降到最低。

2. 拼凑资源的创造性利用　创造性的资源拼凑是指在资源有限的条件下，创业者为了解决新问题利用新机会，整合现有的资源，创造出独特的服务和价值。创业资源拼凑的核心内容就是把在他人看来也许无用的、废弃的创业资源，通过自己的经验和技术进行巧妙的整合，最终实现自己的目标。

创造性拼凑资源有以下三个特点：①使用手头的、身边的已有资源，包括那些很方便就可以得到的、非常便宜或者干脆就是免费的资源，这些资源往往被其他人认为没有用、不合标准而被舍弃。②用于新的目的和用途。突破传统思维，为手头原有的资源加入一些新的元素，为了不同的目的进行重组和再利用，改变其原有的用途。③使用后有效果。利用拼凑资源可能是低效率的、不全面的，存在缺陷或漏洞，但发挥了实实在在的作用，并可以改进和逐步完善。

3. 杠杆效应的合理利用　杠杆效应是指以尽可能少的付出获得尽可能多的收获。这里的杠杆可以是资金、时间、品牌形象、关系、能力素质等。新企业要成长发展走向成功就要善于利用一切可以利用的资源。单靠自身的资源是远远不够的，必须利用自身的资源撬动更多的资源，形成杠杆效应。成功的创业者都善于利用关键资源的杠杆效应，利用他人或者其他企业的资源来实现自己创业的目的。对创业者来说，容易产生杠杆作用的是其社会资源即由人际和社会关系网络形成的关系资源。很多成功的创业者都是会建立和运用良好关系网络的人。同学校友资源就是一种很好的杠杆资源。

四、创业资源的管理

（一）创业资源的整合

创业者在获得了创业资源之后，并不能保证新创企业可以生存下去、成长起来，而且创业之初的资源并不会自动地转化为竞争优势。因此，创业者必须运用自身的整合能力，对各种创业资源进行科学合理地匹配、使用，才能形成新创企业的核心竞争力。资源整合就是通过对一定范围内所拥有的人力、物力、财力、信息等资源进行识别和选择，优化配置，将有价值的资源有机地融合，发挥这些资源的最大使用价值，产生最佳的商业效益，为新创企业带来利润。资源整合应当遵循如下原则。

1. 发现利益相关者及其关注的利益 创业资源整合的目的是使资源创造出价值。既然资源和利益相关，整合资源时就要关注有利益关系的组织和个人。股东、管理者、原材料供应商、债权人、顾客、销售商、广告商、所在社区、政府部门、媒体等都有可能成为企业的利益相关者，但是各个利益相关者对利益的诉求有显著的不同。例如，股东要求高额的财务回报，员工要求高额薪酬，顾客要求价廉物美，债权人要求良好的偿债信誉，供应商要求满意的交易，政府要求遵守法律法规，社区要求对社区发展有贡献。所以并非找到利益相关者就能实现资源整合，还要分析每一个利益相关者所关注的利益。

2. 构建共赢的机制 有了共同的利益或利益共同点，只是具备了合作的前提条件，不一定就可以开展合作。要实现真正的与外部资源所有者的合作，需要让对方看到潜在的收益，对方才会为获得收益而投入资源，才会吸引更多的利益相关者加入，新创企业最终才可能有所收益，形成共赢的机制。

3. 加强沟通并维持信任 资源的整合以利益为基础，需要以沟通和信任来维持。沟通是产生信任的前提，是创业者与利益相关者之间相互了解的重要手段。而信任关系的建立有助于资源整合，从而降低风险、扩大收益。

（二）创业资源的开发

创业资源开发是指创业者开拓、发现、利用新的资源或资源新的用途的活动。在创业过程中，创业者需要在实现资源价值的基础上丰富资源库，进一步拓展资源的来源、用途，使新创企业获得持续的竞争优势。在此重点介绍人脉资源开发和客户资源开发。

1. 人脉资源开发 人脉即人际关系、人际网络，体现为人的社会关系。很多成功的商界人士都深深意识到人脉资源对自己事业成功的重要性。开发人脉资源不仅要对自己的人脉网络进行规划，了解拓展人脉的途径和人脉的经营原则，而且要不断提高自己的人际交往能力。

（1）人脉规划 在制订人脉规划时，应注意以下几个问题：①人脉资源的结构要科学、合理，包括性别结构、年龄结构、行业结构、学历与知识素养结构、高低层次结构、内外结构、现在和未来的结构等。②人脉资源要平衡物质和精神方面的需要，并重视心智方面的需要。创业者的社会关系网络中既应该有真性情的朋友和善于倾听的伙伴，又应该有专家、学者、教授等能助力企业发展的"高参"。③注意人脉的深度、广度和关联度。人脉资源既要有广度和深度，又要有关联度，要善于利用他人的介绍等去拓展人脉资源，从长远考虑，人脉资源还需要关注成长性和延伸空间。

（2）人脉拓展 一般来说，人脉资源的拓展主要有三种途径。①熟人介绍。熟人介绍是一种事半功倍的人脉资源拓展方法，它具有倍增的力量，可以加快人与人之间产生信任的速度，提高合作成功的概率，降低交往成本，是人脉资源积累的一条捷径。②参与团体组织。在参与团体组织时，人与人的交往和互动是在自然的情况下进行的，这有助于建立情感和信任。通过团体组织的各类公益活动、休闲活动，可以产生人际互动和联系。③利用网络。网络现在已经成为社会交往中最便捷、廉价，应用范围最广的手段之一。网络使得人们之间的交往更加便利，因此，利用网络可以扩大自己的朋友圈，也可以了解到他人的真实需求和想法。

2. 客户资源开发 创业者提供的产品或服务只有被消费者接受，才能实现企业的销售预期，才能给企业带来现金流和利润。所以，客户资源的开发和利用会影响企业的盈利能力和可持续发展能力。客户资源的开发包括开拓新客户和留住老客户。

（1）开拓新客户 创业者需要通过创新的产品或服务为潜在的顾客提供价值，针对他们目前不满意的问题提供有明显改进的方案，或通过提供特殊待遇与优惠的方式吸引客户。为争取到重要的客户，创业者往往需要亲自出马，通过投入精力和时间等，用诚意获取客户的信任。

（2）留住老客户　保持一个老客户所需的成本往往比开拓一个新用户的成本要低。因此，留住老客户，可以提升客户资源的价值，提高企业的盈利能力。

第2节　创业融资

案例9-2

"您的手续已办妥，款项下午就会到账。"浙江台州某银行的工作人员用移动设备扫读"金融服务码"后，告诉了一家企业的负责人林某这个好消息。

生产车间里，机床有序运转，一排排崭新的阀门整齐码放一旁，工人们正在组装成品。进入三季度，一边是销售回暖，企业订单明显增加，需大量购进原材料；另一边，企业新建车间及购进设备投入不小，流动资金紧张。眼看交货日期越来越近，如果原材料不能及时供上，就要面临违约赔偿和失去顾客的风险，林老板为此愁了好些日子。直到该银行上门送来"及时雨"，资金有了着落，林老板转忧为喜："上午申请、下午放款，小小'金融服务码'帮了大忙！"

让林老板便捷申贷办贷的"金融服务码"，是国家金融监督管理总局台州监管分局依托浙江省金融综合服务平台（即全国"信易贷"平台浙江站）进一步衍生的新应用，汇集了个人婚姻登记信息、失信人执行信息、企业基本信息等102个接口。

截至2023年6月末，民营企业贷款余额同比多增9016亿元，同比增长13.1%；民营上市公司在沪深两市占六成以上，在科创板、创业板占比超八成……近年来，更多金融活水流向民营经济，为其发展壮大增添动力。

问题：上述案例中的企业运转遇到什么困难？企业的融资渠道有哪些？

融资是企业经营中的基本问题，企业为了正常运行，往往需要多渠道融资。创业融资是指创业者根据其创业计划或自身的生产经营现状，以及资金运用情况和发展需要，通过不同的渠道，采用一定的方式，利用内部积累或向企业的投资人或债权人筹集资金，满足新创企业运营需要的经济行为。任何企业的生产经营活动都需要资金的支撑。对于新创企业来说，无论是进行产品研发还是进行产品生产和销售，都需要大量的资金投入。如何有效筹集资金是创业者极为关注的问题之一。创业者通过合理选择融资渠道和融资方式，可以降低资金成本，将创业企业的财务风险控制在一定范围之内。

一、创业融资的测算

1. 确定资金用途　不同的用途影响着资金能够回收的期限，决定着企业应该筹集什么期限的资金，是长期还是短期。企业融资可能是为了日常的经营投入，也可能是为了增加固定资产，投资固定资产融资额大且融资期限长，而日常运营资金则周转比较快，企业能尽快还款。

2. 预测启动资金　创业计划再详备，创业项目再有价值，没有启动资金都难以实现企业创建。为了保证企业在启动阶段业务运转顺利，在业务经营达到收支平衡之前，创业者需要准备足够的资金以备支付各种费用，这些费用叫作启动资金。初创企业前期投入大，往往在几个月后才见盈利。因此，新企业在启动阶段一般至少要备足六个月的各种预期费用。创业者最好对所有可能发生的意外情况都有所准备，并测算其总费用，做好启动资金预测。启动资金的类型、所包含的内容及明细如表9-2所示。将表中的各项费用加在一起即是创业前后所需要准备的启动资金。而为了在遇到意外和不测时能从容应对，必须准备比上述资金预算更为宽裕的资金。

表 9-2 初创企业启动资金表

启动资金	包含内容	明细
固定资产投资	场地建设	房屋、道路、绿化、水电等
	设备	机器、工具、车辆、办公家具等
流动资金	购买并储存原材料和成品	原材料和商品库存费用
	促销	广告、有奖销售、上门推销、活动宣传等
	工资	创业者自身的工资、员工工资
	租金	办公场所、仓库等租金费用
	保险费用	社会保险和商业保险
	其他费用	电费、水费、交通费、办公用品费等
法律程序资金	开办费	办公费、验资费、装潢费、注册费、培训费、技术转让费、加盟费

3. 测算营业收入和利润 作为企业的主要经营成果，营业收入关系企业的正常运转情况和企业竞争力的大小。营业收入测算的方法有很多，可以通过经验丰富的管理人员和销售人员分析市场变化，可以汇集销售人员的综合判断，可以由专家组成预测小组根据个人反馈进行汇总之后做出综合预测，也可以对产品的供求和客户的消费习惯进行调查，还可以针对影响产品销量的各种相关因素利用它们与销售量的函数关系进行预测。

4. 确定融资规模并预测资金需求量 只有确定了资金的需求量，才能更好地选择融资渠道，从而降低融资成本。同时，还可以避免融资量过高或过低的情况出现。融资过多会增加企业的负担，融资过少则使融资作用难以发挥。在实际操作中，通常有经验法和财务分析法两种方法来确定融资规模。经验法即根据企业自身规模的大小、所处的发展阶段以及企业实力状况，先考虑企业自有资金，再考虑外部融资，最后结合不同融资方式的特点和优势，来确定融资规模。财务分析法是根据企业的财务报表来判断企业的财务状况与经营管理状况，进而合理地确定企业的融资规模，其前提是企业必须将财务报表公开。

二、创业融资渠道

创业融资渠道有很多，常见的主要是以下几种。

1. 自有资金 创业者的自有资金主要来自其个人和家庭的积蓄，几乎所有的创业者都会将自有资金投入新创企业。许多没有积蓄的创业者在萌生了创业想法之后，会通过先工作赚钱，有了积蓄后再出来创业的方式开启自己的创业之路。

2. 亲朋好友及合作伙伴融资 在创业初期，由于缺少抵押及担保、缺少商业信用，从亲朋好友处借款或寻找持有资金者作为合作伙伴成为很多创业者采取的主要融资方法。其优点是融资成功率高、利息条件较为优惠、手续简单、资金能迅速到位。但值得注意的是，为避免日后的风险和可能的纠纷，在借款时，即便是对亲朋好友，也最好以书面的形式订立字据，并按期归还资金。对合伙人投资，则按照共同投资、共同经营、共担风险、共享利润的原则筹集资金。

3. 天使投资 天使投资是股权投资的一种形式，指个人或机构对具有专门技术或独特概念的原创项目或小型初创企业进行一次性的前期投资，这些个人很多是曾经的创业者或大企业的高管。天使投资人不但可以带来资金，而且可以带来社会资源网络。

4. 银行贷款 比较适合新创企业的银行贷款主要有抵押贷款和担保贷款。现在，银行的贷款方式也有很多创新。除了不动产抵押贷款，还可以将你拥有的发明专利、核心技术作为质押来获得银行贷款。

5. 信用担保贷款 信用担保是指在企业向银行融资的过程中，由担保机构为作为债务人的企业提供担保。当企业不能还款时，由担保机构代替企业承担合同约定的偿还责任，还款给银行，从而保障银行债权的实现。

6. 小额贷款公司贷款 小额贷款公司是由自然人、企业法人和其他社会组织投资设立的，不吸收公众存款，只经营小额贷款业务的公司。与银行相比，小额贷款公司的服务更加便捷迅速，适合新创企业、小微企业。与一般的民间借贷相比，小额贷款公司贷款更加规范，贷款利率可以协商确定。

7. 政府扶持资金 多年来，从中央到地方各级政府都设立了种类繁多的基金、专项资金，针对中小企业的创业和发展提供资助和扶持。例如，有科技型中小企业技术创新基金、中小企业发展专项资金、中小企业国际市场开拓资金、国家级重点新产品补助、电子信息产业发展基金，各地还有小额贴息贷款、一次性创业补贴等。新创企业要得到国家和地方的资金支持，首先要对有关政策和资金的情况有全面的了解和把握，其次要做好申请前的准备工作，最后要填写申请材料。

8. 风险投资 风险投资又被称为创业投资，是个人或机构将资金投向有潜力的成长性企业，并在恰当的时候通过企业的上市或并购而获得高资本收益的行为。投资的对象一般是处于创业期的中小企业和新兴企业，而且多为高新技术企业或具有高成长潜力的企业。投资方式一般为股权投资，个人或机构通常占被投资企业30%左右的股权，而不要求控股权，也不需要任何担保或抵押，目的是追求超额回报。

9. 商业信用融资 企业信用融资是指企业利用其商业信用，在销售商品、提供服务的经营过程中向客户收集资金的行为，包括收取客户的预付款、押金、定金等，具有筹资方便、成本低、限制条件少的特点，目前已成为新创企业筹集短期资金的重要方式。

10. 融资租赁 融资租赁又称设备租赁，是集融资与融物、金融与贸易于一体的所有权和使用权一体的融资方式。企业可以委托金融租赁公司购买所需设备，然后以租赁的方式取得设备使用权，在付清租金后获得该设备的所有权。通过这种方式，原本无力购买设备的企业可以获得所需的先进设备，还可以边使用边还租金，既节约了资金，又提高了资金的利用率。对资金不足又需要购买大件设备的初创企业来说，这是十分有效和重要的融资方式。

11. 互联网融资 互联网融资是利用互联网技术和信息通信技术实现资金融通的新型金融业务模式，主要包括众筹融资、网络借贷等。众筹融资就是利用众人的力量，集中大家的资金、能力和渠道，为创业企业进行某项活动等提供必要的资金援助。众筹分为商品众筹和股权众筹。商品众筹是指将产品发布在众筹平台上，买家看到感兴趣的产品后，可以进行投资，在预定时间达到预期数额即为众筹成功，筹集的资金可以被进一步投入大规模生产。股权众筹出售的是企业的股权，买家可以选择认为有前景的项目或企业进行投资。网络借贷指借入者和借出者通过网络平台实现借贷的在线交易。网络借贷分为B2C（企业对个人）和C2C（个人对个人）模式。网络小额贷款是指互联网企业通过其控制的小额贷款公司，利用互联网向客户提供小额贷款，包括个体网络借贷和网络小额贷款。

三、创业融资过程

一般来说，创业融资过程包括融资前准备、资金需求量测算、创业计划书撰写、融资来源确定及融资谈判五个环节。

1. 融资前准备 尽管新创企业融资较为困难，但创业融资是新创企业顺利成长的关键。因此，创业者一定要在融资之前做好充分的准备，包括对融资过程有一定了解、建立和维护个人信用、积累人脉资源、学习估算创业所需资金的方法、知晓融资渠道、熟悉商业计划书的结构和编写策略、提高自己的谈判技巧，以提高融资成功的概率。

2. 资金需求量测算 关于开办企业需要多少资金，创业者在融资之前要根据企业创办和发展情况进行全面的考虑，并正确地测算出资金的需求量，包括：①测算启动资金，这笔钱用于投资和作为流动资金；②测算销售收入，制订成本计划和现金流计划，准确确定企业的盈利能力和所需要的资金，编制财务报表。

3. 创业计划书撰写 关于资金需求，创业者需要通盘考虑企业创办和发展的方方面面，要有全面的筹划。编写创业计划书是一种很好地对未来企业进行规划的方式，在创业计划书中，创业者需要估计未来可能的销售状况、为实现销售需要配备的资源，进而计算出所需要的资金数额。

4. 融资来源确定 确定了新创企业需要的资金数额之后，创业者需要进一步了解可能的融资渠道、不同融资渠道的优缺点，根据筹资机会的大小及自己对企业未来的所有权规划充分权衡利弊，确定融资来源。

5. 融资谈判 选定融资来源之后，创业者即需要与潜在的投资者进行融资谈判。提高谈判成功的概率，要求创业者对自己的创业项目非常熟悉、充满信心，并对潜在投资者可能提出的问题做出猜想，事先准备相应的答案，另外，在谈判时，要抓住时机陈述重点，做到条理清晰。一般情况下，还应向有经验的人士进行请教，以提高谈判成功的概率。

思 考 题

1. 创业资源的分类以及获取途径有哪些？
2. 创业融资的渠道有哪些？这些渠道各自有哪些优缺点？

（许步亮）

拓 展 篇

第10章 创业者的管理智慧

> **学习目标**
>
> 1. 素质目标　了解创业者管理智慧对企业成长的重要意义，增强创业者提升自身管理智慧的自觉性和主动性，培养创业者的管理素质和卓越领导力。
> 2. 知识目标　学习掌握企业生命周期理论、初创企业管理者常用的决策方法、中国传统学派（儒家、道家和兵家）的管理思想以及西方经典激励理论（需要层次理论、公平理论和期望理论）的主要观点。
> 3. 能力目标　培养创业者企业战略管理、日常决策以及员工管理与激励的能力。

创业者的管理智慧，往往决定了初创企业当下发展的"宽度"和未来发展的"高度"。学习掌握并灵活应用企业生命周期理论、科学决策的方法以及员工管理与激励理论，是提高创业者管理智慧的核心内容。

第1节　企业生命周期的管理智慧

> **案例 10-1**
>
> 小张在6年前创办了一家电子产品公司，员工从创业初期的3个人发展到现如今的42个人，去年营业额已突破5000万元。然而，随着该电子产品所在行业的竞争日益激烈，小张日渐感觉"钱越来越不好赚"。小张预感，若不及时进行改革创新，公司有可能很快走向衰退甚至死亡。为此，小张向好朋友小刘咨询破解之道。
>
> 在交流过程中，小刘列举了手机品牌商兴衰的例子：①20世纪80年代，手机仅具备基本的通话和接收信号功能，代表性品牌只有摩托罗拉和诺基亚。②20世纪90年代，爱立信、飞利浦、西门子等多款各具特色的手机品牌先后兴起，手机市场从一开始的摩托罗拉和诺基亚两家争霸过渡到了众多品牌商激烈竞争。③21世纪初期，当那些老牌功能手机品牌还在考虑通过提高产品性能并降低价格来获取更多用户时，三星和苹果两家新兴手机商却致力于换道超车，利用移动互联网等最新技术率先开发出了智能手机，及时满足人们对手机功能日益多样化的需求，例如浏览网页、社交媒体、拍照、玩游戏等。④21世纪10年代以来，华为、小米等国产智能手机品牌迅速崛起，以其高性能、优质的摄影功能、创新的设计以及相对较低的价格在全球范围内受到广大消费者的青睐。
>
> 小刘建议说："你可以从摩托罗拉和诺基亚两大老牌手机巨头没落的失败教训，以及苹果、华为等手机品牌兴起的成功经验，去思考破解之道。"
>
> 问题：1. 企业的发展有生命周期吗？
> 　　　2. 小张能从手机品牌商兴衰的例子得到什么启示？

纵观人类近现代发展史，不断有新企业诞生，同时也不断有老企业消亡，能做到基业长青、历经百年而不倒的企业寥寥无几。企业一般都会经历诞生、成长、成熟、衰老乃至死亡的发展周期，具有特定的成长规律。作为创业者，应能科学预判企业成长规律，准确把握企业每个发展阶段的特点，及时调整企业发展战略，匹配合适的人支撑企业事业发展需求，以实现企业基业长青。此外，还要善于运用企业生命周期理论对员工进行有效管理，坚定员工对企业发展的信心，激励员工为实现企业和个人共同发展而不懈努力。

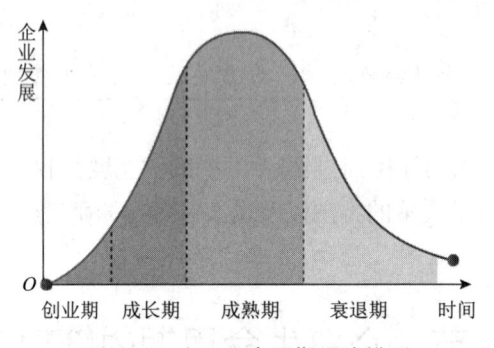

一、企业生命周期理论

企业生命周期理论也叫企业成长理论，用于描述企业从创立到消亡的整个发展过程。迄今为止，学术界已提出了 20 多种不同的企业生命周期理论模型，大多数模型都将企业的生命周期简单划分为创业期、成长期、成熟期和衰退期四个阶段（图 10-1）。该理论认为，在不同的发展阶段，企业将面临不同的挑战和机遇，需要采取不同的策略来适应环境变化和实现可持续发展。

图 10-1　企业生命周期理论模型

企业生命周期理论经过丰富和发展，已成为现代管理理论的重要组成部分，许多企业在这一理论指导下进行了成功实践和模型拓展。广州某公司以企业生命周期理论作为理论基础，将企业的生命周期细分为胎儿、婴儿、幼年、少年、青年、成年、壮年、熟年、老年、暮年和天年等 11 个阶段（图 10-2）。其中，横坐标代表成长性，即销售额增长率和利润额增长率；纵坐标代表收益性，即毛利率和利润率。

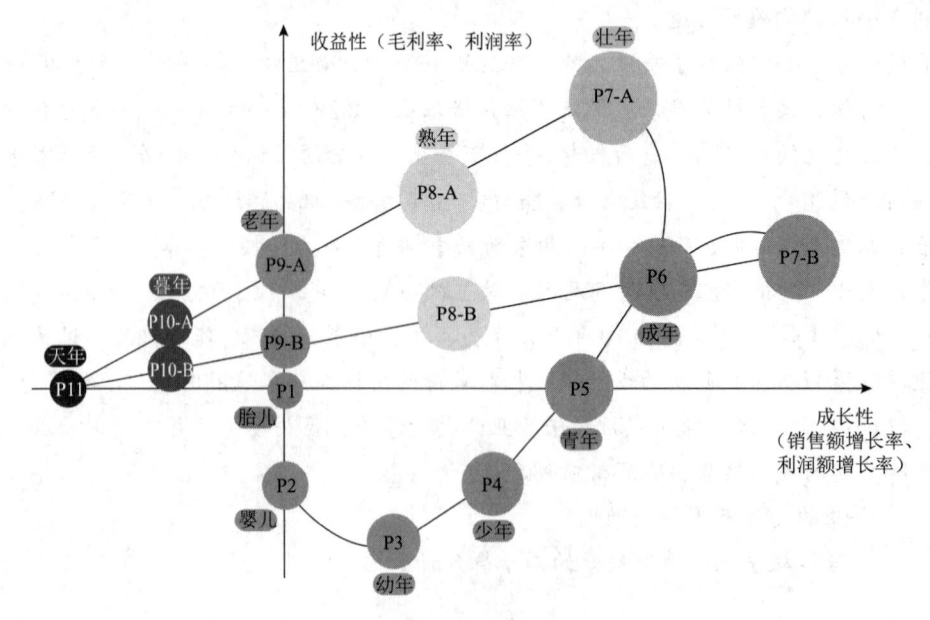

图 10-2　企业生命周期拓展模型

结合图 10-1 和图 10-2，对企业所处不同发展阶段的竞争优势和面临的主要问题分析如下。

1. P1~P2 阶段是创业期　是企业生命周期的起点。在这个阶段，企业的主要优势是创新性和灵活性。作为一个初创企业，通常会有全新的产品、服务或商业模式，这使得企业能够在市场上提供独特的价值，并吸引早期用户和投资者的关注。此外，初创企业通常规模较小，组织结构灵活，决策和执行效率高，能够快速适应市场需求的变化。

然而，企业在初创阶段往往会面临不少问题。①初始资金缺乏。初创企业通常面临资金不足的困难，无法满足初始的运营和发展需求。②市场定位困难。初创企业需要确定自己的目标市场和定位，但缺乏市场数据和资源，难以准确把握市场需求和竞争情况。③优秀员工招聘和留存困难。初创企业往往无法提供较高的薪资和较好的福利待遇，难以吸引和留住优秀人才。

2. P3~P5 是成长期　是创业期之后企业最关键的阶段。在这个阶段，企业的主要优势是拥有稳定的现金流和可持续的盈利能力。通过初创阶段产品或服务的发展，企业已经拥有一定的市场份额和稳定的客户，使得企业能够获得稳定的收入，并有能力扩大业务规模。

企业在成长阶段也会面临不少问题。①组织管理方面。随着业务扩张和规模扩大，组织管理将变得越来越复杂，企业决策与规划、各个部门和团队之间的沟通与协调、员工管理与激励等方面的难度都将日益增强。②资金需求和融资方面。成长企业需要更多的资金来支持扩大规模和增加市场份额，可能会面临融资困难、资金不足等问题。③市场竞争和差异化方面。成长阶段的企业往往会面临更加激烈的市场竞争，需要打造自身差异化优势，否则很容易被更强大的竞争对手挤压。

3. P6~P8 是成熟期　是企业发展的稳定期。在这个阶段，企业的主要优势是拥有稳定的市场地位和广泛的客户基础。通过长期的市场竞争和产品的不断迭代创新，企业已经建立了良好的品牌声誉和客户信任。这使得企业能够稳定地销售产品或提供服务，并在市场上保持竞争优势。此外，企业已具有规模经济和运营效率优势，能够通过成熟的供应链和丰富的资源实现成本优势。

企业在成熟阶段同样会面临不少问题。①市场饱和。随着市场竞争加剧，新进入的竞争对手不断涌现，企业市场份额难以进一步扩大，需要寻找新的增长机会和不同的市场定位。②组织僵化和创新氛围淡薄。成熟阶段的企业，往往会出现组织日渐僵化、创新氛围日渐淡薄等问题，导致创新能力减弱，难以保持持续的竞争力。③管理层衰老和团队不稳定。成熟企业可能面临管理层逐渐衰老和优秀管理者离职的问题，导致团队的稳定性受到影响，需要培养新的领导力并保持团队的凝聚力。

4. P9~P11 是衰退期　消费者和客户往往会倾向于选择熟悉和信任的品牌，尤其在经济下滑期间。因此，在这一阶段，企业仍然可能凭借在衰退之前建立的品牌知名度和良好声誉而保持一定的竞争优势。但总体而言，企业在衰退阶段的市场份额和利润开始下降，产品和服务的竞争力衰退，企业可能面临市场需求减少、资金紧缺和管理困难等问题。为了应对衰退期的挑战，企业需要重新评估自身状况，及时调整企业发展战略。

总体而言，P1~P5 阶段，企业的职责是追求成长发展，需要创业型人才去开拓；P6~P11 阶段，企业的职责是追求利益，需要守业型人才去经营。其中，P5 是一个非常重要的节点，此时企业已初步成熟，市场、产品和企业经营管理都已初步完善且实现了收支平衡。P6 之后，企业发展有两个不同的选择，一个是继续追求市场份额，力争做市场上的第一；另一个是在整体市场上选择某一细分市场进行深耕，力争做出特色，成为市场的唯一。P7 之后，企业的利润率比较高，整个生态也比较健全，可以考虑复制扩张（例如开分店），或者培育新项目。P9 之后，企业步入衰退期，后续发展也有两个不同的选择：一个是转型或重组，以寻找新的发展机会；另一个是选择退出市场，适时结束企业生命周期，以便把损失降到最低。

二、企业生命周期理论的运用

创业者在企业发展的不同阶段会面临不同的管理挑战，从企业生命周期理论中获取管理智慧，特别是企业战略规划和员工激励方面的智慧，将有助于企业发展壮大。

（一）企业生命周期的战略管理智慧

战略管理是保持企业竞争力和可持续发展的关键。从初创到成熟再到衰退，每个阶段企业都要针对自身优势和劣势采取相应的战略管理措施，以应对市场的挑战和机遇。只有不断调整和创新，企业才能在激烈的市场竞争中脱颖而出。

1. 初创期的战略管理

（1）初始资金缺乏问题的应对　通过制订详细的商业计划吸引投资者和合作伙伴的注资，并明确企业的盈利潜力和回报率；积极寻找天使投资者、风险投资公司或政府创业基金等提供资金的机构，与其保持良好关系并参与相关投资者活动；使用众筹平台筹集资金，有效利用社交媒体和网络宣传吸引公众对项目的支持和投资；精打细算，合理利用有限资源，优化运营成本，必要时与供应商合作以节省成本。

（2）市场定位困难问题的应对　通过充分的市场研究了解目标客户的需求、竞争对手的情况和市场趋势，找准自身差异化优势；制订明确的品牌战略和营销策略，通过市场推广来提高产品或服务的知名度；与潜在客户建立良好的关系，倾听他们的反馈意见；利用互联网和社交媒体的力量，通过网络营销手段建立品牌形象和扩大影响力。

（3）优秀员工招聘和留存困难问题的应对　通过提供股权激励或长期发展机会来弥补无法提供高薪酬和好福利待遇的不足；建立积极、宽松的企业文化和工作环境，提供有挑战性和发展空间的工作任务；与员工建立良好的沟通和反馈机制，关注员工职业发展和福利需求，并提供必要的培训和晋升机会，以激励员工的个人成长和发展。

2. 成长期的战略管理

（1）组织管理问题的应对　建立清晰的组织结构和职责分工，确保团队成员之间的角色和责任明确，避免混乱和冲突；建立有效的沟通渠道，促进信息流动和团队协作；注重培养和发展优秀的领导者和管理人才，引入具有战略眼光和领导能力的人才，帮助企业规划和执行企业战略，推动企业的持续发展；建立灵活的组织文化和透明的绩效评估机制，鼓励员工创新和学习，提升组织的适应性和竞争力；建立公平公正的绩效评估机制，激励员工积极工作并实现个人和组织的目标。

（2）资金需求和融资问题的应对　拓宽融资渠道，如银行贷款、股权融资、债券发行，增加企业的筹资来源，减轻对单一融资渠道的依赖，降低融资风险；根据自身的发展阶段和战略目标，合理配置资本，优化资本结构；在资本结构中，灵活使用债务融资和股权融资，根据需求进行调整，以降低资金成本和融资风险；加强财务规划与预测，提高财务透明度与运作效率，提高现有资金管理效率，减少浪费和损失；建立良好的公司形象和信誉，包括经营透明、诚信守约、稳定经营等，以增加投资者的信任，提高融资成功的概率。

（3）市场竞争和差异化问题的应对　深入开展市场调研，了解竞争对手的产品、定价、渠道等情况，以及目标客户的需求、偏好和行为特点，确定合理的市场定位和明确的目标客户定位，开发出适合目标客户的差异化产品或服务，并制订相应的营销策略；注重研发和创新，不断提升产品或服务的独特特色和竞争优势；注重营销和品牌建设，以树立差异化的品牌形象，增强品牌的认知度和忠诚度。

3. 成熟期的战略管理

（1）市场饱和问题的应对　实施差异化策略，寻找独特的卖点和价值主张，吸引消费者选择自己的产品或服务；改进现有产品，推出新产品或服务，必要时与其他企业进行合作或收购，引入新技术或知识,加强产品或服务创新,以满足消费者不断变化的需求;研究新的消费者需求和行为,开发新兴市场,寻找新的市场机会。

(2)组织僵化和创新氛围淡薄问题的应对　重新审视企业的使命和愿景,重新设定明确的中期和长期目标,激发组织的活力和创新能力;重塑组织文化,营造鼓励创新和包容失败的文化,建立开放的沟通渠道,鼓励团队合作和知识分享;推动组织变革,重新设计组织结构,优化流程和决策机制,领导层要率先垂范、推动并支持组织变革;建立创新孵化器或实验室,为员工提供尝试新想法和实践的平台。

(3)管理层衰老和团队不稳定问题的应对　加强人才的内培外引,搭建员工培训与发展体系,培养并留住高潜力员工,确保有足够的人才储备来填补管理层的未来缺口,同时积极引进新的高级管理人员,以带来新的思维和经验;保持关键知识的传承和沉淀,建立知识管理体系,包括知识库、经验分享平台以及跨部门的协作和交流,确保宝贵的经验和知识不会因员工的离职而丧失;培养和塑造稳定、凝聚力强的组织文化,同时加强对各级管理者领导力的开发,以确保团队的稳定性和健康发展。

4. 衰退期的战略管理　从大的趋势而言,一旦企业步入衰退期,后续发展要么适时转型或重组,以获得新生;要么直接退出市场,及时止损。对在未退出市场之前所遇到的市场需求减少、资金紧缺、管理困难等问题的应对,可参考前面几个阶段的相应措施。

(二)企业生命周期的员工管理智慧

在企业的发展过程中,员工管理与激励是一项至关重要的管理智慧。在不同发展阶段,企业需要采用不同的管理与激励策略来激发员工的潜力和动力,从而推动企业的持续发展。

1. 创业期的员工管理　在创业期,企业通常面临高风险和不确定性,需要应对各种挑战,管理与激励员工的关键是建立共同愿景并激发员工的创新精神和创造力。首先,企业需要明确其核心价值观和发展目标,并将其传达给员工。这样可以使员工感受到自己的工作与企业的使命密切相关,从而激发他们的工作热情和积极性。其次,企业创始人要以身作则,展现出创新、冒险和坚韧的精神,以鼓励员工跟随并发挥创造力。此外,要营造一个宽松、开放、沟通顺畅的工作氛围,以业务突破为导向设置弹性工作安排,提供灵活的工作时间和工作地点,鼓励员工积极提出建议和意见,共同参与企业的决策和发展过程。

2. 成长期的员工管理　在成长期,企业已取得初步成功,但仍然需要不断做大做强,管理与激励员工的重点是培养和发展。首先,企业应该提供多样化的培训和发展机会,帮助员工不断拓宽知识和提升技能,以适应不断变化的市场需求。其次,需要设立明确的晋升渠道和奖励机制,将员工的努力与回报相结合,激发员工的积极性和主动性。此外,还要建立和谐的团队合作氛围,鼓励员工相互学习和分享、共同成长。

3. 成熟期的员工管理　在成熟期,企业面临市场饱和和竞争加剧,需要保持持续的竞争优势,管理与激励员工的重点在于绩效和奖励:①设置多元化激励机制。根据员工的个人需求和偏好,提供多元化的激励方式,包括奖金、晋升机会、荣誉称号、培训机会等,以满足员工的多元化需求。②注重企业文化建设。通过营造积极向上、富有团队精神的企业氛围,提高员工的归属感和忠诚度,增强企业的社会责任感和公信力。③鼓励创新和变革。通过奖励员工的创新成果和鼓励他们提出改进建议,激发员工的创造力和参与度。同时,为员工提供更多的培训机会和职业发展机会,以增强他们的创新能力和竞争力。

4. 衰退期的员工管理　在衰退期,企业面临市场逆境和经营困难,需要实现企业的转型和复苏,管理与激励员工的重点在于环境和情绪管理。首先,企业应该关注员工的工作压力和工作负荷,合理安排工作和休息时间,提供必要的支持和帮助。其次,需要建立有效的沟通渠道,及时传达企业的最新动态和改革信息,减少员工的担忧和动荡。最后,还可以通过开展员工激励和福利计划,提高员工的工作满意度和忠诚度,增强他们对企业的归属感和责任感,使之与企业共渡难关。

第2节 决策的智慧

决策直接关系到企业的发展方向、资源分配和市场竞争力。一个明智的决策可以为企业带来机遇与成功，而一个错误的决策则可能导致失败与衰亡。科学的决策方法能帮助创业者基于客观数据和分析进行决策，降低决策的风险性和主观性，提高决策的准确性和可靠性，为初创企业的成功创造更有利的条件。

一、决策的概念与分类

（一）决策的概念

无论是个人或企业、组织或国家，一切活动都是为了实现大大小小、一个或多个目标，而实现这些目标的方案和路径，往往也有多个，这就需要选择和放弃，也就是要进行决策。所谓决策，就是指在面对具体问题或冲突时，通过思考、分析和评估不同的选择，最终选择一个行动或方案的过程。

（二）决策的分类

按照不同的标准和特征，决策可以分成不同的类型：①按决策所涉及的层级范围，可以将决策分为战略决策、战术决策和业务决策；②按决策的时间范围，可以将决策分为长期决策、中期决策和短期决策；③根据决策过程中使用的方法和工具，可以将决策分为定性决策和定量决策。

本章着重介绍定性决策和定量决策中初创企业创业者经常会用到的一些方法。

二、定性决策方法

定性决策方法是一种直接利用决策者或相关专家的知识、智慧和经验来进行决策的方法。这种方法主要依据决策者对所掌握信息的分析，以及对事物运动规律的理解和判断，因此也称为主观决策法。它广泛应用于缺乏完整、准确的数据和无法用数学模型描述的决策问题。常见的定性决策方法有头脑风暴法、德尔菲法、类比法和戈登法等。

对于初创企业的创业者而言，定性决策方法中需要着重掌握的是头脑风暴法和德尔菲法。

（一）头脑风暴法

1. 定义 头脑风暴法是一种被广泛应用于创意思维和问题解决的方法，其核心思想是通过集体讨论和自由交流的方式，鼓励成员们尽情提出各种可能的创意和解决方案，从而激发个体和群体的创造力和创新力。

2. 实施步骤

（1）准备阶段 确定会议的规模和参加人员。通常参加者应该具有一定的专业知识和实践经验，以便能提供有价值的建议。

（2）开始阶段 主持人简要介绍会议的目的、程序和注意事项。

（3）自由发言阶段 由主持人把控讨论时长和进度，让每个参与者依次提出自己的想法。主持人要引导大家自由发言，同时避免偏离主题。

（4）记录和整理阶段 由专人负责记录所有的设想和建议，并在会后进行整理和分类。

（5）评估阶段 对所有的设想进行评估，筛选出可行性强、创新性高、实用性好的方案。

（6）实施阶段 根据评估结果，制订实施计划并付诸实践。

3. 实施技巧和注意事项

（1）合理设置组织形式 参与者人数一般为5～10人，设主持人一名。主持人只负责主持会议，不对参会人员的设想作评论。设记录员1～2人，要求认真将参与者的每一个想法不分好坏都完整记录下来。会议时间尽量控制在 30～60 分钟。

（2）问题或目标要清晰　在开始头脑风暴之前，确保所有参与者对问题或目标有清晰的理解，为头脑风暴提供明确指引。问题或目标应该能够激发参与者的思考，同时具有足够的广度和深度。

（3）鼓励多样化的观点　头脑风暴的核心是收集不同的观点和建议。要确保参与者来自不同的领域，具有不同的背景和经验，以便提供多样化的创意。参与者应该被鼓励从不同的角度去思考问题，并尝试挑战传统的思维方式。为了实现观点多样化，可以采取各种激发思维的方法进行，如类比、逆向思考、身份转换等。

（4）注重数量和质量的平衡　尽管头脑风暴强调数量，但在实施过程中也应考虑质量。鼓励参与者提供多样化的想法和解决方案，但也要评估和筛选出更具价值和潜力的建议。

（5）不作评判　在头脑风暴过程中，避免对参与者的观点进行评判。这有助于维持参与者的积极性和开放性，鼓励他们产生更多独特的想法。评估和筛选工作可以在头脑风暴会议后进行。

（二）德尔菲法

1. 定义　德尔菲法是一种基于专家意见来解决复杂问题或做出决策的方法，其核心理念是通过多次循环的匿名调查和反馈过程，逐渐收敛专家们的意见，并达成一致的共识。

2. 实施步骤

（1）确定问题　明确待解决的问题或主题，并将其提供给所有参与的专家。

（2）编制调查问卷　根据问题的要求，编制一份调查问卷，包括要求专家提供意见、建议或判断的问题。

（3）分发问卷　将问卷发送给专家，要求他们匿名回答，并在一定期限内提交答案。

（4）汇总和分析结果　收集专家的答案后，对其进行汇总和分析，得到一个汇总报告，然后反馈给专家，并继续循环进行下一轮问卷。

（5）反馈和调整　根据上一轮的调查结果，编制新的调查问卷，对专家群体作进一步的反馈和调整。

（6）达成共识或做出决策　通过多轮循环，逐渐达成专家们的共识，或组织方根据专家们的意见已能做出决策。

3. 实施技巧和注意事项

（1）定义明确的问题　一个明确定义的问题有助于确定需要邀请的专家的领域，同时也为参与的专家提供必要的指引。若是采取问卷形式，问卷应该简洁明了，问题数量不宜过多，以便专家能够在有限时间内回答完整。

（2）选择合适的专家　参与的专家应该具有相关知识和经验，能够针对问题提供有洞察力的见解。同时，这些专家应该来自不同的专业领域，具有多样化的专业背景和经验，能提供更全面的意见和建议。

（3）匿名性　德尔菲法的一个重要特征是匿名性。专家们通过匿名方式提意见和建议，这有助于消除羞怯和偏见，使得每位专家都能够自由地表达自己的观点。

（4）汇总与梳理　德尔菲法通常涉及多轮循环，每一轮都需要对专家的意见进行汇总和梳理。组织者应该把意见进行分类整理，并将其汇总为一个综合的结论建议。这需要运用适当的技术手段，如统计分析或内容分析，以确保整个过程更加客观、高效。

（5）反馈与调整　德尔菲法是一个循序渐进的过程，随着每一轮的进行，问题可能会被进一步细化，专家的意见可能会发生变化。组织者需要及时向专家反馈进展，并解释他们的意见和建议被采纳情况。此外，为了实现有效的反馈循环，组织者还需要适时调整问题的范围和方向，以确保专家能够及时做出回应和意见调整。

三、定量决策方法

定量决策方法是基于数据和数学模型进行决策的方法，根据决策环境的不同可以分为确定型决策方法、风险型决策方法和不确定型决策方法。确定型决策方法适用于决策环境完全确定的情况，常用的方法包括盈亏平衡点法和线性规划法。风险型决策方法适用于决策环境存在一定风险的情况，常用的方法包括决策树法、期望损益决策法和最大可能决策法等。而不确定型决策方法适用于决策环境无准确评估风险和概率的情况，常遵循四种思考原则，即悲观原则、乐观原则、后悔值原则和等概率原则。

对于初创企业的创业者而言，定量决策方法中需要着重掌握的是盈亏平衡点法和决策树法。

（一）盈亏平衡点法

1. 定义 盈亏平衡点法是一种财务分析方法，它通过计算和评估企业的盈亏平衡点，来判断企业在何种销售额水平下出现盈利或亏损。盈亏平衡点是指企业收入和支出相等的点，此时企业的利润为零。

2. 实施步骤

（1）确定固定成本和可变成本　固定成本是指在一定期间内保持不变的成本，如租金、工资等；可变成本是指在一定期间内随着产量变化而变化的成本，如原材料、直接人工等。

（2）计算单位贡献毛益　单位贡献毛益是指每销售一个单位的产品所能带来的贡献，其计算公式为"单位贡献毛益=销售单价–单位变动成本"。

（3）计算盈亏平衡点销售额　盈亏平衡点销售额是指企业实现盈亏平衡所需的销售额，其计算公式为"盈亏平衡点销售额=固定成本/单位贡献毛益"。

（4）分析不同销售额水平下的盈利状况　根据盈亏平衡点销售额，可以计算在不同销售额水平下企业的盈利状况，从而制订相应的经营策略。

设：C 为总成本，C_1 为固定成本，C_2 为单位可变成本，P 为产品单价，X 为产量（销售量），S 为销售收入，W 为利润

则有：① $W = S - C$；② $S = P \times X$；③ $C = C_1 + C_2 \times X$

将②、③代入①式，可得

$$W = P \times X - C_1 - C_2 \times X$$

盈亏平衡点处利润为 0，即 $W=0$，对应的产量为 X_0

整理后可得盈亏平衡点销售额为：$X_0 = C_1 / (P - C_2)$。

如图 10-3 所示。

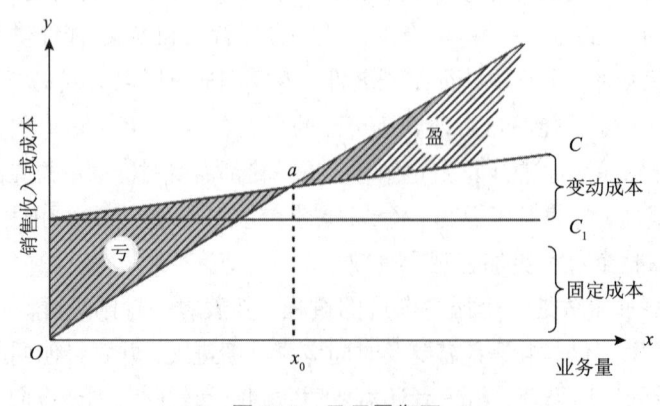

图 10-3　盈亏平衡图

3. 应用案例

[例1]某公司计划生产一款新产品，经测算可知：当该产品产量为 2000 件时，需支付总固定成本 100 万元，总变动成本 100 万元，如果产品定价为 1000 元/件。求：①该企业的盈亏平衡点产量；②实现目标利润 200 万元时的产量；③如果产品单价提高 15%，盈亏平衡点的产量。

解：单位变动成本=1 000 000÷2000=500（元）

盈亏平衡时产量=1 000 000÷（1000–500）=2000（件）

实现目标利润 200 万元时的产量=（1 000 000+2 000 000）÷（1000–500）=6000（件）

如果产品单价提高 15%，盈亏平衡点产量=1 000 000÷[1000×（1+15%）–500]≈1538（件）

（二）决策树法

1. 定义　决策树法是通过构建决策树模型来分析不同状态下不同方案的损益值，通过比较综合损益值来做出决策的方法。

决策树模型的构成包含五个要素，即决策节点、方案枝、状态节点、概率枝和损益值（图 10-4）。决策节点表示决策者需要做出的决策，通常用矩形框表示。方案枝代表可供选择的不同方案。状态节点代表各种自然状态所能获得收益的机会，常用圆形或椭圆形表示。概率枝代表每一种自然状态发生的概率，在其末端列出不同自然状态的损益值。

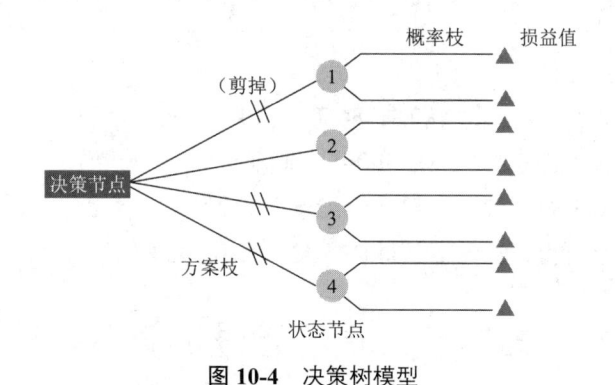

图 10-4　决策树模型

2. 实施步骤

（1）绘制决策树模型　在细致分析决策条件的基础上，从左向右逐层展开。需确定所有可供选择的方案，以及这些方案在实施过程中可能发生的所有自然状态。如果是多级决策，则需逐级展开其方案枝、状态节点和概率枝。

（2）计算状态节点值　各个状态节点值要从左向右依次进行。先将相应自然状态的收益值乘以概率枝上的概率，再乘以决策的有限期限，最后将各概率枝的值相加，得到的数值标于状态节点上。

（3）计算期望值　各方案在实施时，一般都会有费用产生，将状态节点值减去方案费用就得到该方案的期望值。

（4）选择最佳方案　选择期望值最大的方案作为最佳方案，将此最大值标在决策节点上，并剪掉其他方案枝。

3. 应用案例

[例2]某公司准备融资一笔经费用于开发一款新产品，有三个方案可供选择，具体情况如表 10-1 所示，请用决策树法进行决策。

表 10-1　某公司开发新产品的可选方案

方案	融资/万元	年收益/万元 销路好（0.3）	年收益/万元 销路一般（0.5）	年收益/万元 销路差（0.2）	使用年限/年
A	600	300	150	−75	8
B	300	150	130	0	8
C	100	90	60	60	8

解：依题意绘制决策树模型（图 10-5）。

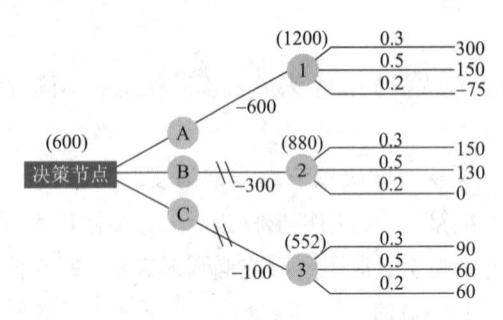

图 10-5　开发新产品的决策树

计算状态节点的利润期望值：
A 方案：[300×0.3+150×0.5+（−75）×0.2]×8−600=600（万元）
B 方案：（150×0.3+130×0.5+0.2×0）×8−300=580（万元）
C 方案：（90×0.3+60×0.5+60×0.2）×8−100=452（万元）

方案选择：从计算结果可得，A 方案为最佳方案，将 B、C 两个方案枝剪掉。

第 3 节　员工管理的智慧

初创企业的发展，在很大程度上依赖于创业者的员工管理能力。在初创企业的成长过程中，从中国传统管理思想和西方经典激励理论中获取管理智慧显得尤为重要和必要。中国传统管理思想注重人际关系和道德价值观的维护，强调以人为本，倡导和谐与稳定的组织环境。西方经典激励理论强调激励员工的积极性和创造力，通过激发员工动力提升组织绩效。从这两个不同的管理思路中汲取智慧，创业者可以更全面地理解员工需求，制订合适的管理与激励措施，提升团队凝聚力和创造力。

一、中国式管理智慧

案例 10-2

汉代某一朝廷高官一次到长安城外视察，看到城墙边有人打架，其中一人被打得奄奄一息。这名高官对随从说："这不是我们该管的事，绕道而行。"走了没多久，他们看到路边有一头牛蹲在地上大口喘气、口吐白沫，这名高官连忙跑过去围着牛转了很长时间，边转边观察。随行人员忍不住嘀咕："人都快死了不管，一头牛在喘气却那么关注，真不称职啊。"这名高官说："我身为朝廷高官外出巡查，有特定的职责。打架斗殴这种事是地方官员所管，我不能直接过问。然而，现在天气并不热，却有牛蹲在地上大口喘气、口吐白沫，有可能是在闹瘟疫，一旦瘟疫蔓延，后果不堪设想，必须及时处理。"

问题： 1. 这名朝廷高官的做法对吗？为什么？
2. 这则典故蕴含着哪个传统学派的管理思想？能给现代企业管理带来怎样的启示？

中国传统管理思想源远流长、博大精深，涵盖了儒家、道家、兵家、法家、墨家、阴阳家、纵横家、禅宗等诸多学派的理念，为现代企业管理提供了丰富的智慧资源。从初创企业的员工管理视角而言，儒家、道家、兵家的管理思想尤其值得学习借鉴。限于篇幅，节选部分观点作介绍。

（一）儒家管理思想

儒家的代表人物包括孔子、孟子、荀子、程颐、程颢等，代表著作包括"四书"和"五经"等。其中，"四书"包括《大学》《中庸》《论语》《孟子》，"五经"包括《诗经》《尚书》《礼记》《周易》《春秋》。虽然儒家的思想主要关注国家治理，但其中蕴含的领导力、道德观、人际关系等理念对现代企业管理也具有独特的价值。

儒家管理思想强调为政以德，倡导通过修身齐家治国平天下的方式实现管理的良好效果，重视领导者的德行，提倡义利合一，倡导仁爱和忠诚，鼓励营造和谐与互助的人际关系，强调社会责任与奉献精神。

1. 为政以德　"德治"是儒家区别于其他学派管理思想的最突出的标志。《论语·为政》中提到孔子说："为政以德，譬如北辰，居其所而众星共之。"大意为：以德行来治理政事，就像耀眼的北极星，处在一定的位置，其他星辰都会围绕在它周围。

"为政以德"思想对现代企业管理有着深远影响。首先，强调领导者的道德典范作用。一个具备高尚道德的领导者，能够激发员工的敬仰和信任，促进企业的稳定发展。其次，倡导以人为本，强调关爱员工、尊重员工，将员工的利益和感受放在首位。这有助于增强员工的归属感和忠诚度，提高企业的凝聚力和向心力。此外，提倡"和为贵"，强调培养和谐的企业文化。这有助于培养企业内部的团队协作精神，减少内耗，提高工作效率；同时还能够吸引更多优秀人才加入企业，增强企业的竞争力。最后，强调道德与制度的结合，认为管理既要靠规章制度来约束员工行为，又要通过道德教化使员工从内心认同并自觉遵守企业的规章制度。

2. 身正令行　儒家反复论证了"身正"和"令行"的关系。《论语·子路》中提到孔子说："其身正，不令而行；其身不正，虽令不从。"大意为：领导者自身行为端正，即使没有命令事情也能顺利推进；领导者自身行为不端正，即使有命令下面的人也不会听从。

"身正令行"思想对现代企业管理同样有着极高的借鉴价值。一方面，强调领导者要品行端正，以身作则。在现代企业管理中，领导者作为企业的核心和灵魂，其言行举止会对员工产生深远影响。一个品行端正、以身作则的领导者，能够激发员工的信任和尊重，提高团队的凝聚力和执行力。另一方面，强调自我约束。领导者需要自我约束，以身作则，树立榜样，引导员工朝着正确的方向前进。员工需要自我约束，自觉遵守企业的规章制度和职业道德。两者合力才能保证企业的稳定发展。现代美国管理学家德鲁克认为，管理是树立榜样，一个有能力管好别人的人不一定是一个好的管理者，而只有那些有能力管好自己的人才能成为好的管理者。正己而正人，身正而令行——这个在现代西方管理学很晚才意识到的管理真谛，中国儒家早在两千多年前就已经广泛提倡并由历代管理者身体力行。

3. 宽猛相济　儒家强调"德治"，倡导"齐之以礼"，同时也不反对必要的刑罚，更不会将其抛弃。《左传·子产论政宽猛》中提到孔子说："政宽则民慢，慢则纠之以猛。猛则民残，残则施之以宽。宽以济猛，猛以济宽，政是以和。"大意为：政策过于宽松，民众容易懈怠，这时需要用严厉的措施来纠正；政策过于严厉，民众会受到伤害，这时需要用宽松的政策来补救；交替使用宽和猛两种手段，才能使政治达到和谐。

"宽猛相济"思想是一种平衡性管理风格，在现代管理中体现的是"价值导向"与"规章制度"相结合，即软管理和硬管理相结合；认为员工管理与激励，光靠价值说教行不通，光靠规章制度也行不通，唯有两者有机结合才能取得好效果；倡导既要宽容体谅员工，又要果断坚决，讲究相互协调和相互依赖，通过平衡各方面利益来营造和谐的企业氛围。这一思想对现代企业管理具有重要的意义。首先，它能够促进组织内部的和谐与稳定，减少员工之间的矛盾和摩擦，提高员工的工作积极性和效率。其次，它能够提高员工的归属感和凝聚力，增强员工的忠诚度和稳定性，降低员工流失率。最后，它有利于打造良好的企业形象，吸引更多优秀的人才加入，促进企业的持续发展。

4. 修己安人　儒家思想强调修身与治国、自我管理与国家管理密不可分，认为管理者的自我管理是一切管理活动的起点。《礼记·大学》中提出："古之欲明明德于天下者，先治其国；欲治其国者，先齐其家；欲齐其家者，先修其身。"大意为：想要将道德彰显于天下，首先要治理好自己的国家；想要治理好国家，首先要管理好自己的家庭；想要管理好自己家庭，首先要修养自己的身心。《论语·宪问》中还提到孔子说"修己以敬""修己以安人""修己以安百姓"。大意为：修养自己保持严肃恭敬的态度，修养自己使人们安乐，修养自己使全体百姓安乐。

"修己安人"思想对现代企业管理的启示作用是多方面的。首先，这一思想要求领导者以身作则，率先垂范。领导者应该注重自我修养，自觉克制个人欲望，以公正、正直和谦逊的态度对待员工。通过个人示范，领导者能够获得员工的尊重和信任，激励员工跟随自己共同发展。其次，注重维护员工关系，强调领导者与员工之间的相互理解和尊重。通过建立良好的沟通机制和员工参与决策的平台，让员工感受到自己的重要性和被尊重的价值，从而增强归属感和凝聚力。最后，鼓励个体以社会利益为重，注重企业社会责任的履行。创业者应该关注社会的发展和进步，积极参与公益事业，为社会作出贡献。通过履行企业社会责任，企业能够树立良好的形象，提升竞争力和可持续发展能力。

5. 义利合一　儒家的价值观可以概括为"义利合一"，即精神价值（道德价值）和物质价值（含经济价值）融合统一，具体体现在三个层面：①义以生利的价值理念。《左传·成公二年》中提到孔子说："义以生利，利以平民。"大意为：仁义道德可以产生利益，利益可以用来安定民众。②取之有道的价值标准。《论语·里仁》中提到孔子说："富与贵是人之所欲也，不以其道得之，不处也。"大意为：富和贵是人们所欲求的，但如果获取富贵的方式方法不正当，就不应该去获取它。③先义后利的价值实践。《荀子·荣辱》中提出："先义而后利者荣，先利而后义者辱；荣者常通，辱者常穷；通者常制人，穷者常制于人——是荣辱之大分也。"大意为：先讲义而后求利者光荣，先求利而后讲义者耻辱；前者事事顺畅，后者常常受困；前者常常折服他人，后者常常受制于他人——这就是荣辱之间的重大区别。

从现代企业管理的角度而言，首先，"义利合一"思想强调了道德与利益之间的平衡。在追求经济效益的同时，企业也应坚守商业道德，遵循公平竞争和诚信经营的原则。这可以帮助企业在市场竞争中树立良好的品牌形象，获得消费者和社会的信任。其次，强调了企业的社会责任。除了追求利润，企业还应为社会作出贡献，如关注环境保护、支持社区发展等。这不仅有助于企业建立与社会的紧密联系，还可以为企业带来更多机会和资源。此外，也指出了不能只强调"义"，而忽视"利"。真正的儒家思想提倡"义利合一、义利统一"，既要追求经济利益又要坚守道德和正义。创业者在决策时，应该平衡长期和短期的利益，确保企业的持续健康发展。

（二）道家管理思想

道家的代表人物包括老子、庄子、列子等，代表著作分别是《道德经》（即《老子》）、《庄子》、《列子》。道家管理思想倡导道法自然、无为而治，提倡以无私用柔的方法处理管理中的问题，注重领导者的道德修养与榜样作用，强调人与自然、人与人之间的和谐统一，倡导通过道义的影响和自发的自律引导下属发挥潜能，实现组织的最优状态和持续发展。

1. 道法自然 道家把"道"作为理论基础，认为"道"是万事万物的本源与本体，一切都要遵循道而行，管理活动也不能例外。具体体现在三个层面：①道生万物的发展规律，提出"有生于无""物壮则老"。②以道观之的认识方法，认为"从道的高度去观察万事万物，万事万物并无高低、贵贱、是非、优劣之分，宇宙间一切事物地位平等"（《庄子·秋水》："以道观之，物无贵贱；以物观之，自贵而相贱；以俗观之，贵贱不在己。"）。③相反相成的辩证思维，认为"循环反复，是道的运动；以弱胜强，是道的作用"（《老子·第四十章》："反者，道之动；弱者，道之用。"），"幸福依伴在灾祸里面，而灾祸则潜伏在幸福之中"（《老子·第五十八章》："祸兮福之所倚，福兮祸之所伏。"）。

"道生万物"思想给现代企业管理的启示是，企业作为一个有机体，需要遵循市场规律、行业趋势以及自身发展规律，不断调整和优化自身的发展战略和经营策略，以实现可持续发展。"以道观之"思想体现了万事万物平等的认识方法。创业者需要具备平等和公正的观念，尊重员工、客户、合作伙伴等各方的权益和利益。同时，也需要以整体、全局的眼光来看待企业运营和发展中的各种问题，避免片面和偏颇的决策。"相反相成"思想体现了辩证思维。创业者需要具备辩证思维，正确处理企业内部和外部的各种矛盾和问题，同时也需要善于从矛盾中找到机会和突破口，以实现企业的创新和发展。

2. 无为而治 "无为而治"是道家管理思想最基本的原则。这种"无为"，并非不要作为、无所作为，而是要顺势而为，遵循管理活动的客观规律而为，不要乱作为胡作为。（《老子·五十七章》："我无为，而民自化；我好静，而民自正；我无事，而民自富；我无欲，而民自朴。"）这种"无为"，提倡要区分主次，把握轻重缓急，有所为有所不为，有所不为有所必为。（《老子·三十七章》："道常无为而无不为。侯王若能守之，万物将自化。"）这种"无为"，强调要科学分工，合理授权，实现"上无为而下有为"。（《庄子·天道》："上必无为而用天下，下必有为为天下用。"）

从现代企业管理的角度而言，首先，"顺势而为"可以帮助企业在市场竞争中取得优势。无论是对内部还是外部环境的变化，企业都应该以顺应、适应为基础，不要过分干预或抗拒市场规律。要灵活应对，找准市场需求，及时调整策略和运营模式。其次，"有所为有所不为"可以帮助企业更好地分配资源。企业在资源有限的情况下，需要明确自身的核心竞争力和战略重点，投入足够的资源和精力去推动关键项目和战略，不盲目追求所有机会或业务领域。这样可以更加聚焦和专注，避免资源浪费，有利于提升绩效。而"有所不为有所必为"则可以帮助企业在面对困难和挑战时保持清醒和果敢。企业发展过程中会遇到各种问题和变数，有时需要放弃某些不重要的活动或项目，但同时也需要坚决地迎接并解决那些关键的问题。只有明确"有所不为"的范围，并果断地进行"有所必为"的行动，企业才能在竞争中立于不败之地。最后，"上无为而下有为"可以帮助企业建立有效的领导风格和文化。领导者有时候需要扮演"上无为"的角色，不过多干预员工的工作，给予他们足够的信任和授权，才能更好地激发他们的创造力和积极性，让他们在适当的范围内实现"有所为"。

3. 无私用柔 "无私用柔"是道家管理思想的重要原则，可从以下三个方面理解：①高明的领导者，要效法天地，做到无私无欲，这样反而更能成就自己（《老子·第七章》："非以其无私邪？故能成其私。"）。②高层领导者要将居下守贱、示弱用柔作为自己的立身之本，以柔弱彰显刚强，以谦和恭下赢得人心归向（《老子·三十九章》："故贵以贱为本，高以下为基。"《老子·四十三章》："天下之至柔，驰骋天下之至坚。"）。③不与人争，将能得到他人的拥戴和追随，从而实现无人能与之争（《老子·六十六章》："以其不争，故天下莫能与之争。"）。

从现代企业管理的角度而言，首先，管理者往往会面临自私自利的考虑，过度追求个人利益而忽略整体和员工的利益。而道家的思想要求人们放下私利，以集体利益为前提去管理企业。这种无私无欲的精神可以帮助管理者更好地决策，避免个人主义和短视行为，提高企业的整体效益。其次，过于强硬和咄咄逼人的管理方式往往会引发员工的反抗心理，降低员工的积极性。居下用柔的管理方式则有利于建立良好的工作氛围，增强员工的凝聚力和归属感。最后，道家主张不与人争，一方面是指不与其他企业进行恶性竞争，而是通过合作实现互利共赢；另一方面是指要关注企业内部的和谐与稳定，避免内部矛盾和纷争。这种不与人争的管理智慧有助于增强企业的合作精神和创新能力。

（三）兵家管理思想

兵家的代表人物有孙武、孙膑、吴起等，代表著作分别是《孙子兵法》《孙膑兵法》《吴子兵法》。虽然兵家思想主要应用于军事领域，但它所强调的战略思维、权变思想、协作精神、赏罚严明原则等，对现代企业管理同样具有深远的启发和指导意义。

1. 知己知彼　孙子指出，了解敌人且了解自己，百战不败；不了解敌人，但了解自己，胜负各半；既不了解敌人，又不了解自己，则每战必败（《孙子兵法·谋攻篇》："知彼知己者，百战不殆；不知彼而知己，一胜一负；不知彼，不知己，每战必殆。"）。

"知己知彼，百战不殆"思想对现代企业管理的启发是多方面的。首先，了解自身的优势和劣势是企业成功的基础。企业必须清楚其核心竞争力和自身资源的独特优势，这样才能根据自身条件来确定战略和目标，从而实现长期的发展。其次，需要全面了解竞争对手情况。只有了解竞争对手的策略、文化、资源配置和市场定位等，企业才能更好地规划自己的发展方向和战略，找到战胜竞争对手的方法和机会。最后，还需要了解客户需求和市场趋势。通过深入了解客户的需求、喜好和行为特点，企业能够更好地满足客户的期望，提供符合市场需求的产品和服务。

2. 不战而屈人之兵　孙子认为，百战百胜，并非好中的最好；不战而使敌人屈服，才是好中最好的（《孙子兵法·谋攻篇》："百战百胜，非善之善者也；不战而屈人之兵，善之善者也。"）。

这一思想在现代企业管理中具有极高的借鉴价值。首先，强调了策略和智慧的重要性。在商业竞争中，企业不仅要有硬实力，如资金和设备，更要有软实力，如创新和智慧。通过巧妙的策略，如市场分析、产品定位、营销策略等，企业可以不用直接"战斗"，就能赢得市场份额。其次，要尽量避免正面冲突。在处理内部矛盾或外部竞争时，企业应尽可能地寻求和平、合作的方式，避免过度竞争或冲突。通过建立良好的合作关系，企业可以更好地实现共同发展。最后，要注重员工的培养和团队的建设。一个有凝聚力和向心力的团队，可以在面对各种挑战时保持冷静、灵活和高效，从而在不直接"战斗"的情况下解决问题。

3. 奇正相生　权变思想贯穿《孙子兵法》全卷。孙子认为：用兵打仗是一种诡诈行为（《孙子兵法·计篇》："兵者，诡道也。"）；但凡作战，得用正兵当敌，靠奇兵取胜（《孙子兵法·势篇》："凡战者，以正合，以奇胜。"）；用兵如流水，水流动的规律是避开高处而流向低处，用兵的规律就是要避开敌人坚实之处，攻击其虚弱的地方（《孙子兵法·虚实篇》："夫兵形像水，水之形，避高而趋下；兵之形，避实而击虚。"）。

从现代企业管理的角度而言，首先，要善于创新和突破。在竞争激烈的市场环境中，企业需要不断推陈出新，打破常规，以奇制胜。同时，企业也要保持稳定的发展战略和计划，这是"正"的部分，能为企业提供基础和支撑。其次，要善于识别对手的优势和弱点。在面对强大的对手时，要避开其优势和锋芒，攻击其弱点和漏洞，制订针对性的竞争策略。通过避免与对手直接对抗，企业可以减少资源浪费和竞争风险，同时寻找新的市场机会和竞争优势。最后，要注重团队合作和协作精神。"奇正相生"思想强调不同角色之间的互补性和协同性，只有各个部门之间紧密合作，才能取得最终的胜利。

4. 上下同欲　孙子认为，上下目标一致、齐心协力，就会胜利（《孙子兵法·谋攻篇》："上下同欲者胜。"）。

这一思想对现代企业管理的启示是多方面的：①使命和愿景是企业发展的核心驱动力。清晰、具有吸引力的使命和愿景，能够激发员工的归属感和使命感，使他们更加积极地投身工作。当企业内部的员工都认同并致力于实现公司的使命和愿景时，企业将更加团结、有凝聚力和竞争力。②目标管理是实现企业发展的关键。企业需要制订明确、可衡量的目标，并将其与员工的个人目标相结合。通过目标管理，企业可以确保员工的工作与企业的战略目标保持一致，从而提高员工的工作效率和执行力。③有效沟通是实现共同目标的前提。企业需要建立良好的沟通机制，确保信息的传递和反馈畅通无阻，促进员工之间的交流和理解，帮助企业建立信任和尊重的氛围，提高员工的满意度和工作投入程度。

5. 赏罚严明 孙子认为，通过观察双方军队在赏罚制度执行上的明确和公正程度，可以预测战争的胜负（《孙子兵法·始计篇》："赏罚孰明，吾以此知胜负矣。"）。

从现代企业管理的角度而言，首先，赏罚严明可以激发员工的积极性和创造力。对于员工的优秀表现要及时给予奖励，如晋升、加薪等，这样可以激发员工的工作热情，提高工作效率。同时，对于员工的不良行为要给予相应的惩罚，如警告、降职等，这样可以警示其他员工，维护企业的纪律和秩序。其次，有助于建立公平的竞争环境。在现代企业中，员工之间的竞争是不可避免的。通过赏罚严明的方式，可以让员工在公平的环境中展示自己的能力，促进整个团队竞争力的提升。最后，有助于培养企业文化。赏罚严明可以培养出良好的企业文化，树立起积极向上、团结协作的企业形象，吸引更多优秀的人才加入企业，为企业的长远发展奠定基础。

二、西方式管理智慧

案例 10-3

李总是一家科技公司的创始人。公司创业初期只有 6 名员工，年营业额不到 200 万元，经过 5 年的发展，现已拥有 120 多名员工，年营业额超过 3 亿元。近年来，李总发现公司原有的员工激励措施正在逐渐失效，很大一部分员工特别是中高层管理者的工作积极性越来越低，甚至部分中高层管理者因为对公司内部激励机制不满而离职。为此，李总决定对创业初期沿用至今的公司员工激励机制进行改革，以增强员工对公司的归属感，提升员工工作积极性和创造性。

问题：1. 导致李总公司员工激励措施失效的原因可能是什么？

2. 对于公司的高层管理者、中层管理者、基层员工的激励措施是否应该有所不同？为什么？

西方经典激励理论是西方管理智慧最具代表性的体现，可分为内容型激励理论和过程型激励理论。内容型激励理论中比较有代表性的包括马斯洛的需要层次理论、赫兹伯格的双因素理论、麦克利兰的成就需要理论等。过程型激励理论中比较有代表性包括亚当斯的公平理论、弗鲁姆的期望理论和斯金纳的强化理论等。对于初创企业的创业者而言，可通过着重学习和掌握需要层次理论、公平理论和期望理论，来提高管理员工的智慧。

（一）需要层次理论

1. 需要层次理论的内涵 需要层次理论是美国人本主义心理学家马斯洛 1943 年在《人类动机的理论》中提出的一种激励理论。1954 年他又在《动机与人格》一书中对该理论作了进一步的阐述。该理论把人的需要由低层到高层分为五个层次，彼此相互关联。

（1）生理需要 这是最基础的需要，包括空气、水、食物、睡眠、性欲等生存所必需的需要。如果这些需要没有得到满足，人们的生存和健康就会受到威胁。

（2）安全需要　在满足生理需要之后，人们会追求安全和稳定的环境，包括身体安全、经济安全和心理安全等。这些需要使个体能够在一个有秩序的环境中生活。

（3）归属与爱的需要　当生理和安全需要得到满足后，人们会开始寻求与他人建立感情联系或关系的需要，包括亲情、友情、爱情等。这种需要能够带来情感上的满足感和归属感。

（4）尊重需要　在满足归属与爱的需要后，人们会希望得到他人的尊重和认可，包括自我尊重、被他人尊重、信心、成就等。

（5）自我实现需要　这是人类最高层次的需要，代表着个体追求个人成长、实现自我潜力和追寻个人目标的愿望，包括价值观、创造力、责任感、示范带头作用、引领性等。

需要层次理论认为：人类的需要按照一个层次结构顺序排列，人们首先关注和满足基本的生理和安全需要，然后逐渐转向更高层次的需要；只有满足了较低层次的需要后，人们才会追求更高层次的需要；某一层次的需要得到满足后，它对个体的激励作用就会减弱。

2. 需要层次理论蕴含的管理智慧

（1）理解和满足员工的不同层次需要是管理者的重要任务。管理者应该了解员工的个体差异，提供相应的激励措施满足员工不同层次需要。例如，在满足生理和安全需要方面，可以提供良好的工作环境和福利待遇；在满足归属与爱的需要方面，可以鼓励团队合作和互动；在满足尊重和自我实现需要方面，可以提供发展机会和展示个人才干的舞台。

（2）需要层次理论强调了人际关系对员工满意度和工作动力的重要影响。归属与爱的需要和尊重需要都涉及人与人之间的关系。因此，管理者应该重视建立良好的人际关系和团队合作，创造和谐的工作环境。通过鼓励员工之间的互相尊重和合作，管理者能够增强员工的归属感和团队凝聚力，提高其工作效率和绩效。

（3）满足员工的自我实现需要对组织的发展至关重要。管理者应该提供员工个人发展的机会，支持他们追求自我目标和发挥个人潜力。通过满足员工的自我实现需要，能够极大程度地激发他们的自驱力、创造力和创新能力。

（4）需要层次理论提醒管理者要重视个性化管理。每个员工的需要因个体差异而不同，管理者需要量身定制相应的管理方式和激励措施，以满足员工的个性化需要。通过个性化管理，能提高员工满意度，更好地激发他们的工作动力和潜能，推动组织的发展和进步。

（5）要着重关注员工的主导需要。一个员工在同一时期可能有多种需要，当中往往会有某个需要处于主导地位。对员工进行激励时，需着眼其主导需要。优先满足员工的主导需要，才能获得更好的员工激励效果。

（二）公平理论

1. 公平理论的内涵　公平理论由美国心理学家约翰·亚当斯（John S. Adams）于1965年提出，是一种描述人们感知公平性的心理学理论。该理论认为，人们通常会将自己的工作投入和获得的回报与他人或者自己的过去进行比较，从而评估自己所处的公平程度。具体而言，公平理论有以下几个核心观点。

（1）相对比较　亚当斯认为，个体往往会从横向和纵向两个方面来评估待遇公平。一方面，将自己的所得与自己的付出之比值，与他人的所得与他人的付出之比值进行横向比较。另一方面，还会将自己现在的所得与自己现在的付出之比值，与自己过去的所得与自己过去的付出之比值进行纵向比较。其中，自己的所得包括工资、奖金、权利、地位、晋升、表扬等，付出包括工作量、工作效率、工作质量等（图10-6）。

图 10-6　相对比较

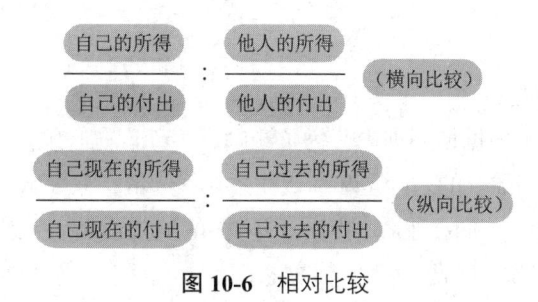

（2）公平感知　如果个体感觉自己的所得与付出之比值，不小于他人（或者自己的过去），就会认为自己获得了公平待遇，对工作感到满意。这将能促进个体积极参与工作和组织活动。反之，则会认为自己遭受了不公平待遇，会导致负面情绪、工作不满意和离职意愿增加。

（3）公平的恢复机制　当个体感到不公平时，他们会尝试通过不同的方式来恢复公平感。这可能包括寻求更高的回报，例如请求加薪或晋升；减少自身的投入，例如减少工作时间或努力；或者对比较基准进行重新评估。

2. 公平理论蕴含的管理智慧

（1）共享价值观　建立一个共同的价值观和强调公平的组织文化，使员工对待遇公平性有共同的认知和期望，促进员工之间的信任和合作，激发员工的工作动力和忠诚度。

（2）制定公平制度　一方面，公司的奖惩制度要公平合理，确保员工的所得和付出比例尽可能地相近，不过度奖励也不过度惩罚，以免引发员工间的不公平感知。另一方面，要让员工感受到努力与回报之间的紧密联系，通过考察个人绩效和贡献及时为员工提供公正的奖励和发展机会。

（3）透明沟通　管理者应及时与员工沟通工资、晋升机会、培训等关键事项，解释绩效评估和奖励决策的依据，避免信息不对称造成误解和不公平感。

（4）鼓励合作与互助　营造团队合作和共同成长的氛围，减少员工之间的比较和不公平感知，提升员工工作动力和满意度。

（5）个性化关怀　不同员工对公平的期望和需求存在差异。了解并满足员工对公平的个性化期望和需求，可以有效提高员工的工作满意度和工作积极性。

（6）促进参与　鼓励员工参与公司决策和问题解决过程。通过开放民主的参与和反馈机制，及时听取员工的声音和意见，引导员工基于公司立场换位思考，能增强员工对公司文化和制度的认同，消除不公平感，提高团队的凝聚力和战斗力。

（三）期望理论

1. 期望理论的内涵　期望理论由美国心理学家维克托·弗鲁姆（Victor H. Vroom）于1964年在《工作与激励》一书中提出，旨在解释个体在做出决策和行动时，是如何根据对结果的期望来调整自己的行为的。弗鲁姆认为，人们总是渴求满足一定的需要并设法达到一定的目标，当这个目标尚未实现时，它表现为一种期望，而这个期望反过来又成为个人采取行动的一种激发力量，这种激发力量的大小取决于目标价值（效价）和期望概率（期望值）的乘积，如以下公式所示。

$$激励力（M）= 效价（V）\times 期望值（E）$$

其中，激励力（M）是直接推动或使人们采取某一行动的内驱力；效价（V）指个人对某一行动成果的价值评价，它反映个人对某一成果或奖酬的重视与渴望程度；期望值（E）是指个人对某一行为导致特定成果的可能性或概率的估计与判断。

这个理论解释了人们会采取某种行动的原因，即人们的行为是由其决策过程中对结果的期望和价值判断驱动的。

2. 期望理论蕴含的管理智慧

（1）创造激励的前提条件　根据期望理论，为了激励员工，首先必须使员工认同三个要素：工作能提供给他们真正需要的东西；他们欲求的东西是和绩效联系在一起的；只要努力工作就能提高他们的绩效。

（2）激发员工的内在动机　人们在工作中有一种内在的追求成就感和满足感的欲望，这种内在动机可以驱使他们更积极地参与工作。因此，管理者应该了解员工对于工作的期望和愿望，通过设定具有挑战性和有意义的目标，激发员工的内在动机，从而提高员工的工作效能和创造力。

（3）合理设置员工的期望和赋权　员工对工作结果的期望水平会对其行为产生重要影响。如果员工对工作结果没有明确的期望，或者期望过高而无法达到，都会导致员工的沮丧和不满。因此，管理者需要与员工进行有效的沟通，明确双方对工作结果的期望，同时合理设置员工的权力和责任，使员工能够在能力范围内完成工作，同时感受到工作的挑战和成就感。

（4）建立良好的工作环境和团队氛围　员工对工作环境和同事关系的期望也对其工作行为有影响。如果员工感受到良好的工作环境，得到同事的支持和帮助，他们将更有意愿投身工作。因此，管理者应重视团队建设，通过营造积极向上的工作氛围，建立良好的沟通和协作机制，培养团队合作精神。

（5）重视员工的反馈和参与　员工对工作结果的反馈可以影响其对工作的期望和行为。如果员工得到及时的反馈，并能充分参与到决策和问题解决过程中，他们会感受到被肯定和重视，从而更加愿意为组织付出努力。因此，管理者应该建立有效的反馈机制，及时给予员工工作表现的反馈，同时鼓励员工参与公司决策和问题的解决。

思 考 题

1. 企业发展一般会经历哪几个阶段？不同阶段的企业战略管理有何不同？
2. 如果你是初创企业的创始人，你倾向于用哪种方法对企业日常事务进行决策？为什么？
3. 在众多中国传统学派中，你倾向于用哪个学派的管理思想来管理初创企业？这个学派的主要管理思想有哪些？
4. 请简述马斯洛的需要层次理论、亚当斯的公平理论以及弗鲁姆的期望理论的主要观点。

（黄志坚）

第 11 章 股权设计

学习目标

1. **素质目标** 了解股权设计的合法性要求,树立依法创业、合法经营的基本理念。
2. **知识目标** 掌握股权的基本概念,理解股权在企业经营中的重要作用,熟知与股权相关的法律规定。
3. **能力目标** 能运用所学股权知识,做好企业的股权分配,并尽最大可能管理好股权相关风险,避免因股权管理给企业带来的各类损失。

在现代商业社会中,企业股权设计是公司法和商法中的核心议题,不仅牵涉到公司治理结构和股东权益保护,还关系到企业的生命周期、发展战略和未来发展潜力,是一个重要又复杂的主题。本章通过案例教学法,以"创业企业"为应用主体,以"有限责任公司"为研究对象,对股权的概念、类型和作用进行梳理;并就创业者关心的股权设计应遵循的基本原则,和所持股权不同比例对企业不同影响的问题进行分析;就创业企业在股权代持、同股不同权、股东的进入与退出和公司章程与股东协议等问题中常见的风险提供应对策略。

第 1 节 股权的概念、类型与特征

案例 11-1

某高校五位志同道合的大二同学,赵一、钱二、孙三、李四、周五共同创立了一家在线教育公司。在初创阶段,都是同学室友兼好朋友,认为股权分配的差距太大会伤害大家的感情,就在公司章程中约定各自占公司股权 20%。随着创业项目的发展,公司业务规模逐渐增长,因股权设置不当给公司带来了数次风险,虽然调整迅速,避免了造成公司解体破产的风险,但是五位创始人从中吸取了管理教训。

第一次风险:企业盈利第一次分配,因为股权平均分配,于是盈利也平均分配。这就使得在公司创立初期贡献了大量资金和资源的赵一受到了很大的打击,提出了要退出公司的想法,其他成员也因为股权比例问题产生了分歧和矛盾。最后根据各自的出资比例,将股权比例调整为 30%、15%、15%、20%、20%,并根据对公司的贡献大小设置不同的工资数。

第二次风险:公司进行对外重要合作,五位创始人意见出现分歧,赵一和李四持支持合作态度,其他三位持反对态度,互相不能说服对方,没有人持有的股权份额可以获得对公司的决策权。赵一采取高额回购的方式,内购了钱二 5% 的股权,终于促使合作达成。

第三次风险:公司发展过程中,赵一牺牲公司利益保全个人利益,损害了其他所有人的权益,李四和周五两位股东联合,对赵一的相关决定行使否决权,才避免了赵一的不恰当决定对公司产生的重大伤害。

经过几次危机,团队成员们逐渐达成了共识,认为应该重新审视股权结构。于是,团队请来了专业法律顾问进行股权设计咨询。法律顾问对公司的业务、资产、股东贡献等方面进行了全面评估,

并提出了具体的股权设计方案。经过多次讨论和修改,团队最终决定调整股权比例。同时,为了保持其他成员的积极性,还引入了股权激励计划,让所有成员都能分享公司未来的成长收益。

问题: 1. 你在创业过程中是否有过关于股权的相关疑惑?是什么?
2. 股权相关的分红是从企业经营中获益的唯一方式吗?工资和分红的区别是什么?

"股权"是与"股东"相关联的法律概念,在我国,为"股权"提供基本法律依据的是《中华人民共和国公司法》(简称《公司法》)。以创业企业最常见的"有限责任公司"为例,第四十八条规定了股东对公司的出资方式:"股东可以用货币出资,也可以用实物、知识产权、土地使用权、股权、债权等可以用货币估价并可以依法转让的非货币财产作价出资;但是,法律、行政法规规定不得作为出资的财产除外。"第五十九条规定了股东会行使的职权,第六十一至六十六条规定了股东大会行使职权的条件等。此外,"公司章程"相关内容规定了股权的种类、发行、转让、转让限制等相关事项;"股东协议"相关内容规定了股权的分配、购买、转让、优先购买权等事项,也可以规定股东行使权利的方式和条件。

一、股权的概念

股权是指股东在公司中所拥有的权益。在有限责任公司性质的创业企业中,股权是分配给股东的、证明其在公司中享有的所有权益和权利的一种标志(图 11-1)。

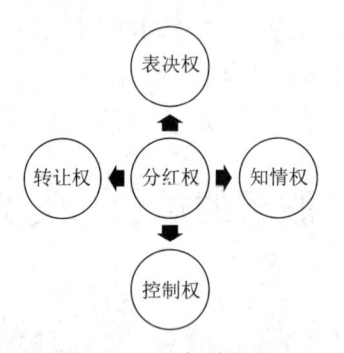

图 11-1 股权的内涵

(一)股东的权利

作为创业企业的股东,通过购买股份来获取股权。股份代表了公司的所有权,股东拥有股份即意味着拥有公司的一部分所有权。股权的比例通常由股份的数量来决定,股东持有的股份越多,则其拥有的股权越大。具体来说,股权赋予股东根据所持有的数量,享受如下对应权利。

1. 分红权 股东享有公司盈余分配的权利。这意味着有权根据所持有的股权比例获得相应的分红权益。所有创业者都不会忽略股权可能给自己带来的分红,这意味着创业成功,也意味着巨大的收益。如何保障分红权的实际执行,如何保障公司的正常运营,需要了解股权的完整内涵,并正确行使,以保障自己和公司的权益。

2. 表决权 又叫"投票权",是指股东拥有在股东会议上行使投票权的权利。这意味着有权参与并对公司的重要事项做出决策,如公司的经营方针、重大投资、合并收购等。投票权的行使通常按照股权比例来决定。

3. 转让权 股东有权将自己的股权转让给其他人或实体。这意味着可以出售或转让所持有的股份,但需要遵守股东协议中约定的条件和程序。

4. 知情权 股东有权获得关于公司的重要信息和文件。这包括公司的财务报告、决策文件、股东会议记录等。这一权利确保了公司运营和决策过程的透明度。

5. 控制权　拥有公司多数股权或控股权的股东，将享有对公司的控制权。这意味着其有权参与并影响公司的战略决策、高级人员的任免以及其他重要事项。通常公司都有实际控制人，往往是认定占股比例最大的一方为实际控制人。

（二）股东的义务

股东在享受权利的同时，也必须承担相关的义务（表 11-1）。

1. 出资义务　股东最主要的义务是按照公司章程和协议的规定，如实缴纳出资。如果股东未按时足额缴纳出资，可能会面临法律责任。

2. 参加股东会会议的义务　股东有义务按照公司机构通知的时间、地点参加股东会会议，不能亲自参加时可以委托其他股东出席股东会会议并行使表决权。

3. 不干涉公司正常经营的义务　股东应当尊重公司董事会和监事会依据公司法和公司章程各自履行自己的职责，不得干涉董事会、经理的正常经营管理活动，不得干涉监事会的正常工作。

4. 不得滥用股东权利的义务　如果股东滥用股东权利损害公司或者其他股东的利益，股东应当依法承担赔偿责任。同时，公司股东滥用公司法人独立地位和股东有限责任，逃避债务，严重损害公司债权人利益的，应当对公司债务承担连带责任。

表 11-1　股东的义务

特别提示：股东需要承担法律责任的情形

序号	情形描述	应承担责任
1	注册资金不到位	股东不按照前款规定缴纳出资的，除应当向公司足额缴纳外，还应当向已按期足额缴纳出资的股东承担违约责任。 根据最新的公司法规定，公司不能清偿到期债务的，公司或者已到期债权的债权人有权要求已认缴出资但未届出资期限的股东提前缴纳出资。
2	抽逃公司注册资产	股东抽逃公司资产，导致公司履约能力不足的，应在抽逃公司资产的范围内对公司债务承担连带清偿责任。
3	无限连带责任	1. 公司的利益与部分或全部股东的收益不加区分，致使双方财务账目严重不清的； 2. 公司与部分或全部的股东的资金混同，并持续地使用同一账户的； 3. 公司与股东之间的业务持续地混同，具体交易行为、交易方式、交易价格受同一控制股东支配或者操纵的； 4. 股东利用公司的独立地位损害他人合法权益的。 上述情况被称作"揭开公司的面纱"，相当于公司与上述股东财产混同，由股东对公司的债务承担无限连带责任。

二、股权的类型

在创业企业中，有限责任公司的股权可以分为以下几种类型。

1. 普通股权　普通股权是最常见的股权类型，股东持有普通股份即拥有公司的所有权益和权利。普通股权赋予股东参与公司决策、分享利润以及享受其他权益的权利。

2. 优先股权　优先股权是一种相对于普通股权而言具有特殊权益的股权类型。持有优先股权的股东在公司分红、资产分配和清算等方面享有优先权。一般情况下，优先股权会在公司发生变故或被收购时得到优先保障。优先股权通常出现在投资协议中，作为财务投资人，他们往往要求在公司发生清算、资不抵债情况时优先偿还股权投资款，或是在被收购时优先将投资人股权先收购。

3. 员工股权　为了吸引和激励员工，创业企业可能会设立员工股权计划，让员工获得公司股权作为一种激励机制。员工股权可以是普通股权，也可以是特殊的股权安排。通常企业会出让 10% 左右的股权作为股权激励池。股权的激励是绑定工作年限，一般以五年为限，约定给公司员工一定股份，但是分五年发放，每年发放20%，这样可以防止一次性发放的情况下员工提前离职又不肯退出股权的情况，股权激励可以约定以一定优惠价格来购买。

员工股权激励方案涉及较多员工，因此会采取一系列方案，方便股权的交易以及获得，同时，员工股权一般仅有分红权，没有表决权。股权激励计划会将表决权进行隔离。

需要注意的是，不同类型的股权会根据公司章程和股东协议的规定而有所不同。因此，在制订股权安排时，创业企业应该仔细考虑各种因素，包括创始人的目标、投资者的利益以及员工激励等。此外，股权的分配和管理也需要遵守相关的法律法规。

如何准确理解"工资"和"分红"的内涵，在创业企业中如何恰当地通过两者的组合，既能保护所有成员的应得利益，又能在最大程度上避免因为利益分配影响团队的合作状态，我们需要在创业的真实场景中尝试各种解决方案（表11-2）。

表11-2 工资和分红

特别提示：工资和分红

应用场景：创业企业中，经常会出现因为利益分配不均导致的团队分歧、矛盾，甚至团队分崩离析。在咨询中遇到很多次的询问是："我是没有很多钱，所以我只占有5%的股权，但是这个项目我投入了很多精力，其他人的贡献远不如我，那最后赚的钱我只能分5%吗？这不公平！"

是的，这不公平。分工不是唯一的利益分配方式，还有工资。

在创业企业中，股东和员工身份混同是常态，所以分红和工资被混为一谈。

类别	工资	分红
所有人	员工	股东
获得时间	一般按月发放，与企业盈利无关	一般按年计算，或者约定周期，与企业盈利有关，没有盈利就没有分红
数额	确定	不确定
依据	劳动合同	公司章程或股东协议

建议方案：

1. 股权的分配应当谨慎，不要轻易授予股权。除非是创始人、核心技术掌握人、出资人，或是有特殊资源（能解决市场，能卖出产品）的人才应该授予股权。或者在公司经济实力不够又想吸引人才时，可以采用工资加股权的方案。如果能用工资和绩效奖励来解决的，尽量不用股权解决，这样保持公司的股权干净、稳定，股东层面不发生纠纷而影响经营。

2. 创业公司要分清楚股东和员工身份，即使又是员工，又是股东，也应根据不同身份签订不同协议。承担了大量公司工作的股东员工，根据劳动合同，每月获得相应工资报酬。年底结算后，如果公司有盈利，再根据持有股份获得分红收益。同时，考虑到公司为了发展壮大而不将利润进行分红，应该设立一定的绩效激励机制。

三、股权的特征

在创业企业中，有限责任公司的股权具有以下特征。

1. 责任的有限性 有限责任公司的股东对公司债务承担有限责任。这意味着，股东的责任仅限于其所持有的股份金额，个人财产不会因公司债务问题而受到损失。这是创业者选择有限责任公司的主要原因之一，可以有效降低个人风险。

2. 持有形式为股份 有限责任公司的股权以股份形式存在。创业者可以通过购买或出资获得公司股份，股份的大小通常与投资金额或出资比例相关。股份持有者即为公司的股东，享有相应的权利。

3. 具体权利保障性 有限责任公司的股东会享有相应权利，且该权利受相应法律的保护，受公司文件的保护，与个人人身和财产权密切相关。

4. 转让受限制性 为了保护公司稳定和股东利益，有限责任公司通常会在公司章程或股东协议中设定股权转让限制。这些限制可能包括优先购买权、转让限制期限、股东同意权等，以确保股权的合理流通和公司治理的稳定性。

5. 资本增长和融资的有效载体　股权是创业企业融资的重要途径之一。企业可以通过发行新股份，吸引外部投资者注入资金，促进企业的资本增长。这些新增的股权可以用于扩大业务、投资新项目以及支持企业的创新和扩张。

6. 员工激励和留任的有效工具　股权在创业企业中也被用作员工激励的工具。企业可以设立员工股权计划，以股权作为奖励和激励的手段，吸引、留住优秀的人才，提高员工的参与和忠诚度。员工持有股权可以与企业的发展和成功直接挂钩，激励他们为企业的利益和增长努力工作。

综上所述，股权在创业企业中具有重要作用。它不仅赋予股东所有权和控制权，而且为股东带来经济回报。股权也是企业融资、员工激励以及股东退出的重要机制。在制订股权安排时，创业企业应该考虑各方利益，并遵守相关法律法规，以确保股权的合法性和合规性。

创业者对股权存在的普遍性的疑问，往往是对"股权"的定义内涵不清晰造成的。表 11-3 对出现频率较高的几个问题，在创业场景中作如下解答。

表 11-3　股权定义有问必答

问:	我有公司多少股权，在哪里能看到？
答:	公司注册时候，要有公司章程，里面必须写明股东和各自持有的股权比例。
问:	我和同学一起创业，但是我眼下没有钱投资，是不是就不能获得公司股权？
答:	没钱一样可以获得股权。需要所有创始股东同意，你应承担的出资可以选择"认缴"的方式，就是说你不用马上交投资款，可以后面有钱的时候再交，再说一次，需要所有股东同意才行。但是，新的公司法规定五年内必须缴纳全部出资，如果资金仍然不够的情况下，可以通过减资、股权转让等其他方式退出全部或部分股权。
问:	我不想成为股东，是否可以参与创业项目？
答:	当然可以。创业团队的初始成员，并不一定要有创始股东身份。你可以以公司"创始员工"身份加入，并一直为这个团队和公司服务。

第 2 节　股权设计方案

案例 11-2

对创业者来说，如何合理设计初始企业股权分配比例，是需要解决的创业初期的一大难题。以下以包含四位创业者的创业团队为例，先罗列几种创业企业常见的股权分配方案。

方案一：平均分配型（图 11-2）

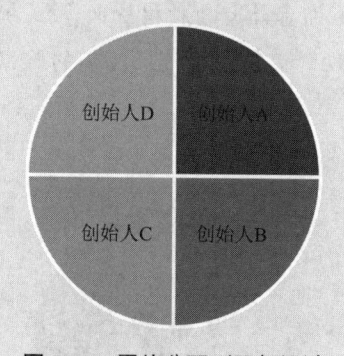

图 11-2　平均分配型股权设计

这是最简单的股权分配方案，四个创始人平分公司的股权。适用于创始人团队对公司的贡献和资源投入非常平等的情况。

创始人对公司的贡献不仅仅以出资为衡量标准，有的贡献资金，有的负责产品的研发和技术，有的负责开拓市场。在公司的早期，市场和资金往往是最为关键的，这两者在股权比例分配上应优先考虑，一般建议给予技术创始人固定比例的股权（不超过30%）。

方案二：一方独大型（图11-3）

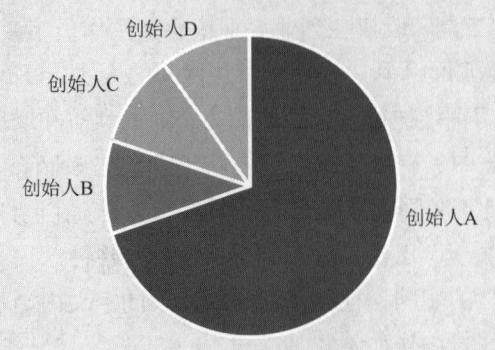

图 11-3　一方独大型股权设计

在这个方案中，创始人A对公司的贡献更为显著，因此分配更多的股权给他。其他创始人可能是提供了资金或其他资源，但没有像创始人A那样全面参与到公司的运营和发展中。

有一些企业的创始人既有一定的社会身份地位，又有突出的专业技术能力或是市场开拓能力，比如说，"院士"型创始人或是"知名人士"型创始人，他们对创业企业的发展起到不可替代的决定性作用，这种企业往往可以采用一方独大型的股权模式。

方案三：外援补充型（图11-4）

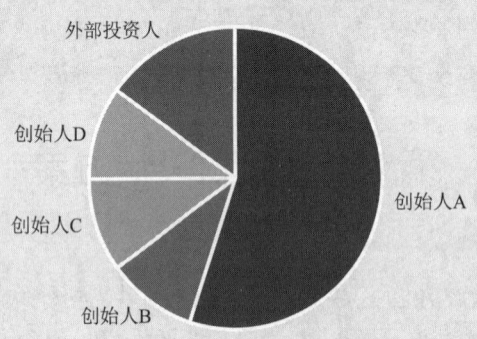

图 11-4　外援补充型股权设计

在这个方案中，创始人A仍然拥有最大的股权份额，但为了吸引外部投资并获得资金支持，公司引入了一位外部投资者。外部投资者将获得一定比例的股权，以补充公司的初始资金，并为公司的发展提供支持。

方案四：激励补充型（图11-5）

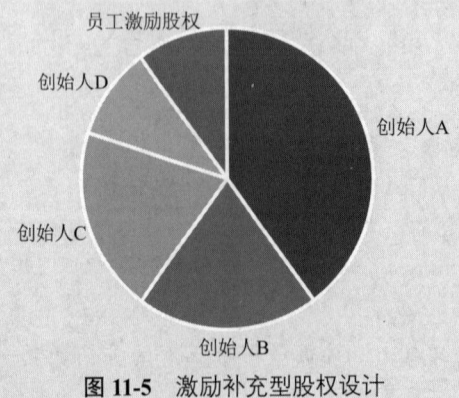

图 11-5　激励补充型股权设计

在这个方案中，公司的初始股权分配考虑到了多个创始人以及员工股权激励计划。每个创始人的股权比例根据他们的贡献和角色进行了分配，同时为员工股权激励计划保留了一定比例。

问题：如果你是创业者，你会选择怎样的股权分配模型？为什么？

一、股权设计的关键比例

在确认创业企业的股权分配模型之前，要先了解不同的持股比例对股东权利会产生怎样的影响，从而明确股权分配中，不同企业和不同股东应重点关注的具体比例。公司的股东究竟有哪些权利，如何行使权利，需要从公司的治理结构入手。

公司的治理结构在《公司法》中有完整的规定。一般来说，公司主要经营者担任总经理（在《公司法》中被称为"经理"），全面负责公司的日常经营与管理；公司会设立董事会（一般由股东委派人员担任）作为公司经营管理的决定者，决定公司经营方案、投资方案，决定高管聘任和薪酬，决定公司的经营管理制度；股东大会作为公司的最高决策层，主要通过人员任免、批准董事会的报告来行使最高决策权，公司在必要的时候召开股东大会，在利益分配、注册资本、公司合并分立等重大事项上制订报告，由董事会（或相关权力人）召集股东大会并由股东会批准后执行；公司设立监事会，主要负责行使对公司经营层和管理层的监督权。在实践中，往往公司法定代表人、总经理、执行董事同为一人，全权负责公司经营管理和投资、制订重大事项方案，最终通过股东会来进行决策。

创业者需要对经理、董事会、股东会的基本职权有所了解：

董事会行使下列职权（《公司法》第六十七条）：①召集股东会会议，并向股东会报告工作；②执行股东会的决议；③决定公司的经营计划和投资方案；④制订公司的利润分配方案和弥补亏损方案；⑤制订公司增加或者减少注册资本以及发行公司债券的方案；⑥制订公司合并、分立、解散或者变更公司形式的方案；⑦决定公司内部管理机构的设置；⑧决定聘任或者解聘公司经理及其报酬事项，并根据经理的提名决定聘任或者解聘公司副经理、财务负责人及其报酬事项；⑨制定公司的基本管理制度；⑩公司章程规定或者股东会授予的其他职权。公司章程对董事会职权的限制不得对抗善意相对人。上述职权在没有设立董事会的情况下，往往就由执行董事一人承担。

股东会（《公司法》第五十九条）的职权如下：①选举和更换董事、监事，决定有关董事、监事的报酬事项；②审议批准董事会的报告；③审议批准监事会的报告；④审议批准公司的利润分配方案和弥补亏损方案；⑤对公司增加或者减少注册资本作出决议；⑥对发行公司债券作出决议；⑦对公司合并、分立、解散、清算或者变更公司形式作出决议；⑧修改公司章程；⑨公司章程规定的其他职权。

股东会作出决议，应当经代表过半数表决权的股东通过。股东会作出修改公司章程、增加或者减少注册资本的决议，以及公司合并、分立、解散或者变更公司形式的决议，应当经代表三分之二以上表决权的股东通过。一般来说，公司的事务都是代表半数表决权的股东通过；只有修改公司章程、注册资本金变动，以及公司存亡与否的大事，需要三分之二以上表决权通过。

经理负责公司的日常工作，《公司法》第七十四条规定："经理对董事会负责，根据公司章程的规定或者董事会的授权行使职权。经理列席董事会会议。"

因此，不同比例的股权意味着对公司掌控的力度有所不同。以下是创业者需要着重掌握的股权设计比例。

1. 绝对控制权占 67% 创业者持有公司总股本的 67% 以上，意味着可以完全控制该公司，拥有任免所有董事、审议所有董事会和监事会的报告、决定公司利润分配方案和弥补亏损方案、决定公司注册资本金增减、修改公司章程、决定公司分立或合并或解散等重大决策权。通过对董事的任免（经理任免由董事决定），实现对公司经营的绝对掌控；通过决定注册资本金增减，实现对其他股东进出决定性影响；通过决定公司分立、合并、解散等事项，实现对公司存亡去留的控制。在我国公司法中，有限责任公司更注重公司的自治，公司章程相当于公司的宪法，公司相关事项均可通过公司章程进行自治，包括公司的表决权、分红权等重要权利，因此修改公司章程需要拥有对公司绝对控制权才可以实施。

一般而言，绝对控制权的股权设计往往适用于创始人的优势与资源对公司生存发展有很大影响力的初创时期，这一时期经营风险较大，且风险主要由创始人来承担，因此其绝对掌控公司也是合理的安排。随着公司的不断经营和成长，创始人的影响力会被削弱，包括股权都会不断被稀释，要继续保持绝对控制权的股权比例会有一定难度。

2. 相对控制权占 51% 这是一个重要的股权比例，持有公司总股本51%的创业者，是公司控股股东，对企业拥有控制权。控股股东对公司战略决策有决定性影响；对公司管理中的重要事项，如任免董事、审议董事会监事会报告、决定公司利润分配方案和弥补亏损方案等重要事项有决定权。但是，持股51%以上的控股股东，不能单独决定是否增加公司股东（公司注册资本金增加即有可能增加股东），不能决定追加或减少投资，不能随意出售、拆分公司或者关闭公司，也不能单独决定修改公司章程。对控股股东权利的限制，在一定程度上有效保护了非控股股东的权利。

3. 安全控制权占 33.4% 这个股权比例赋予了持有股东对公司所有重大事项的"一票否决权"，因此又被称作"一票否决权"，该股东可能会在公司决策中发挥重要作用，并与其他股东共同管理公司。因为这个股权比例导致公司并没有绝对控股股东，所以在公司注册资本金的增减，公司出售、拆分或者关门，以及公司章程的修改等方面，该份额的股东可以有否决权。

4. 临时会议权占 10% 虽然这个持股比例不高，但是根据现行公司法规定，持有10%以上的股权，即可召集临时会议，基于各种原因，就具体事项向公司提出质询、调查，并提出起诉、清算、解散等具体诉求，从而实质性影响公司经营，因而也是需要被关注的一个持股比例数。

5. 代位诉讼权占 1% 在董事、监事、高级管理人员执行公司职务时违反法律、行政法规或者公司章程的规定，给公司造成损失，而公司却怠于通过司法程序维护企业利益的情况下，持有1%股权以上的股东，可以个人名义直接向人民法院提起诉讼。

下面通过场景示例的方式（表11-4）进一步阐述在创业企业运营过程中，这些不同比例的持股权会对公司产生怎样的影响。

表 11-4 关键比例股权场景示例

序号	股权比例	对公司的影响	案例	备注
场景一	67%	绝对控制权	A 创业公司在是否接受100万元融资，出让公司20%股权的决策中，拥有公司70%股权的甲可以直接决策接受该项融资。	绝对控制权股东在公司出现亏损或者破产时，需要承担相应的债务责任，需要更加谨慎和透明地处理与其他股东的关系。
场景二	51%	相对控制权	B 创业公司在是否接受100万元融资，出让公司20%股权的决策中，拥有公司51%股权的股东需要征得其他股东同意，获得超过三分之二投票，才可以决定接受该项融资。	相对控制权不能直接做决策，但对决策有重大影响。低于67%高于51%的控制权，就意味着存在33.4%的安全控制权。
场景三	33.4%	安全控制权	C 创业公司在是否接受100万元融资，出让公司20%股权的决策中，拥有公司35%股权的丙可以一票否决该项融资。	正是因为一票否决权的存在，可以形成小股东对拥有控制权的大股东的制衡。
场景四	10%	临时会议权	D 创业公司在是否接受100万元融资，出让公司20%股权的决策中，大股东努力推进合作时，拥有公司7%股权的丁和3%股权的戊，因为认为该项决定可能损害公司利益，提出召集临时股东会议商议，延迟了该项决策的通过时间。	临时会议权在股东较为分散的公司中，面临重大决策时，可以提供一个再商议的机会。

续表

序号	股权比例	对公司的影响	案例	备注
场景五	1%	代位诉讼权	E创业公司在是否接受100万元融资，出让公司20%股权的决策中，拥有公司67%股权的己直接做出决策通过该项融资。拥有公司2%股权的庚代表公司向法院提起诉讼，认为该项决定损害了公司利益。	代位诉讼权的行使必须有必要性，只有在必要的情况下才能行使权利，避免造成纠纷和损失。

二、股权分配的基本原则

要科学合理地设计企业的股权分配方案，创业者应遵循以下基本原则，并根据各创业企业的客观情况，确定原则在应用中的优先程度，切不可不加分析地生搬硬套。

1. 公平公正原则 股权分配应基于公平和公正的原则进行。创业者之间应该在平等的基础上讨论和商议股权分配，确保各方的权益得到合理的保护。

2. 贡献优先原则 股权分配应考虑创业者的贡献和投资。创业者对公司的贡献可以包括资金、劳动、技术、专业知识等方面。股权比例通常会根据创业者的贡献程度来确定。

3. 风险承担原则 股权分配也应考虑创业者的风险承担。创业者可能会面临资金和时间的风险，因此，股权比例应该反映他们对公司未来发展的风险承担程度。

4. 职责和权责对等原则 股权分配应与创业者在公司中的职责和权责相匹配。具有更多职责和权责的创业者通常会拥有更高比例的股权，以确保他们对公司的决策和运营有足够的控制力。

5. 长期利益原则 股权分配应考虑长期利益和公司的可持续发展。创业者的股权比例应该鼓励他们长期投入和参与公司的发展，而不是过度关注短期利益。

在大学生创业项目中，常见的因股权分配影响企业运营的情形，往往都和创业团队在进行股权分配时没有厘清基本原则密切相关。例如，不平等的分配导致团队内部的不满和不稳定；缺乏长期激励机制导致创业者的动力和承诺减弱；忽视团队成员的价值而将股权过度集中在少数人手中，导致团队士气下降，影响公司的长期稳定性；不考虑未来需求导致未来的投资者或合作伙伴的困惑和不满；没有透明的沟通和共识导致误解、猜疑和纷争；等等。为最大可能避免这些问题的产生，我们谨慎建议，创业团队在初次股权设计中可根据项目实际情况，选择性采取如下建议（表11-5）。

表11-5 创业企业初次股权设计建议

特别提示：创业企业初次股权设计建议		
序号	情形描述	应承担责任
1	存在绝对团队领袖的负责人	建议负责人获得大于51%小于67%的股权比例
2	没有唯一领袖，存在联合创始人	建议联合创始人每人股权比例为15%～30%（视具体人数，避免绝对平均）
3	短期内有明确融资需求	建议留出不高于30%的股权作为投资人持股
4	3人以内的创业团队	建议存在绝对控制权股东
5	多人创业团队	建议存在相对控制权股东，人数越多越要慎重
创业有风险，股权设计需谨慎！		

第3节　股权设计的陷阱与应对措施

一、股 权 代 持

案例 11-3

在某大学的创业项目中,一群大学生合作创办了一家新兴科技公司,专注于开发智能医疗设备。为了获得更多的专业指导和资源支持,学生团队经过调研,决定邀请一位在科技领域有丰富经验的王教授,以其个人持有的技术专利,加入项目团队,他们相信投资人的经验和资源可以为公司的发展提供重要支持。教授对项目进行考察后,同意了该项合作请求。

但是,学校政策不允许在职教师持有学生创业企业股份,为了规避该项规定,学生团队和教授进行了初步的谈判和协商,就股权代持的事宜达成了口头约定。双方约定,由创始人小明代王教授持有公司 15%的股权。该公司顺利注册,并开展运营,学生创业团队和王教授都认真投入到了公司经营过程中。

问题：1. 该项股权代持有效吗？
　　　2. 该项股权代持关系可能给企业带来的风险有哪些？

（一）股权代持的基本原则

股权代持的效力确认的基本原则,是《最高人民法院关于适用〈中华人民共和国公司法〉若干问题的规定（三）》（简称《公司法司法解释三》）中明确的："有限责任公司的实际出资人与名义出资人订立合同,约定由实际出资人出资并享有投资权益,以名义出资人为名义股东,实际出资人与名义股东对该合同效力发生争议的,如无合同法第五十二条规定的情形,人民法院应当认定该合同有效。"据此,股权代持协议的效力认定和其他协议并没有本质的不同,如果不存在合同无效的事由,那么代持协议原则上应为有效。

既然有效是原则,那么有效的例外情形是关注的重点。根据法律法规和实务经验,目前代持协议无效风险高的主要涉及上市公司、行业强监管类企业（例如受金融强监管的保险公司、商业银行）、外商投资负面清单中禁止外资投资的领域等。代持协议在这些领域很可能被认定为无效,原因在于此类安排往往涉及违反国家强制性法律法规。例如,外国投资者为了规避禁止外商投资的相关规定而委托境内机构或个人代为持有股权；实际出资人不符合法律规定的强监管类行业的股东资质要求,委托表面符合资质的机构代为持有股权。近年来的司法实践也持续关注此类案件,如最高人民法院就强调在司法审判中重视"金融安全、市场秩序、国家宏观政策等"的要求。也就是说,如果涉及危害金融安全、市场秩序、国家宏观政策的可能,则股权代持会被认定为无效。

要保证股权代持关系有效,需要把握以下几方面原则。

1. 合法目的　代持的目的必须是合法的,不能违反任何法律规定或公序良俗。代持协议如果是为了逃避法律责任、逃税、欺骗债权人或其他不正当目的,那么这样的代持关系通常是无效的。

2. 明确的书面协议　有效的股权代持通常要求有明确的书面协议,清晰记录代持方和实际受益人之间权利、义务的详细条款,包括但不限于股权比例、管理权、利润分配、信息披露、代持期限、终止条件以及争议解决机制等。

3. 真实意思表示　股权代持协议的签署必须是基于各方的真实意愿,没有欺诈、胁迫或误解等影响自愿意思表示的因素。

4. 不存在前述所说合同无效情形。

（二）股权代持法律关系的有效性确认

要证明股权代持具备以上所要求的"合法目的""真实意思表示""公平合理""第三方知情"等条件，一般至少需要有股权代持协议、出资凭证、股东代持记录和无条件恢复股东身份承诺书等四项相关文件（图11-6）。

图 11-6　股权代持有效性的 4 个文件

1. 股权代持协议　要有明确的书面协议，无论何种原因进行股权代持，都必须有详尽的书面合同来明确权利、责任、代持的条款、利益分配和协议的退出机制等。

2. 实际出资人的出资凭证　要有能证明实际出资人履行了出资义务的书面凭证。

3. 股权代持行为记录　保留好所有股权代持行为的记录。在股权代持法律关系中，股东的分红权、表决权在表面上都是由名义出资人来享有或行使的，在公司的层面，所有公司文件中，都是名义出资人的签字和名义出资人的资金记录。在司法实践中，如果名义出资人都是以自己的名义在行使分红权和表决权，既没有实际出资人的授权，又没有收益转给实际出资人的记录的，往往被认定为借贷行为，这时如果实际出资人要求确认自己的股东身份，可能会无法获得司法上的支持，而仅仅被认定是名义出资人的债权人，而不是公司的股东。

因此，名义出资人行使公司的表决权和分红权时，一定要取得实际出资人授权名义出资人代为行使权利的书面授权书，该授权书一般可以签一份长期的，也可以是重大的股东会会议上表决的单独授权。同时，在获得分红时，要保留转账记录，并留有收据。

4. 无条件恢复股东身份承诺书　是指名义出资人股东在股权代持关系中，承诺在实际出资人要求恢复其股东身份时，无条件同意并协助办理相关手续的法律文件。

（三）股权代持的风险与规避

在创业企业初期运营阶段，不建议贸然采用股权代持的方式，如果特殊情况要实施代持，要了解代持可能带来的各种风险。

1. 法律风险　如果股权代持设计是为了规避法律中的某些限制，如外资限制、行业准入限制等，该代持结构可能被认为是无效的，甚至可能涉及法律责任。由于股权代持不总是得到法律的充分认可，代持协议在实际执行过程中可能会遇到法律程序的障碍。

2. 信任风险　名义出资人可能不按照实际出资人的意愿行使股东权利，包括但不限于利润分配、重大决策等，这可能导致控制权的争议。名义出资人可能利用其名义上的股东身份进行不当的资产转移或欺诈行为。

3. 税务风险　股权代持可能导致税务申报不清晰，如实际收益归属可能与名义出资人不符，进而影响税务合规。代持结构可能引发税务机关的审查，给企业的税务处理流程带来额外的复杂性和不确定性。

4. 治理风险　股权代持可能导致公司内部治理结构混乱，影响公司的决策效率和执行力。在融资、并购或首次公开发行（initial public offering，IPO）等过程中，股权代持可能产生不透明的公司结构，影响投资者和监管机构对公司的评估。

5. 信誉风险 公众或潜在合作伙伴可能会对股权代持背后可能隐藏的问题感到不安,从而降低对企业的信任度。

二、同股不同权

> **案例 11-4**
>
> 2022 年,大学好友小李和小张携手成立了一家专注于人工智能软件开发的初创公司。公司的愿景是开发领先的自然语言处理应用,服务于各种规模的企业。在创业伊始,两人决定各自持有公司 50% 的股份。
>
> 在公司的第一年,小李和小张觉察到了资金的紧迫性,并希望吸引投资以支持公司的快速增长。然而,为了保持对公司战略决策的控制,他们决定创建两类股票:A 类股票和 B 类股票。A 类股票拥有较多的投票权,而 B 类股票的投票权较少。小李和小张持有的 A 类股票给予了他们 10 倍于 B 类股票持有者的投票权。
>
> 这个决策引发了早期投资者的担忧,他们对公司治理的未来充满疑虑。同时,两位早期加入的关键团队成员,小刘和小王,开始感受到权利分配的不平等。小刘,因为拥有技术天赋,被分配了更多的投票权,而小王,擅长市场策略的他,却感到自己的影响力被削弱。这种权利不平衡导致了团队内部的矛盾和不满。
>
> 尽管该公司在创业的第一年就实现了一定的技术突破,但同股不同权的决策最终影响了公司的内部团队协作和外部投资者关系。团队的不和导致了内部分歧,影响了决策的效率和产品的市场适应性。此外,潜在投资者因为对公司治理结构的担忧而选择了退出。
>
> 在经历了一系列的内部冲突和市场战略失误后,该公司未能在竞争激烈的人工智能市场站稳脚跟。到了年末,由于资金短缺、团队解散以及投资者信心缺失,公司只能面临不得不关闭的局面。小李和小张的创业梦想因同股不同权政策的副作用而告终。
>
> 问题:怎样的同股不同权政策可以帮助该公司进一步发展?

(一) 同股不同权在创业企业中的常见表现

"同股不同权"是指公司内部基于股权形成的不同权力构架。创业公司一般采用有限责任公司的形式,根据现行《公司法》相关规定,同股不同权在有限责任公司中主要表现为表决权、分红权和优先增资权。

《公司法》第六十五条规定:"股东会会议由股东按照出资比例行使表决权;但是,公司章程另有规定的除外。"公司股权可以分为 A 类和 B 类,A 类具有特别投票权,一般被企业创始人或者实际控制人持有,B 类为普通投票权,A 类一般具备 B 类 2~10 倍的投票权。A 类股权不得交易,或者交易后即丧失特别投票权,转为 B 类;B 类没有渠道转为 A 类。

《公司法》第二百一十条规定:"公司弥补亏损和提取公积金后所余税后利润,有限责任公司按照股东实缴的出资比例分配利润,全体股东约定不按照出资比例分配利润的除外;股份有限公司按照股东所持有的股份比例分配利润,公司章程另有规定的除外。"公司可以约定不同股权具备不同的分红标准,同样,拥有特殊分红权利的股权进行交易后,即丧失特殊分红权。

《公司法》第八十四条规定:"两个以上股东行使优先购买权的,协商确定各自的购买比例;协商不成的,按照转让时各自的出资比例行使优先购买权。"公司章程对股权转让另有规定的,从其规定。全体股东可以约定不同股权在购买内部转让股权和新增股权时,具有不同的优先购买权。

同股不同权的具体表现会因公司的具体情况和设计而有所不同（表11-6）。在设计同股不同权结构时，创业者应仔细考虑各股东的利益和公司的长期发展，并确保遵守当地法律和监管要求。常见的创业公司使用"同股不同权"方式对股权进行特别限定时，主要是为了解决投资份额持有比例和对企业贡献不匹配，进而导致的利益分配不均或对公司决策影响的问题。

表 11-6 "同股不同权"在创业公司的应用

特别提示："同股不同权"在创业公司的应用

序号	股权设置	应用场景	防范风险
1	不同表决权	公司重大事项决策权	掌握公司实际控制权
2	不同分红权	团队成员实际收益	不能僵化，要随时注意变化
3	不同增资扩股权	对公司的影响力	新加入投资人的利益保障

注意：通过公司章程，明确同股不同权的具体内容，是该项公司内部权力得到法律支持的唯一渠道！

（二）创业者如何妥善处理"同股不同权"

1. 建立清晰的沟通机制 创业者必须确保同股不同权的决策过程透明化，并对所有股东进行充分的沟通。这意味着需要向股东明确解释实施此策略的理由、预期的效果以及可能带来的长期影响。为了达到这一点，创业者应定期举行股东会议，提供详细的业务报告，并留出时间解答股东提出的问题。透明性有助于建立信任，并确保所有人都对公司的方向有一个共同的理解。

2. 平衡各方利益 同股不同权策略需谨慎设计，以便在保护创始人和关键管理层的控制权的同时，也能够公正地对待所有股东。这可能涉及为少数股东设立某些防护措施，如在公司达到特定里程碑或业绩目标时提供额外的经济补偿，或在特定决策上赋予他们更多的权利，这时需要关注公司内适当的均衡。此外，可以通过引入激励机制，如股票期权和奖金计划，以确保所有团队成员都能分享公司成功带来的红利。

3. 确立适应性治理结构 同股不同权结构需要有相应的治理机制以保证公司决策的有效性和合理性。可以设立独立董事会来监督管理层，并保证关键决策能得到非控股股东的认可。此外，公司结构应当能够随着公司的成长和市场环境的变化而适时调整，包括可能的权力重组和股权结构的变更，以适应不同的发展阶段和需求。

4. 设计明确的退出与转换条款 创业者应事先规划好转换和退出机制，使股东在不满意公司发展方向时有明确的路径可以选择退出，并规定在特定情况下，如公司上市或被收购时，同股不同权结构能够平滑地过渡到传统的一股一票制度。这涉及详细的法律文件起草，需要专业的律师参与，以确保所有潜在情况都得到妥善处理，同时也要保护公司和股东的长期利益。

（三）创业企业发展过程中可能遇到的"同股不同权"情形

1. 科创板上市 2018年9月18日发布的《国务院关于推动创新创业高质量发展打造"双创"升级版的意见》（国发〔2018〕32号），明确提出推动完善公司法等法律法规和资本市场相关规则，允许科技企业实行"同股不同权"治理结构。2019年1月28日，证监会印发的《关于在上海证券交易所设立科创板并试点注册制的实施意见》中规定："允许科技创新企业发行具有特别表决权的类别股份，每一特别表决权股份拥有的表决权数量大于每一普通股份拥有的表决权数量，其他股东权利与普通股份相同。特别表决权股份一经转让，应当恢复至与普通股份同等的表决权。"2019年3月《上海证券交易所科创板股票上市规则》就"表决权差异安排"作了专门规定，允许科技企业实行"同股不同权"治理结构，具体内容为"特别表决权",不涉及分红和增资权力。以上系列文件确认了科创板企业上市前,可以进行同股不同权的设置,但必须在发行人首次公开发行并上市前设置表决权差异时提出,并经出席股东大会的股东所持三分之二以上的表决权通过后才可以执行,一旦错过首次公开发行,以后不得以任何形式安排。同时要注意,科创板公司上市前计划进行同股不同权设置,需要满足包括市值(不低于50亿元人民币)、持有股东资格、后续转让与管理、登记、持续披露等一系列规范化要求。

2. 香港联交所上市 根据香港联交所主板上市规定,只考虑针对新申请上市公司的申请,且只可以申请不同投票权。与内地相关规定基本一致,也是对此类公司的市值、受益人身份、特殊投票权转让限制等做出了严格规定。

创业企业在进一步发展过程中,会碰到各种问题,需要通过调整公司股权结构,科学合理设置公司股权架构来解决,其中蕴藏着各方利益博弈的智慧,也带来了各种风险。在遇到具体问题时,切记控制法律风险,寻求合法的股权架构,这是公司治理发展的基础。

三、公司章程

公司章程是指公司依法制订的,规定公司名称、住所、经营范围、经营管理制度等重大事项的基本文件,也是公司必备的规定公司组织及活动基本规则的书面文件。公司章程是股东共同一致的意思表示,载明了公司组织和活动的基本准则,相当于公司的宪法。

(一)公司章程中与股权设计相关的内容

公司章程是一份法律文件,它规定了公司的基本框架和运作方式,对公司的管理层、股东、员工以及与公司交易的其他方都具有约束力。公司章程通常在公司注册成立时由创始股东或创办人制订,并在公司注册机关备案。

创业企业制订公司章程时,往往因为缺乏经验,会直接选择使用市场监督管理局网站提供的格式合同,对内容不多加审核,这一做法可能会给后续的股权治理埋下隐患。建议创业企业在起草公司章程时,特别注意与股权设计相关的如下内容。

1. 股权结构 确定股本总额、股份种类(如普通股、优先股)和各类股份的权益差异。设计时需考虑未来融资需求和潜在投资者的偏好,确保灵活性与控制权的平衡。

2. 股东权利与义务 明确股东的权利,如收益权、控制权、信息权等,以及出资义务的履行(表11-7)。

表11-7 股权出资方式列表

序号	出资方式	说明
股权出资方式列表		
1	货币出资	股东直接用资金向公司投资,其认缴的股本金额应在办理公司登记前将现金一次足额存入准备设立的有限责任公司在银行或者其他金融机构开设的临时账户,并向公司出示其资信证明,以证实其投资资格和能力。
2	实物作价出资	以实物出资必须评估作价,并由国有资产管理部门对评估作价结果核算、确认。股东以实物作价出资,应在办理公司登记时,办理实物出资的转移手续,并由有关验资机构验证。
3	知识产权出资	一类是专利权和商标权;一类是专有技术,股东以知识产权(包括非专利技术)作为出资向公司入股,股东必须是该知识产权(包括非专利技术)的合法拥有者,并经过法律程序的确认。股东以工业产权(包括非专利技术)作价出资,必须进行评估,并应在办理公司登记之前办妥其转让手续。
4	土地使用权出资	出资作价必须由县级以上人民政府土地管理部门组织评估,报县级以上人民政府审核批准,并办理相应的土地使用证。

3. 股东大会　规定召开股东大会的程序、决策规则和投票权行使方式。设置合理的通知期和决策门槛，确保决策效率与小股东权益平衡。

4. 股份转让限制　设定股份转让的限制，如先决条件、他人优先购买权等。转让限制要与市场实践相结合，保障流动性的同时维护现有股东的利益。

5. 增资与稀释　描述增资过程以及现有股东的认购权等。增资条款应考虑对现有股东投资的保护，例如设定认购权来防止股权过度稀释。

6. 股权激励计划　设计股权激励方案，详述授予条件、行使价格、期限等。激励计划需要符合税务规定，同时激励效果与企业战略紧密结合。

7. 退出机制　确定股东退出方式，如股份赎回、回购和清算等。设定明确的触发条件和计价机制，避免因模糊不清导致的纠纷。

（二）公司章程模板

市场监督管理局在注册公司时，通常会提供一份标准化的公司章程模板。这份模板包含了公司设立和运营所需的基本条款和规定，以确保所有公司在合法、公正和透明的基础上进行商业活动。一般来说，公司章程模板会包括以下内容。

（1）公司名称和住所：明确公司的名称和主要经营场所。

（2）公司经营范围：规定公司可以从事的业务范围。

（3）公司注册资本：明确公司的注册资本额和出资方式。

（4）公司组织形式：说明公司的组织形式，如股份有限公司、有限责任公司等。

（5）股东权利和义务：规定股东在公司中的权利和义务，如股息分配、表决权等。

（6）董事会和监事会：规定董事会的组成、职责和选举方式，以及监事会的组成、职责和选举方式。

（7）公司经理：规定公司经理的职责和权利。

（8）利润分配和亏损弥补：规定公司的利润分配和亏损弥补方式。

（9）公司的解散和清算：规定公司解散和清算的程序和方式。

（10）修改公司章程：规定修改公司章程的程序和方式。

特别提示：创业公司注册中遇到的第一道流程，就是制订公司章程，面对这样一份篇幅长、内容多、重要性强的文件，很多创业者很苦恼如何有效完成，也很担心是否会因为章程内容的不恰当为以后的公司运营造成隐患。根据多年收集到的学生创业案例，将创业公司经常遇到的与公司章程制订相关的问题汇总如表 11-8 所示。

表 11-8　公司章程制订有问必答

问：	公司章程是否只能在市场监督管理局提供的模板上做填空题？
答：	当然不是！可以自行起草章程，模板只是提供了方便和一种选择。
问：	公司章程里规定的股权内容之外，我们创始人股东可以再签订一份更详细的补充协议吗？
答：	当然可以！鼓励在章程之外签订"股东协议"，对股权做出更详细约定。
问：	如果公司章程和股东协议中对股权比例约定不一致，怎么办？
答：	在公司章程和股东协议对股权比例约定不一致时，公司内部股东因股权产生的纠纷，以股东协议约定内容为准；在与公司外其他机构和个人因股权比例产生纠纷时，根据"不得对抗善意第三人"原则，以公司章程内容为准，因此对相关股东产生的损失，再在股东内部继续追责。
问：	为什么把公司章程叫公司的宪法？

续表

答：	因为规定了跟公司相关的所有基本的、重要的事项。
问：	公司章程制订了提交后，还能修改吗？
答：	当然可以！但是必须经过相关合法流程修改。比如有限责任公司更换董事，根据公司法规定，需要过半数股东通过才能更换。
问：	公司章程制订中最大的风险是什么？如何避免？
答：	最大的风险就是没有意识到风险的存在。创业者不可能也没必要都成为法律专家，所以树立风险意识后，要在提交公司章程前，请法律专家进行审议。

四、股 东 协 议

（一）股东协议与股权设计相关的内容

股东协议，也称为股东间协议（Shareholders' Agreement），是公司内部股东之间签订的契约性质的文档。它规定了股东们的权利、责任、义务以及在某些特定情况下的行为准则。股东协议通常是为了补充公司章程中的规定，并在某些方面提供更详细的指导，特别是在公司章程无法涵盖或者法律没有具体规定领域。我国目前关于股东协议的规定，主要来自《公司法》。

股东协议的内容会与企业股权设计直接相关，具体包括以下方面。

1. 股东协议的合法性 股东协议必须符合相关法律法规的规定，不能违反法律法规的强制性规定，否则可能会被认定为无效或部分无效。

2. 股东权利和义务 股东协议应当明确股东的权利和义务，包括但不限于出资额、分红权、表决权、知情权等。同时，股东协议应当保证公司的利益和其他股东的合法权益不受损害。

3. 公司治理结构 股东协议应当规定公司的治理结构，包括股东会、董事会、监事会的组成和职责，以及各机构的议事规则和决策程序。这些规定应当符合法律法规的要求，并且应当确保公司的稳定性和发展。

4. 股权转让和股权变动 股东协议应当规定股权转让和股权变动的条件、程序和方式，以及股权转让后股东的权利和义务。这些规定应当保证公司的股权转让和股权变动合法有效，并且应当确保公司的利益和其他股东的合法权益不受损害。

5. 违约责任和解决争议 股东协议应当规定违约责任和解决争议的方式，包括仲裁、诉讼等。这些规定应当保证股东之间的争议能够得到合法有效的解决，并且应当确保公司的利益和其他股东的合法权益不受损害。

（二）股东进入路径与风险规避

在大学生创业项目中，创始人股东以外，创业项目可能吸引到的股东包括很多，不同路径（图11-7）股东的加入会给项目带来新的资源，同时也要认真考量风险规避。

1. 家人和朋友作为股东的可能加入途径是最直接的，但这需要通过书面协议和定期的沟通来规避风险，以避免未来可能出现的误解和纠纷。

2. 天使投资人可能因为对项目的肯定而加入，但为了规避风险，投资前的专业评估和清晰的退出策略是必需的。

3. 孵化器提供的种子资金和指导也是股东加入的渠道，但要谨慎选择参与的对象和数量，以避免过度稀释股权。

4. 随着项目的进展，吸引风险投资（venture capital，VC）变得可能，此时选择与公司愿景和文化相符的投资人合作伙伴会促进公司的快速发展，此时有意识地设计保护创始人利益的合作条款至关重要。

5. 众筹平台也是潜在股东加入的途径，但要确保投资者的利益与公司的核心业务相符，并且在众筹过程中确保合规，才能避免众筹过程中可能带来的风险。

风险和机遇并存，吸引新的股东加入，可以争取更多发展机会，同时为了规避风险，创业团队也要有意识地寻求专业的法律咨询，维持运营的科学有效性，保留对公司的控制权，以及建立全面的风险管理框架。

图 11-7 股东进入路径

（三）股东退出路径与风险规避

1. 股份转让 股东退出有限责任公司的一种常见方式是转让其股份。这项操作可以将股份转让给其他现有股东或者寻找第三方买家。为了确保转让过程的顺利进行，股份转让应遵循公司章程和股东之间的先前协议。然而，这个过程可能存在估值不公和交易不透明的风险。为了防范风险，应当在公司章程或股东协议中明确股份转让的相关条款，并可能需要聘请独立第三方机构进行股份估值，以确保交易的公正性。

2. 股权回购 另一个退出途径是公司回购股东的股份。通常这种情况会在股东之间的协议里预先设置规定，这不仅能够为股东提供一个退出机制，也能让公司重新获得股份的控制权。为了防范风险，公司需要在章程或协议中制订明确的股权回购条款，同时保证有足够的资金支持这一行动，以防止回购过程中对公司的财务健康造成影响。

3. 清算分红 公司遭遇清算时，股东可以依据其在公司中的股权比例获得清算后剩余财产的分配。这一途径确保了股东能够根据其投入获得相应的经济利益。为了防范风险，必须清晰规定清算的法律程序，和各债权人以及不同类别股东之间的清算顺序，以确保流程的合法性和公平性。

4. 死亡或禁能 当股东死亡或丧失行为能力时，其股份需要按照《中华人民共和国民法典》或其他相关协议进行转移。对公司来说，这可能导致突然的股权结构变化，对公司的稳定运营构成风险。为了防范风险，公司需提前制订细致的继承计划，并考虑为关键股东投保，从而缓解这类变化可能给公司带来的财务冲击。

思 考 题

1. 股权结构对于创业企业至关重要，结合本章内容和身边的创业案例，思考如何通过股权设计，更好地激发创业团队的热情，推动创业企业的发展。

2. 根据本章对股权的讲解，举一反三，思考创业中可能遇到的其他法律风险有哪些，以及应该如何做好风险控制。

3. 作为一个有责任感的企业家，思考股东权利和需承担的义务责任之间的关联关系。

（韩晓洁）

第12章 企业文化

> **学习目标**
> 1. 素质目标　了解企业文化对企业成长的意义,树立正确的学习目标。
> 2. 知识目标　认识企业文化的概念、内涵和作用,理解初创企业的企业文化设计方案。
> 3. 能力目标　能结合企业文化发展,对企业文化的变革和创新进行思考。

企业文化是企业发展的灵魂,是企业的核心竞争力之一。一个好的企业文化可以让企业在竞争激烈的市场中立于不败之地,成为业界的领头羊。在新的时代背景下,基于特定目标,我们赋予企业文化的概念、方案与变革。本章从剖析"企业文化的概念内容与作用"开始,逐步认知企业文化的要素与类型;从"初创企业的企业文化设计方案"开始,认识初创企业的团队文化特点、团队文化方程式、团队文化塑造流程;在"企业文化变革与创新"中,领会企业文化变革的规律和企业文化的创新之道,从而开启我们的企业文化探索之门。

第1节　企业文化的概念、内容与作用

案例 12-1

1968 年,何享健先生创办了一个生产塑料瓶盖的街道小厂,由此踏上了美的公司的创业征程。在急剧变化的时代大潮中,美的不断探索,从昔日一个主要生产塑料瓶盖、汽车挂车安全阀的乡镇企业,发展壮大为今天以家电制造为主、跨多个产业领域的大型集团公司,美的走出了一条不平凡的风雨之路。

创业伊始,一穷二白,美的创业者以积极的精神、务实的态度与顽强的毅力,不畏困难,在夹缝中生存立足。进入改革开放的年代,美的人以超前意识,抓住机遇,转型进入家电行业,不断创新,稳步发展壮大起来。进入 21 世纪后,美的在全球化大潮中顺势而为,继续保持着良好的发展势头,现已成为中国白色家电产业中的领先企业,并在全球家电业中拥有一席之地。但极具变革创新意识的美的人并不满足,继续向更高的目标迈进,并思索企业如何永续经营,基业长青。在这样的背景下,凝结了美的人强烈的开放意识、一贯的创新作风、包容并蓄多元并存文化的智慧结晶《美的企业文化纲领》顺应而生。当然,文化纲领不是教条,更不是亘古不变的真理。它来源于实践,并指导实践,使实践之树常青。它也将随着企业内外部环境的变化而不断修正和优化。

问题:1. 什么是企业文化?
　　　2. 美的公司的企业文化有什么特点?

企业文化作为企业的灵魂和核心,是企业深层次发展壮大的动能,是企业具体行为的指引明灯。党的二十大报告指出:"人心是最大的政治。"特别是在当今充满挑战和机遇的市场经济新时代,我们比以往任何时候都更加需要文化的力量,希冀引导和支持企业的优化转型和组织变革。

一、企业文化的概念

企业文化是企业在生产经营实践中逐步形成的，全体员工认可和遵循的、具有组织特征的使命、愿景、宗旨、精神、价值观和经营理念的总和，是企业成员共享的价值观体系和行为规范。这些理念也体现在企业的生产经营实践、管理制度、员工行为、外部形象等方面。企业文化是企业的灵魂，是企业发展的不竭动力。它包含着非常丰富的内容，其核心是企业的精神和价值观，影响员工的工作态度、行为和决策，也影响外部客户和合作伙伴。这里的价值观不是指企业管理中的各种文化现象，而是指企业或其员工在商品生产经营中所持有的价值观。积极健康的企业文化有助于提高员工的工作满意度和绩效，增强企业的竞争力和可持续发展能力。

企业文化的基本内涵具有以下几个特点：①客观性。企业文化是客观存在的，不以人的意志为转移。②开放性。优秀的企业文化具有全方位开放的特征，它绝不排斥先进管理思想及有效经营模式的影响和冲击。③渗透性。企业文化的核心是价值观念，它是无形的，它的存在、传播和作用需借助于各种具体形式和载体，真正被员工认同和实践的价值观念具有极强的渗透性，它无处不在，渗透于企业的每一个层面、每个角落。④持续性。企业文化是一个相对稳定的系统，它不会轻易改变，需要长期地积累和塑造。⑤独特性。每个企业的文化都是独特的，反映了企业的历史、价值观和发展方向。

二、企业文化的内容

为了对企业文化进行深入的分析和研究，许多学者提出了企业文化的结构模型或理论。研究企业文化的内容旨在识别企业文化系统各组成部分之间的关系，并理解企业文化的整体和局部之间的联系。目前中国流行的组织文化结构划分方法是由内而外分为精神文化、制度文化、行为文化和物质文化四个层次，如图12-1所示。

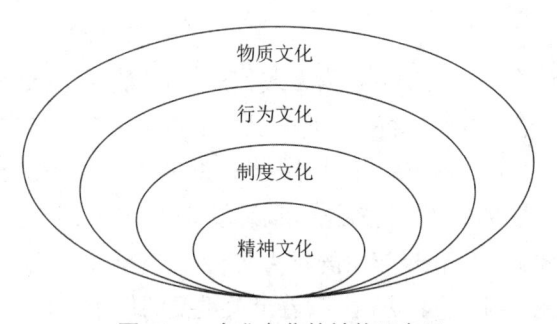

图 12-1　企业文化的结构示意图

（一）精神文化

精神文化是企业文化的核心，是指企业在生产经营中形成的独具本企业特征的意识形态和文化观念。包含以下几个方面。

1. 企业价值观　企业价值观是指导企业有意识、有目的地选择某种行为，实现物质产品与精神产品的满足，判定某种行为的好坏、对错及是否具有价值或价值大小的总的看法与根本观点，具体包含企业核心价值观和附属价值观两个方面。

2. 企业宗旨　企业宗旨是指企业的社会价值和对社会的承诺，表明企业的社会使命，体现企业的首要社会责任。公司的宗旨实际上是其核心价值观在组织与社会关系中的集中体现。

3. 企业愿景　企业愿景是对企业所追求的未来状态或理想状态的清晰描述。它是企业对自身发展方向和目标的长远展望，能够激励员工、指导决策，并吸引利益相关者与企业共同努力。

4. 企业精神　企业精神是组织成员对积极精神观的自觉弘扬和培养，是对企业现有观念意识和传统行为习惯中积极因素进行总结、提炼和倡导的结果。企业文化是企业精神的源泉，企业精神是企业文化发展到一定阶段的产物。

5. 企业伦理 企业伦理是指人类社会基于对自然、社会和个人的理解，以是非、善恶为标准，调整人与社会关系的行为规范和准则。

（二）制度文化

制度文化指的是公司的内部法规、程序和政策。制度文化强调组织内部的规范和程序，包括公司的管理体系、流程规范、工作程序、奖惩机制等。通过制度文化，企业可以规范员工行为，提高工作效率，确保组织的正常运作。制度文化还可以帮助企业建立全面的管理体系，确保企业的稳定和可持续发展。然而，如果制度文化过于僵化和烦琐，可能会限制员工的创新和灵活性，因此在建立制度文化时需要平衡规范性和灵活性。

1. 一般制度 一般制度是指一些具有普遍意义的工作和管理制度，以及企业中存在的各种责任制度。这些成文的制度，以及不成文的企业规范和习惯，对员工的行为起到了约束作用，确保了整个企业能够分工协作，有序运作，如员工日常行为规范、劳动人事管理制度、财务管理制度、物资供应管理制度、设备管理制度、服务管理制度、岗位责任制等。

2. 特殊制度 特殊制度主要是指企业的非程序性制度，如总结表彰会制度、员工评价制度、企业成立周年庆典制度等。与一般制度相比，特殊制度更能反映企业的管理和文化特征。

3. 企业风俗 企业风俗主要是指企业已经建立并同意的仪式、行为习惯、节日、活动等，如定期的文化体育比赛、周年庆典等。与一般和特殊制度不同，企业习俗没有以精确的书面形式表达或要求强制执行，而是完全由习惯和偏好的影响来维持。它可以是自然形成的，也可以是人为发展的。作为一种活动或习俗，一旦被所有员工接受和继承，它将成为企业的习俗之一。

（三）行为文化

行为文化是指一个组织或企业中员工的行为方式、态度和价值观。它反映了组织中员工的行为准则、沟通方式、团队合作、领导风格等方面的特征。行为文化强调员工在工作中的行为和态度，以及他们与同事、领导和客户之间的互动方式。积极的行为文化可以促进员工之间的合作和团队精神，提高工作效率和员工满意度。行为文化也可以影响企业的外部形象和客户关系，因为员工的行为和态度会直接影响到客户的体验和满意度。因此，建立积极健康的行为文化对于企业的长期发展和成功至关重要。

1. 企业家行为 企业家在企业的发展中发挥着至关重要的作用：企业家反复向员工传播他们的想法、战略和目标，形成了一股巨大的文化力量；企业家艺术地处理人与工作、雇主与员工、稳定与变革、务实与创新、所有权与管理、集中与分散等关系；企业家行使其权利，公平执行公司规则和条例，并在识别、雇用和激励个人方面发挥重要作用；企业家与员工保持良好的人际关系，关心和照顾员工及其家人，并在公司外结交朋友，为公司争取必要的资源。优秀的企业家将其价值观体现在企业的管理和运营中，引领和推动员工形成共同的文化理念、传统、风格、士气和氛围，以及独特的企业形象，并不断为社会作出贡献。

2. 企业模范人物行为 企业中的模范人物是企业的中坚力量。他们是先进员工的典范，他们的行为经常被企业员工用作模范行为，是企业价值观的体现。企业应努力发掘各岗位的模范人物，大力宣传和表彰他们的先进事迹，规范他们的行为。通过概念化他们的故事，可以将企业倡导的核心价值观和企业精神形象化，从而在企业内部培养积极健康的文化氛围，激励所有员工的思想和行动，规范他们的行为和习惯，使员工顺利完成从"心的一致"到"行动的一致"的转变。

3. 员工行为 企业员工是企业的主体，企业员工的集体行为决定了企业的精神风貌和文明程度。

员工群体行为的塑造是企业文化建设的重要组成部分。通过各种发展和激励措施，员工应提高知识、能力、道德、勤奋、心理和身体素质，并将个人目标与公司目标相结合，形成协同效应。

（四）物质文化

物质文化是由企业创造的产品和各种物质设施组成的器物文化，也称为外观层，是外界最容易接触和体验到的企业文化现象。它是企业文化的最外层，关注的是企业在社会中的外部形象，主要包括企业的产品结构和风格、企业的工作环境和员工休息娱乐环境、员工的文化设施、工厂的外观。

1. 企业产品 企业产品是指人们为满足消费者或用户的需求而向市场提供的任何有形产品或无形服务。有形产品包括产品实体及其质量、特征、风格、品牌和包装；无形服务包括售后服务和保证，这些服务和保证可以为买家、产品形象和卖家声誉带来额外的利益和心理满足与信任。

2. 企业名称和企业象征物 公司名称及其符号都是企业文化的视觉符号，充分体现了公司的文化个性。企业的名称和标志是企业为社会贡献的文化、智慧和进步的结晶，以展示企业的文化风格。

3. 企业外貌 包括自然环境、建筑风格、办公室和车间的设计和布局、企业标志性建筑、绿化美化情况、污染控制情况等。

4. 健康安全环境 企业为员工工作建立必要的健康、卫生、安全等设施。

5. 素质提升环境 企业为提高员工文化知识、科技素质以及专业技能而建立的必要的技术培训、职业教育所需的文化教育设施和环境氛围。

三、企业文化的作用

企业文化作为一个系统，不仅具有概念内涵和结构特征，而且具有特定的作用。这是企业文化体系存在的基本条件之一。企业文化与企业经营的成败密切相关。优秀的企业往往具有独特的文化特征，能够充分发挥企业文化的积极作用。

1. 导向作用 一般来说，任何文化都是一种价值取向，具有指导作用，可以定义人们追求的目标。对于企业来说，企业文化一旦形成，就建立了一套自己的系统价值观和规范标准，对企业成员的个人思想和企业的整体价值和行为取向起到指导作用。建立在共同价值观基础上的企业文化反映了企业的整体意识、追求、价值观和利益，使企业中的绝大多数人员能够清楚地了解企业主张和反对什么。企业文化将成员的个人目标引导到公司设定的目标，使他们在不知不觉中接受企业文化的共同价值观。

2. 规范作用 企业文化在企业中形成了一种"软约束"机制，可以通过共享的价值观和相关概念，以及相应的行为规范和准则来引导和规范成员的行为。与企业制定的规章制度对成员施加的"硬约束"相比，"软约束"往往具有这些"硬约束"无法发挥的作用。企业成员可以根据规章制度的要求规范自己的行为，但不能在规章制度之外规范行为。换句话说，规章制度可以要求成员遵守相应的规范，但成员的实际行为不一定完全遵循规章制度，行为的规范程度也可能不尽如人意。"软约束"机制是围绕共同价值观和相关概念，利用从众心理和群体压力等机制，在成员心中形成固定模式，构建反应机制。因此，只要外部感应信号出现，就可以获得积极的内部反应，并迅速转化为预期行为。企业文化通过软硬约束机制的共同作用，对员工的意识和行为起到规范作用。

3. 激励作用 企业文化的激励作用很大程度上来自满足员工的需求。这一点在良好的企业文化氛围中尤为明显。优秀的企业文化以共同的价值观为中心，创造了一种工作氛围，帮助成员实现思想的一致性，增强他们的安全感和归属感。企业文化是一种意义体系，可以帮助成员认识到工作和生活的意义、公司存在的社会意义，并在相当程度上满足成员的精神需求。当包括归属感和成长在内的一系列需求得到满足时，企业成员将受到企业文化的激励。

4. 凝聚作用 企业文化的凝聚功能主要通过两方面发挥作用。①目标凝聚，即通过突出、集中、明确、具体的企业目标形式，向员工和公众展示企业集团行为的意义，形成全体员工努力的方向，从而形成强大的凝聚力和向心力；②价值凝聚，即通过一套共通价值观，使企业员工牢固地连接在一起。为了实现共同的目标，成员们基于共通价值观而聚在一起，被称为志同道合者。

5. 对外辐射作用 企业文化的对外辐射作用主要体现在：①向社会传播企业的价值观、伦理道德和管理理念；②以企业的产品或服务为载体向社会服务；③通过企业成员言行来体现企业精神和价值观；④通过多种方式塑造企业形象。

第2节 初创企业的企业文化设计方案

案例 12-2

对于华为这样一家科技公司来说，技术的领先和投入对于确保成功必不可少，但是企业文化的作用更为关键。"狼性"一直是外界对华为文化的最形象概括，实际上，"狼性"文化对初创期的华为确实起到不可磨灭的作用，但是经过多年的发展、补充和融合，这已经不能代表华为文化的全部，"狼性"文化也开始出现弊端。

同时，"狼性"文化适用于"打江山"的华为，它解决的问题是如何让华为活下去，但在华为已经成为全球第一大电信设备商之后，华为开始对企业文化做出新的调整和补充。摆在华为面前的问题是：如何才能活得更长久。任正非表示，多年来华为在很多方面取得了较好成绩，并在全球化竞争中奠定了基础，未来华为工作和战略调整的魂，应该仍是"以客户为中心，以奋斗者为本"的企业文化。

问题： 华为的企业文化经历了怎样的变化？坚持了什么？改变了什么？

企业文化是企业在初创阶段就需要关注和塑造的核心竞争力。对于初创企业而言，一套符合自身特点的企业文化设计方案有助于提高员工凝聚力、激发创新活力，从而为企业的长远发展奠定坚实基础，而团队文化则是企业文化中的最基础也是最重要的文化。本节将围绕初创企业的团队文化设计方案展开讨论，旨在为初创企业团队文化的培育提供有益的启示。

一、初创企业的团队文化特点

企业文化根据企业生命周期，也有五个不同的发展阶段，分别是生存阶段、企业家文化阶段、团队文化阶段、企业文化阶段和竞争性文化阶段。初创企业多数处于企业家文化和团队文化阶段。企业文化真正形成的阶段是竞争性文化阶段，企业具有了核心价值能力，可以用文化凝聚所有人从而获得强有力的竞争地位。创业者要根据自己项目的特点、所服务人群的具体情况，以及企业所处的发展阶段，因地制宜地建设与发展自己的企业文化。初创企业在企业文化方面有着独特的特点，这些特点是由其自身的发展阶段、组织结构和管理方式等因素决定的。以下是一些初创企业团队文化的典型特点。

1. 灵活性 初创企业通常规模较小，组织结构较为简单，管理层次较少，决策速度快，能够更快地适应市场变化和需求。这种灵活性不仅体现在组织架构上，也体现在团队文化中，如企业价值观、激励机制等方面。

2. 创新性 初创企业面临激烈的市场竞争，为了在市场中脱颖而出，往往强调创新和变革。这个阶段企业的核心价值观稳定，企业的文化基调成形，企业文化已经能够引导和规范每一个新入职员工，深入到每个员工的行为举止中，渗透在每个产品中，成为这家企业的可辨识度基因。这个阶段企业文化以创新为导向，当企业基本盘稳定，就需要每一个员工都能发挥作用，只有企业可以接受变化和包容失败时，企业才有创新的能力。特别在企业走过初创期，业务链条稳定后，企业要勇于从上至下不断地突破和创新，因此，初创企业的团队文化往往鼓励员工敢于尝试、勇于创新，尊重和包容失败，从失败中学习和成长。

3. 紧密团队合作 初创企业团队规模较小，成员之间相互依赖，需要紧密合作以应对各种挑战。这个阶段是以绩效为基础的，厚实的绩效可以帮助企业构建系统能力。强大的系统整合能力，能够将企业内外部的优质资源，通过企业文化有效调度和整合，再对社会进行系统化输出，形成企业的品牌形象。团队有着比较明确的氛围基调，有着基本的价值判断。因此，初创企业的团队文化往往注重团队协作，鼓励成员之间相互支持、互相学习。

4. 强调结果 由于资源有限，初创企业对团队的工作成果有着较高的期望。因此，团队文化中往往强调结果导向，鼓励员工追求高效率和高质量的工作成果。

5. 个人成长与发展 初创企业通常注重员工的个人成长和发展，提供更多的学习和晋升机会。团队文化中强调个人能力的提升，鼓励员工自我成长，以适应企业发展的需要。

6. 创始人领导力 初创企业的团队文化往往受到创始人领导力的影响，创始人的价值观、行为方式和领导风格会深深烙印在团队文化中。

7. 创业激情 初创企业面临诸多困难和挑战，团队成员往往需要有强烈的创业激情和毅力来推动企业前进。因此，团队文化中通常强调创业激情，鼓励成员为实现企业目标付出努力。

8. 持续调整与优化 初创企业在发展过程中，需要不断地根据市场和企业需求调整团队文化。这种持续优化和调整的能力，使初创企业团队文化更具适应性和竞争力。

总之，初创企业的团队文化具有很多独特的特点，这些特点有助于企业在激烈的市场竞争中站稳脚跟，也为员工的个人成长提供了广阔的空间。然而，初创企业团队文化的这些特点也使其面临一定的挑战，包括如何保持团队的稳定性和凝聚力、如何平衡创新与执行力等。因此，初创企业在发展过程中，需要不断审视和调整团队文化，以实现可持续发展。

二、初创企业的团队文化方程式

在初创企业中，团队文化起着至关重要的作用。它不仅是企业价值观的体现，更是推动团队执行力的关键因素。以下是一个初创企业打造独特团队文化的方程式。团队文化最核心的要素主要是三个：共通价值观、共通思维方式、共通行为方式。即

$$团队文化=共通价值观×共通思维方式×共通行为方式$$

1. 共通价值观 团队的价值观让人们凝聚在一起，并且觉得所做的事情有意义。企业的价值观是一个团队的基本理念和信仰，构成了团队文化的核心，它界定了"成功"这一概念的具体内容，并建立了内部的成就标准，更是企业在进行选择时不可或缺的行动指南。共通价值观能够为企业的生存与发展提供精神支柱、决定企业的基本特性和发展方向、对领导者及员工行为起到导向和规范作用、激励员工发挥潜能形成合力。

2. 共通思维方式 共通思维方式是基于共通价值观而对事物产生的统一的认识。我们都会从这样的一个维度去思考和解决问题，对公司的战略、战术、战斗有共识。如果说价值观是灯塔，为我们航行时指明方向，是进行方向选择时的基本判断，那共通思维方式就是一个团队在到达目的地的过程中的默契。

3. 共通行为方式 团队文化最终不是靠贴在墙上的口号来实现的，而是通过员工的行为和企业的

产品来体现的。真正的团队文化的形成是从理念到实践的过程。所以团队文化构成要素中，最后一个要素是共通行为方式。团队行为文化是指员工在生产经营及学习娱乐活动中产生的活动文化，指企业经营、教育宣传、人际关系活动、文娱体育活动中产生的文化现象，包括团队行为的规范、团队人际关系的规范和公共关系的规范。团队行为包括团队与团队之间、团队与顾客之间、团队与政府之间、团队与社会之间的行为。这种共通行为方式包括流程和规范、礼仪和仪式。

团队文化在短时期内带来的效果可能不如提升销售业绩那样迅猛，但是它对企业会有持续的长久价值。就像一棵大树，在埋下种子的时候，我们不一定能感受到种子的价值，但如果对它细心呵护，有一天它一定会成长为参天大树。本节介绍了团队文化构成的核心要素：共通价值观、共通思维方式、共通行为方式。共通价值观是企业航行的指南针，也可以说是灯塔，是企业乘风破浪的意义所在，这个要素直指人们的内心，是心的共鸣与相通。共通思维方式是人们思考问题的方向和角度，这个要素直指人们的大脑，是思维角度的共通。共通行为方式体现在人们在企业日常经营活动中的每一个动作和产品的每一个细节中，这个要素是人们身体的相通。当一个企业中从上到下的每个人都能完成这三个要素的相通，能达到从外部环境到内心世界的协调一致，则优秀的团队文化已然逐渐形成。

三、初创企业的团队文化塑造流程

对于团队文化的理解，我们要避免踏入一些误区。例如，认为企业刚起步，规模很小，就不需要建立公司的文化体系。文化就像院子里的草，无论我们理睬它还是忽视它，它都会自动生长。如果去打理它、修剪它，它就会长成我们所希望的样子。但是如果不去管理，随着它自身的成长，院子就会野草丛生。无论公司的规模是大还是小，一定都会有文化存在。作为管理者，都应该花时间去关注、去培养文化。一个公司即使战略制订得再完美，如果公司文化出现问题，公司的战略推进可能也会遇到困难。所以，及早开始关注团队文化，是每个首席执行官（chief executive officer，CEO）的职责所在。初创阶段，需要依次从"经营理念的认可、确定思维方式、行为习惯的养成"三方面来塑造团队文化，如图 12-2 所示。

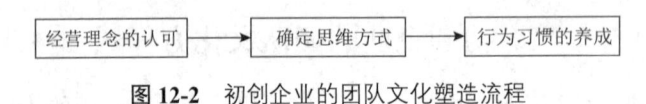

经营理念的认可 → 确定思维方式 → 行为习惯的养成

图 12-2 初创企业的团队文化塑造流程

（一）经营理念的认可

虽然说初创团队刚开始组建，很多时候企业家文化就表现为企业文化。但经营理念的提出和确认是需要全员认可的，否则自上而下的强制执行是无法真正落地的。可以分为以下四步走。

1. 充分讨论形成共识 初创企业人员数量不多，可以考虑全员参与。如果人数超过 10 个人，则核心层参与讨论。在头脑风暴过程中，每个人写出心目中 5~6 个公司具备的核心经营理念，然后合并同类项，找出重复度最高的 3 个。围绕这 3 个展开充分讨论，判断哪个更能引起员工内心的共鸣，因为经营理念是心的相通。

2. 通过交流、培训、探讨达到共通 在头脑风暴中确定了初稿之后，再与所有员工进行交流和探讨，不断完善和丰富核心理念的内涵。而这个交流过程，也是文化基因在每个员工心中扎根的过程。

3. 定期进行愿景练习 企业经营理念也有一个不断丰富和完善的过程，特别是初创企业。所以企业的核心层定期要做一次愿景练习，通过这个练习来重新审视自己对企业经营理念的理解，也审视团队核心成员之间的思想是否仍旧共通。

4. 通过各种方式和途径去强化 通过视觉和听觉上的各种途径，来使企业的核心理念深入人心，如各种线上线下的宣传报道、各类主题活动、在企业内部资料中频繁引用等。对于企业的核心理念，企业的领导者要经常说，企业的员工要常常自我提醒，以达到人人知晓、人人认可的程度。

（二）确定思维方式

在一个企业中，共同的思维方式是我们在思考问题时的视角和维度，是基于市场数据还是基于用户体验，是个人英雄还是集体智慧，是技术为王还是用户至上。这些思考方式一旦形成惯性，就会形成羊群效应，让团队中的每个人都不自觉地去遵守执行，甚至刚进入团队的新人也会迅速形成这样的思考方式。思维方式的培养有两种途径。

1. 告知决策依据　作为执行工作任务的员工，很多时候并不知道工作任务背后的意义，以及决策的依据是什么。而这个决策依据往往就是人们的思考方式：是因为这个产品的用户体验不好，所以对硬件部分重新进行了设计；还是因为产品的原材料成本有点高，所以重新对硬件部分进行设计。在大大小小的决策中，在内部员工通告中，不仅告知员工决策结果，也告知员工决策依据，这样员工逐渐就能以决策者的思维方式去看待工作中出现的问题，就可以很快做出正确反馈。在实际工作中，很多领导者喜欢直接告知员工结果，并不喜欢告知决策过程，这就丧失了培养共通思维方式的宝贵机会。

2. 指挥棒引导　在对员工进行考核和评估时，将企业的思维方式融入其中。也可以在平日工作中设置一些小的奖励措施，鼓励大家能够从这个维度和视角去思考和推进工作。

一个团队的思考方式如果进行了确定，那就会大大减少分歧和纷争。例如，一个企业如果将员工看为成本，那企业现金流产生压力的时候，就会通过裁员的形式来缓解企业压力；如果一个企业将员工视为合伙人，那么就会将人才储备和培养视为根本，会给员工提供更多的成长机遇和平台。这就是思维方式不同所带来的巨大变化。在企业的运行过程中，思维方式是脑相通，通过思维方式的确定，可以让企业上下都能迅速达到思维方向的一致性，减少企业内耗，提升企业的运行效率。

（三）行为习惯的养成

共通行为方式是在共通的经营理念和思维方式的指导下产生的，可以说，团队文化最终是通过员工的行为和企业的产品、服务得到显化的。行为习惯的最终养成是文化固化的一种表现。那么，员工的行为习惯的养成有哪些好的方式方法呢？

1. 编制员工日常行为指南手册　把企业的经营理念分解成对员工日常行为的具体要求。在此基础上，企业通过学习、培训、实践、传播等活动对员工的行为规范予以强化。很多企业的日常行为指南已经非常具体和细化。

2. 塑造英雄人物　通过树立典型人物，宣传典型案例，进行行为分析，并着重揭示由理念到行为的转化历程。英雄人物往往是企业中的开路先锋，这种人物的塑造不仅使成功有可能性，也有人情味，为其他员工提供了可借鉴的榜样，对外作为公司的象征，也能更大程度地激发员工积极性。

3. 培养企业仪式感　通过一些工作仪式、管理仪式、奖赏仪式、庆典等活动媒介，让人们对一些行为产生尊重感和郑重感，从而能够更好地约束自己的行为。同时，在仪式活动中，一些非正式的交流，可以让上下级之间、员工之间乃至员工与家属之间都有彼此增进了解的机会，让团队文化在潜移默化中传播。团队文化中的"老英雄"们十分注重工作生活中各种仪式之间的协调配合，无论是员工的录用与解聘、薪酬的提供方式，还是各类会议的形式、各类文书的书写规范以及各类交流的谈话方式，甚至是一个退休晚餐的整体风格设计，他们都会让员工深刻体会仪式的重要性。这些仪式让文化以一种富有凝聚力的方式显现出来。如果缺乏富有表现力的事件，企业文化会消亡。没有了仪式与庆典，那些重要的价值观就难以对人们产生影响。

4. 开展专题行为模拟训练　例如，交往行为训练、合作行为训练、参与决策行为训练等。对每项训练设计好行为情景、行为模式、行为技能和技巧，对参与训练的成员分配角色、明确角色规范，对员工的练习行为要给予及时评价。在模拟训练中帮助员工形成下意识的行为动作，让公司的文化可以体现在员工的行为表现上。

企业的文化建设，就是构筑企业百年基业长城。团队文化建设分为三步走：经营理念的认可、确定思维方式、行为习惯的养成。经营理念的认可是第一步，也是最核心的一步，为思维方式的确定和行为习惯的养成奠定思想基础。确定思维方式是纽带，连接起心和身体。团队文化建设的实质是以经营理念的认可为核心，内化于心、固化于制、外化于行的过程。

第3节　企业文化变革与创新

案例12-3

> 海尔人将兼并企业称为"吃休克鱼"。"休克鱼"比喻企业的管理思想、经营理念有问题，导致企业停滞不前。所谓"吃休克鱼"就是在所兼并的企业内，清除原有的落后的文化基础，用海尔人先进的管理文化去改造落后的东西。这种企业一旦注入新的管理思想，有一套行之有效的管理办法，很快就能被激活起来。海尔人就是通过这种吃"休克鱼"的办法，成功地兼并了13家亏损总额达5.5亿元的企业，盘活资产14.2亿元，成功实现了低成本扩张的目标。在企业兼并中，企业文化融合的重要性由此可见。他们把文化冲突放在首要的位置上解决。接收兼并企业，海尔第一个派去的部门是企业文化部门，由企业文化部门的人去讲海尔精神、海尔理念。
>
> 问题：为什么海尔在兼并"休克鱼"的时候，首先派去的是企业文化部门？

企业文化的变革与创新是指企业为适应市场变化、提高竞争力和适应新的发展需求而对企业文化进行调整和改进的过程。企业文化的变革与创新包括领导力的变革、价值观念的更新、制度和流程的创新、员工参与和培训、创新文化的建立等。企业文化的变革需要建立鼓励创新的文化氛围，包括鼓励员工提出新想法、尝试新方法、接受失败等，以推动企业的创新发展。企业文化的变革与创新是一个持续的过程，需要企业领导者和员工共同努力，不断调整和改进企业的文化，以适应不断变化的市场环境和发展需求。

一、企业文化变革的规律

企业文化是企业的灵魂，凝聚着员工的心力，推动着企业的前行。然而，随着时代的发展和外部环境的变化，企业文化建设也面临着变革的挑战。如何在变革中寻找到适合企业发展的规律，成为当下企业管理者们关注的焦点。本节将深入探讨企业文化变革的规律，分析其在企业变革过程中的关键要素，以期为企业的长远发展提供有益的借鉴。

（一）企业文化变革的驱动力

1. 企业初创阶段——创始人信念、价值观与经营理念的传承　在企业初创阶段，企业文化主要由创始人的信念、价值观和经营理念构成。这些文化元素在企业初创时期发挥着凝聚团队、指导行为和塑造品牌的重要作用。随着企业规模的扩大和市场份额的增加，创始人的信念和价值观逐渐被更多员工接受和传承，形成具有独特个性的企业文化。

2. 企业稳定阶段——文化对战略的约束与适应　在企业稳定阶段，企业文化对战略的约束与适应显得尤为重要。企业文化作为一种共享价值观和行为规范，影响着企业内部的决策过程、人际关系和业务运作。此时，企业文化既有积极作用，如提高员工凝聚力、降低管理成本等；同时也有负面影响，如文化僵化、排斥创新等。因此，企业在此阶段需不断审视和调整企业文化，以适应不断变化的市场环境，确保企业持续发展。

3. 企业战略失灵时——文化变革的重要性与应对方法 当企业战略失灵时，企业文化变革成为必然选择。此时，企业需重新审视原有的信念、价值观和经营理念，找出文化与战略之间的矛盾所在，进而采取措施进行调整。

（二）企业文化变革的内容

企业文化的转变应该是企业所有变革中最深层次的变革，因为它涉及企业成员的认知和行为水平的变化。具体来说，主要包括以下几个方面。

1. 企业价值观的变革 企业价值观的转变不仅涉及对整个企业的深刻理解，还涉及对企业环境变化的重新认识。在企业价值观中，管理哲学和管理思想往往随着公司的成长和外部环境的适应而变化。

2. 企业制度和风俗的变革 公司制度和习俗的转变包括对员工和管理者行为规范的调整，以及特殊公司制度和惯例的建立和取消。

3. 企业文化重塑 通常所说的企业文化重塑或重建，实际上是指企业现有的文化不适应社会发展的要求和企业发展的步伐，阻碍了企业的发展。重塑和重构都是为了吸收原有企业文化的精华，进行创新，更好地服务于企业的发展。

（三）企业文化变革的流程

企业文化变革是企业为了适应形势的变化，而对原有的企业文化进行革新，是一项异常复杂的任务。对于企业来说，如果没有一个可操作的模型，变革就会复杂且难以实施，企业文化变革流程具体包含以下四部分内容。

1. 文化变革的诊断流程 一是对现有文化进行诊断。文化变革应从诊断当前文化状况和评估现有文化是否符合战略开始。在这里，不仅要评估整体文化，还要评估各部门文化的状况。二是分析内外部环境。运用多种方法，围绕市场反应、产品组合、财务、技术水平、当前客户结构等因素，分析确定内部情况。通过外部经济环境、国家宏观政策、竞争对手、行业和市场的根本变化来分析外部环境，识别影响企业的外部因素。通过以上分析，可以明确企业为什么需要进行文化变革，是否需要全面的文化变革，或者是否需要在某些方面进行变革或加强。之所以这样做，是因为文化变革的一个根本步骤是明确企业的核心价值观。企业的核心价值观是企业的灵魂，是企业文化的核心，长期不变。一旦决定了一个完整的文化转型，就必须重新建立价值观，新价值观的认可和内化不可能一蹴而就。

2. 文化变革的人员流程 在文化变革的过程中，无论是对外部环境、内部环境和文化地位的判断，还是基于判断制订相应的战略，人的因素都至关重要。如果人事管理过程出现问题，企业将无法在文化变革过程中充分发挥其潜力。因此，首先要建立一个文化变革领导小组，作为变革的推动力。其次，要为领导小组选择一位合适的领导人。再次，要进行适当的人事调整。最后，要将文化变化与工作表现联系起来。如果员工想要识别和内化价值观或接受文化，并形成习惯，他们必须相信这种价值观或文化变化可以给他们带来绩效。

3. 文化变革的战略流程 ①要制订好战略计划。一个好的文化变革的战略计划不仅能够内化价值观而且还能保证文化变革顺利完成。同时，战略计划的制订也必须遵循适应内外部环境的原则。②要做好战略评估。通过召开战略评估会议，把文化变革的总体战略和各部门的文化变革战略拿到会议上讨论，这不仅是测试和验证一项战略的最有效方式之一，也是在计划实施之前的最后一次补救机会，同时还能增加各部门在实施计划时的协调性。因此，在战略评估会议上应该尽可能地把文化变革过程中的各种问题都考虑在内，与会人员应当畅所欲言，将所有可能出现的问题一一列举出来。无论如何，战略评估会议上的讨论必须回答这样几个关键问题：这些计划是否合理、是否前后一致、各部门是否具备必要的执行能力。③要及时地发送备忘录。战略评估结束后，要给各位领导及时发送备忘录，来确认此次讨论所达成的共识，并将其作为战略实施的进程指标。

4. 文化变革的运营流程　　战略流程只是定义了文化变革的方向，人员流程定义的是战略实施过程中的人员因素，运营流程则为人员开展工作提供明确的指导方向，为文化变革确定目标，为实现目标制订具体的工作步骤：①要制订运营计划。通过召集各部门领导及其直接下属、部门执行人员等，针对制度、员工的培训和教育员工的行为规范等细节问题展开一次积极公开的对话，对整个企业情况进行一番了解，包括各部门的联系，并根据得到的信息，各部门经理与各自团队经讨论确定运营计划。运营计划应该包括认同、公正、平等、共识、发展、团体动力、内化等因素所要达到的程度目标，这些目标应该是在清楚地认识企业和部门所处境况的基础上制订出来的，应该是按先整体、后局部的顺序制订出来的，同时还应该包括实现这些目标所采取的手段和方式等。②要将运营计划转变为行动计划。制订好行动计划后，应给每个与会人员发送一份备忘录，列出大家在会议上达成的所有细节性信息。③要定期对运营计划的实施情况进行评估。运营流程的作用就是明确具体地定义出希望实现而且能够实现的文化变革目标。正是因为这些目标建立在最符合实际的前提基础之上，而且管理层已经对实现这些目标的方式进行了详细的讨论，所以要结合实际情况定期对运营计划的实施情况进行评估，以保证运营流程的有序推进。

处在不同的内部与外部环境中的企业，其文化特征也会有所不同，随之产生的行为规范、思维方式和行为方式也不同，因此文化变革不可能千篇一律。但是，文化变革的流程应该是相同的，其作用和目的就是让企业对文化变革有总体、深刻的认识和清晰的思路，从而制订出符合实际的计划，并且认真地贯彻和执行。

（四）企业文化变革的策略

1. 学习新事物的焦虑——克服短期内的效率担忧　　在企业文化变革过程中，员工往往会对学习新事物产生焦虑，担忧短期内工作效率受到影响。为克服这一挑战，企业可以采取以下措施：①加强培训和教育。通过系统性的培训和辅导，帮助员工掌握新的技能和知识，提高适应变革的能力。②鼓励试错与创新。为企业内部的试错和创新提供充分的支持和保障，让员工在尝试中发现问题、解决问题，逐步适应新的企业文化。③建立良好的沟通机制。加强管理层与员工之间的沟通与交流，实时了解员工在变革过程中的需求和困惑，并及时给予指导和帮助。

2. 不同职能文化的协调——实现跨部门协作与共同发展　　企业文化变革过程中，不同职能部门可能存在文化差异，影响跨部门协作。为解决这个问题，企业可以：①强化团队建设。通过团队建设活动，促进跨部门员工的交流与合作，增进彼此的了解和信任。②制订统一的目标和价值观。明确企业文化的核心理念，确保所有部门都在同一目标和价值观下共同努力。③建立有效的协调机制。设立专门的协调机构或指定负责人，负责推动跨部门协作，解决合作过程中的问题。

3. 识别并解决潜在的文化冲突——促进和谐组织氛围　　企业文化变革过程中，潜在的文化冲突可能会影响组织的和谐氛围。为消除这一隐患，企业应：①开展文化诊断。通过企业文化诊断工具，深入了解企业内部存在的文化冲突，为解决问题提供依据。②加强文化包容与融合。尊重和包容不同部门的文化特点，发挥文化融合的优势，促进组织和谐发展。③强化文化建设。加强企业文化建设，培育具有包容性和创新性的企业文化，使员工能够在和谐的氛围中共同推进变革。

通过以上措施，企业可以在企业文化变革过程中克服各种挑战，顺利实现企业文化变革的目标，为企业的持续发展奠定坚实基础。

二、企业文化的创新之道

企业文化创新是指根据企业的性质和特点，不断创新和发展反映企业共同价值观的企业文化，使其发展与环境相匹配的过程。企业文化创新的本质是在企业文化建设中突破与企业实际经营管理脱节的僵化文化观念和视角的约束，实现向贯穿整个创新过程的新型经营管理的转变。面对日益激烈的国内外市场竞争，越来越多的企业不仅从思想上认识到创新是企业文化建设的灵魂，是不断提高企业竞争力的关键，而且还逐步深入地将创新落实到企业文化建设和企业管理实践的各个方面。企业文化的创新与发展是一项大课题，需要逐步探索、逐步深入，要企业下很大的功夫才能实现质的突破，才能在现代企业制度的环境下，实现真正意义上的企业文化创新与发展。企业文化创新要以对传统企业文化的批判为前提，对构成企业文化的诸要素，包括经营理念、企业宗旨、管理制度、经营流程、仪式、语言等进行全方位系统性地弘扬、重建或重新表述，使之与企业的发展步伐和外部环境变化相适应（图12-3）。

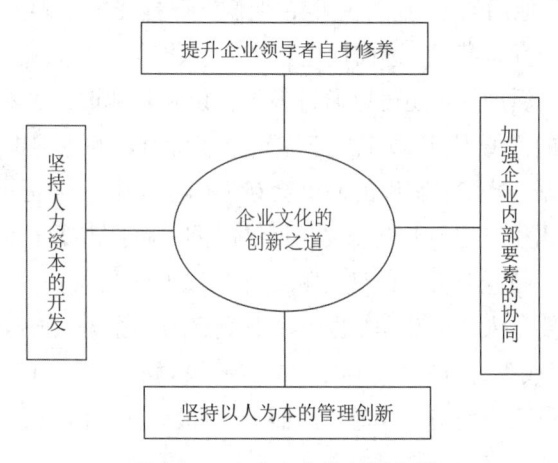

图 12-3　企业文化的创新之道

（一）提升企业领导者自身修养

从某种意义上说，企业文化是企业家的文化，是企业家的人格化，是企业家精神、责任感、人生追求、价值取向、创新精神的综合体现。他们必须通过自己的行动将企业的价值观灌输给所有成员。企业文化创新的前提是企业管理者心态的转变。因此，为了创新企业文化，企业管理者必须转变观念，提高素质。首先，要对企业文化的内涵有一个更全面、更深入的认识。我们需要彻底摆脱组织唱歌、跳舞、书法、摄影比赛的传统思维，真正将企业文化理念定位在企业的经营理念、价值观、精神和形象中。其次，积极转变思想观念。要突破现有的自我隔离、行政命令、平均主义、粗放式管理，牢固树立适应市场要求的新发展理念、改革理念、市场化管理理念、竞争理念、效率理念。再次，积极吸收国外优秀管理经验。我们要认真掌握现代管理知识和技能，同时积极吸收国外优秀管理经验，服务企业发展，在文化上积极融入世界，为企业的国际化道路做准备。最后，要有强烈的创新精神。思维活动和心理状态应保持非凡的活力，密切关注国际和国内相关信息，密切关注市场需求，能够及时重组外部信息，构建新的创新决策。

（二）坚持以人为本的管理创新

以人为本的管理创新在促进企业文化发展方面具有不可替代的作用。企业能否与员工达成并维持一种动态平衡，是企业"以人为本"这一目标实现的生动体现。以人为本的企业管理创新应该具有以下几方面特征：①追求卓越与和谐的统一。单纯追求卓越会破坏和谐，只是追求和谐也会失去卓越，扼杀创新与发展。②将制度管理与柔性管理统一。制度化的管理是必要的，无规矩无以成方圆。以情感人，以理服人，以法约束人。一切以人为中心，将人作为主体、目的，重视人际关系和人的需要，管理的重点放在调动人的积极性、主动性上，这是非常必要的。③注重组织结构的再造以适应环境发展的变化。组织结构创新的首要任务就是将企业组织改造为一个学习型的组织，一个民主的组织，一个有机弹性的管理组织，将民主管理和集中管理统一起来。④注意情、理、法三者结合的统一。合情、合理、合法是企业文化管理的出发点和目标之一。和谐的人际关系会形成一个愉快的归属感强烈的企业环境，使员工真正感到企业是我家。

（三）坚持人力资本的开发

全员培训是促进企业文化转型的根本手段，要实现企业文化对企业的驱动作用，关键在于全体员工的理解、认同和实际行动。因此，在企业文化转型过程中，有必要注意培训计划的设计和实施，并监督所有员工接受培训和学习：①要组织开展专业的企业文化培训。专业的企业文化培训不仅能提高员工对企业文化的认识和理解，增强他们的参与度，还能在他们充分接受的基础上实现用员工自愿支持的方法来诱导变革、更新观念和转变行为模式，进而促进新企业文化的顺利推广。②要拓展企业文化宣传推广渠道。除正式或非正式的培训活动外，还可以通过各类会议和其他舆论工具，如内部出版物、标语、公告牌等方式来大力宣传公司的价值观，让员工处于充满企业价值观的氛围中，促进企业文化的入脑入心。③要建立相应的激励约束机制。虽然强制性的制度会在下属组织中造成变相的扭曲或其他障碍，但价值观的形成是人格心理的一个累积过程，不仅需要长期的时间，而且需要不断地强化。因此，必要的激励和约束机制，能够加强和确保新企业文化的建立和运作，以形成习惯。

现代企业之间的竞争主要是人才的竞争，也是企业凝聚力的竞争。顽强的企业团队精神是企业取得巨大成功的根本条件。为了将成千上万的员工聚集在一起，公司必须有一套共同的价值观、目标和信念。认识到共同的价值观可以在员工中创造归属感，从而吸引和留住人才。事实证明，只有形成一种优秀的企业文化，一家公司才能建立一支不可战胜的员工队伍。

（四）加强企业内部要素的协同

企业文化创新是企业在技术和管理创新活动中逐步形成的一种文化，能够促进组织的不断变革和创新，并形成企业文化特色。企业内部元素协作的概念实际上是组织内各个部门之间的协作，以及技术和非技术元素之间的协作。协同创新是指在组织发展战略的指导下，利用核心要素与支撑要素的相互协调，提升协作水平。在协同创新驱动机制研究中，影响协同创新效果的文化分为两部分：内部和外部。概念文化是指内部文化，如价值观和观念，它们为创新提供了内在的驱动力；制度文化是指为创新提供外部驱动力的外部文化，如市场和政策。

如今，企业的创新不仅仅是技术部门的单一创新，而是需要文化、市场、制度、战略和组织等多个方面和要素的结合。企业内部的协同创新机制可以有效地将技术和非技术部门连接在一起，形成企业内部多维度、更深层次的沟通与合作。企业内部要素协作的目的是将企业内部的创新知识聚集成独特的竞争优势，使企业始终保持动态能力。企业内部要素的协作在创新企业文化向动态能力演变的过程中发挥着重要作用。在知识经济时代，企业的创新也依赖于组织学习。在协调企业内部因素的同时，加强组织学习往往在个人知识向企业动态能力的演变中发挥着不可或缺的作用。通过组织学习，可以更好地将企业文化的核心价值观和共同目标传达给员工，并在各部门、各级别员工的协同创新过程中，更好地发现和共享组织中个人的显性和隐性知识，形成积极的创新氛围。持续的组织学习可以帮助企业快速融入复杂多变的外部市场环境，使其保持一定的动态能力，形成具有自身文化特征的竞争优势。

思 考 题

1. 领导者如何推动企业文化管理工作？
2. 当前企业文化创新的趋势有哪些？

（严永旺）

第13章 中国国际大学生创新大赛

学习目标

1. **素质目标** 了解创新创业大赛对个人成长的作用，拓展知识边界、树立创新者的自我认知，在创新创业实践过程中增强信心。
2. **知识目标** 全面理解创新创业赛事的内涵与意义，掌握参加创新创业大赛所需的基本知识，建立对创新创业赛事的理解。
3. **能力目标** 培养在实际创业环境中灵活操作与应变的能力，提高在团队中的沟通协作、决策与管理等方面的实际能力。

在新时代的崛起中，创新与创业已经成为现代社会发展不可或缺的引擎。创新创业大赛为大学生提供了一个富有实践意义的平台，通过积极参与，同学们可以将理论知识与实际问题相融合，将自身构思付诸实践，最终将创意转变为实际成果。本章将详细介绍中国国际大学生创新大赛的赛程、参赛条件、参赛材料准备等内容，旨在为参赛团队在大赛中取得更加出色的成绩提供助力。

第1节 中国国际大学生创新大赛赛前准备

案例 13-1

小华从小就对科技创新有着浓厚的兴趣，尤其是对人工智能技术。在他的家乡，农民们常常因为天气和病虫害而损失惨重。他希望能创造出一种智能设备，可以帮助农民预测天气和预防病虫害。

然而，想要实现这个梦想并不容易。缺乏资金和资源，再加上家人的担忧和反对，让小华倍感压力。正当他感到迷茫时，一个偶然的机会，他从学校的老师那里听说了"中国国际大学生创新大赛"。小华决定抓住这个机会。他熬夜查阅资料，请教老师，甚至放弃了许多休息时间，终于在无数次的失败后，设计出了一款名为"农翼"的智能预测设备。这款设备不仅能预测天气，还能通过分析土壤和空气中的数据，提前预警可能的病虫害。

于是，小华带着自己的创新成果，报名参加了中国国际大学生创新大赛。

问题：1. 在案例中，中国国际大学生创新大赛对小华的孵化项目起到了怎样的推动作用？
2. 如果你是小华，你将如何利用大赛的平台展示项目？

一、中国国际大学生创新大赛简介

中国国际大学生创新大赛是一项由教育部等十二部委和地方省级人民政府共同主办的创新创业赛事，赛事聚焦创新人才培养，坚持育人为本、突出创新驱动、强化融合发展，打造教育科技人才"三位一体"实践体系，有效促进人才培养与科技创新。大赛紧密结合经济社会各领域的现实需求，涵盖多个领域，如信息技术、生命科学、能源环保、创意设计等，为大学生提供了一个展示和交流创新成果的平台，打造新形势下国际青年交流合作的世界品牌。

在 2023 年，中国国际大学生创新大赛以"我敢闯，我会创"为主题，围绕"更中国、更国际、更教育、更全面、更创新、更协同"的总目标，深入推进职普融通、产教融合、科教融汇，着力培养敢闯会创的有为人才，更好发挥高等教育在教育强国建设中的龙头作用和在创新教育中的引领作用。共有来自国内外 151 个国家和地区、5296 所学校的 421 万个项目、1709 万人次报名参赛，1260 个优秀项目脱颖而出，于 12 月 3~6 日在天津大学参加决赛阶段现场比赛，423 个项目获得金奖。下面对中国国际大学生创新大赛进行简要介绍。

1. 主办单位 大赛由教育部、中央统战部、中央网信办、国家发展改革委、工业和信息化部、人力资源社会保障部、农业农村部、中国科学院、中国工程院、国家知识产权局、国家乡村振兴局、共青团中央和当年承办学校所在地的省级人民政府共同主办。

2. 大赛组委会 由教育部和当年承办学校所在地的省级人民政府主要负责同志担任主任、教育部和当年承办学校所在地的省级人民政府分管负责同志担任副主任、教育部高等教育司主要负责同志担任秘书长、有关部门（单位）负责同志作为成员，负责大赛的组织实施。

3. 比赛赛制 大赛主要采用校级初赛、省级复赛、总决赛三级赛制（不含萌芽赛道以及国际参赛项目）。校级初赛由各院校负责组织，省级复赛由各地负责组织，总决赛由各地按照大赛组委会确定的配额择优遴选推荐项目。大赛组委会将综合考虑各地报名团队数（含邀请国际参赛项目数）、参赛院校数、往年获奖项目情况和创新教育工作情况等因素分配总决赛名额。

4. 赛道设置 大赛设置高教主赛道、"青年红色筑梦之旅"赛道、职教赛道、产业命题赛道以及萌芽赛道。高教主赛道根据参赛申报人所处学习阶段，分为本科生组、研究生组；根据项目所处创业阶段，本科生组和研究生组均内设创意组、初创组、成长组。"青年红色筑梦之旅"赛道根据项目性质和特点，分为公益组、创意组、创业组。职教赛道根据项目所处创业阶段分为创意组、创业组。产业命题赛道以及萌芽赛道不再细分组别。

二、中国国际大学生创新大赛项目选题

选题是参加大赛的第一步，对参赛有着重要的影响，一个好的选题能够让项目在起点上就具有优势。参赛项目选题是否具有市场前景、是否符合国家政策、是否具有技术实现的可行性等，都会影响项目的获奖概率。

（一）选题角度

中国国际大学生创新大赛的项目领域相当广泛，涵盖了教育、医疗、环保、农业、智能制造、新能源等多个重要领域。若要让项目在大赛中脱颖而出，选题至关重要。选题需紧密围绕实际问题，特别是那些亟待解决的"卡脖子"痛点问题，并提出全面而有效的解决方案。那么，如何寻找这样的项目呢？以下四个角度或许能为项目选题提供思路。

1. 从自身兴趣出发 从自己的兴趣、职业发展以及家族积累等方向出发，思考自己最关注和感兴趣的领域或问题。这样可以确保自己有足够的动力和热情去完成项目，并在项目实施过程中保持持续的兴趣和关注。例如，如果你对科技和创新有强烈的兴趣，可以考虑选择与人工智能、大数据、物联网等相关的项目。

2. 从学校教师出发 考虑跟随指导教师的研究方向或特长领域进行选题。指导教师可以为项目提供丰富的专业知识和经验，帮助完善项目方案，并提供实际指导和实践机会。项目团队成员与指导教师共同开展研究，也有助于积累专业经验和建立学术联系。例如，如果你的指导教师擅长于数据分析，你可以选择与数据分析相关的项目。

3. 从学长校友出发 可以与学长和校友进行交流，借此了解他们的项目经验和成果，以及他们所专注的领域和解决的问题。这样的交流不仅有助于项目团队获取实际的经验和建议，还能借助学长与校友的资源和人脉网络，为项目的实施提供有力的支持和帮助。

4. 从校企合作企业出发 校企合作企业面临真实的业务问题和挑战，通过与他们合作，你可以直接了解到实际应用场景，从而更精准地定位项目的需求和痛点。同时校企合作企业对市场需求、产品开发、商业化等业务有更深入的理解，结合实际市场需求和产业发展趋势，开展具有实际应用价值的创新项目。这样可以为项目提供更多的实践机会和资源支持，同时也有助于项目的市场转化和应用推广。

（二）选题方向

"新工科、新医科、新农科、新文科"是新时代高等教育的新教改、新质量、新体系、新文化，大赛深度结合"四新"建设，带动高校人才培养范式变革，高教主赛道按照"四新"分类。在高教主赛道中，本科生、研究生两大组别均按照新工科、新医科、新农科、新文科四种类型报名参赛。结合对历届大赛的获奖项目的分析，提供以下几类在"四新"建设背景下的项目选题方向。

1. 新工科的选题方向

（1）**智能制造与自动化技术** 我国作为制造大国，面临产业转型与优化的需求，智能制造与自动化技术是实现这一目标的关键技术之一。智能制造与自动化技术可以对传统制造流程进行自动化、数字化、智能化改造，减少重复性劳动力投入，提升制造业的效率与质量，增强本土制造业在全球市场的竞争力。参赛项目的选题可以考虑自动化生产线的设计与优化、智能控制系统的开发与应用、机器学习在工业领域的应用等。

（2）**生物医学工程** 生物医学工程涉及医疗器械设计与开发、生物材料的研究与应用、医学影像处理等领域，是新工科的重要分支之一。参赛项目的选题可以考虑可穿戴医疗设备的设计与实现、新型生物材料的研发、医学影像算法的研究等。

（3）**人工智能与大数据技术** 人工智能和大数据是新工科领域的热点话题，自我学习和适应环境的人工智能技术，常用于机器人、智能交通、智能医疗等领域。参赛项目的选题可以考虑机器学习算法的改进与应用、数据挖掘技术在行业中的应用、人工智能在智能交通等领域的应用等。

（4）**新能源与环保技术** 绿色、环保、低碳的生活方式也是近年来的关注重点，随着环保意识的提高和新能源技术的不断发展，通过技术创新和经济手段，实现减缓气候变化和可持续发展目标。参赛项目的选题可以考虑太阳能、风能等新能源技术的开发与应用，环保设备的研发与设计，节能减排技术的研究等。

（5）**数字创意与新媒体技术** 随着全球化的加速和信息技术的快速发展，数字创意与新媒体技术已经成为国际竞争的重要领域之一，数字创意与新媒体技术的应用范围广泛，包括虚拟现实、增强现实、数字媒体设计与制作、新媒体营销策略等，是新工科领域的重要组成部分。参赛项目的选题可以考虑虚拟现实技术与增强现实技术的应用、数字媒体设计与制作、新媒体营销策略等。

（6）**互联网与物联网技术** 互联网与物联网技术有助于推动产业的升级和变革，促进科技成果的转化和应用，是新工科领域的核心方向之一。参赛项目的选题可以考虑云计算平台的构建与优化、物联网技术在智能家居等领域的应用、移动互联网应用开发等。

（7）**先进材料与制造技术** 材料科学和制造技术推动了传统制造业的升级和转型，提高了生产效率和产品质量，为新兴产业的发展提供了重要支撑，是工科的核心基础之一。参赛项目的选题可以考虑研究新型材料的合成与性能表征、先进制造技术的开发与应用、3D打印技术的创新与发展等。

2. 新医科的选题方向

（1）精准医疗　精准医疗领域实现个性化、精准化的医疗服务，提高治疗效果、降低医疗成本，符合现代人对健康服务的高质量需求。涉及众多前沿技术，如基因测序、免疫疗法、人工智能、生物信息学分析、临床应用等领域。政府和社会各界对精准医疗项目的关注和支持力度逐渐加大，对医学类高校是一个很好的入手点，并且具有天然优势。

（2）人工智能在医学影像诊断中的应用　人工智能技术应用于医学影像诊断为传统医学影像诊断带来革命性的变化，具有广阔的应用前景。医学影像诊断涉及大量的数据处理和模式识别技术，项目要求具备深厚的人工智能和医学知识，具有很高的技术门槛以及更广阔的市场前景和商业价值。

（3）数字化医疗与远程医疗　数字化医疗和远程医疗能够突破地理限制，使得医疗服务得以覆盖更广泛的地区和人群。对于偏远地区或医疗资源匮乏的地区，通过解决医疗资源分布不均的问题，此类项目能够产生较大的社会影响力。

3. 新农科的选题方向

（1）现代农业　随着生活水平的提高，人们对高品质、安全、健康的农产品需求不断增加。现代农业项目能够通过技术创新和模式创新，满足市场的需求。生物技术、信息技术、智能装备等技术的应用，为农业项目的创新提供了技术支持，有助于提高农产品的产量和质量，降低生产成本，提升农业的竞争力。

（2）农业可持续发展　农业可持续发展项目注重生态保护和修复，通过生态农业、有机农业等方式，减少化肥、农药等化学物质的投入，降低土壤和水资源的污染，保护生态环境。农业可持续发展也可以探索新的商业模式，如社区支持农业、订单农业等，以满足市场的需求，这些创新模式能够提高农产品的附加值和市场竞争力，为项目的发展带来商业机会。

（3）新型农业机械和设备　新型农业机械和设备的推广和应用，有助于农业产业的升级和转型。该类项目针对现代农业的需求，结合技术创新和研发支持，研究新型农业机械和设备，提高农业生产自动化和智能化水平。

（4）乡村工匠　乡村工匠的技艺不仅承载着丰富的文化底蕴，更是乡村产业发展的重要支撑，该类项目涉及传统手工艺的传承与创新，能够保护特定的地域文化和资源，有助于项目在市场中树立独特的品牌形象，促进乡村经济的繁荣和文化的传承。

4. 新文科的选题方向

（1）文化遗产保护　文化遗产是国家和民族的重要文化标识，保护和传承文化遗产有助于维护国家文化安全，提升国家文化软实力。随着科技的不断发展，数字化技术、3D打印技术等先进技术手段在文化遗产保护领域的应用越来越广泛，为文化遗产的数字化保护、修复、传承等提供解决方案，具有较高的创新性和技术可行性。

（2）文化创意产业　文化创意产业项目根植于丰富的文化土壤，能够充分利用和挖掘民族和地方的文化资源，展现独特的文化魅力。深入挖掘文化资源，结合市场需求进行创新性开发，有助于项目形成差异化竞争优势，脱颖而出。

（3）艺术科技融合　艺术和科技的融合将科技与艺术相结合，通常具有较高的创新性，可以打破传统领域的界限，创造全新的艺术表现形式和商业模式。

（4）跨境电商　国内电商发展趋于饱和，海外经济是新的机遇和挑战，跨境电商面对的是全球市场，该市场具有巨大的消费潜力和市场容量。跨境电商项目需要结合互联网技术、物流管理、市场营销等多个领域的知识，同时需要先进的技术支持，如电子商务平台、大数据分析、人工智能等，具备技术优势的项目在比赛中更容易脱颖而出。

（5）健康产业与养老服务　随着人口老龄化加速和人们对健康生活的追求，健康产业与养老服务成为社会的重要需求，也存在许多尚未解决的问题和挑战。政府对健康产业和养老服务给予了高度的重视和支持，此类项目能够直接满足这些需求，具有很大的市场潜力。

（三）不适合参赛的选题类型

1. 校园服务类项目　如二手物品交易、校园兼职平台、校园咖啡店、校园零食共享店、校园信息发布平台、校园水果店、校园驿站等。校园服务类项目可能解决了校园生活中的一些问题，但由于地区限制较大，很难实现跨地区运营，难以大规模复制，且运营模式比较简单，同质化严重、缺乏创新性与商业模式、技术门槛较低，不太适合在创新创业大赛中作为参赛项目。

2. 单店经营类项目　如奶茶店、咖啡店、花店、水果店、蛋糕店、零食店、书店/书吧、打印店、猫咖、宠物店、密室逃脱店、网吧/电竞吧、摄影工作室等项目。单店经营类项目由于经营规模通常较小，市场影响力有限，同时缺乏创新性，只是单纯地经营一家店铺，没有独特的商业模式或技术优势，风险相对较高，一旦店铺经营不善，整个项目就会面临失败的风险。

3. 平台或者APP类项目　如同城信息平台、垂直领域信息平台、内容分享平台、生活服务类APP、社交APP等。平台或者APP类项目需要较大的资金投入到研发、运营、推广等方面，有限的资金可能无法满足项目的需求。同时，该类项目的成功与否很大程度上取决于用户体验和用户黏性，在短时间内很难验证项目的市场接受度和用户黏性，增加了项目的风险。

4. 高技术概念类项目　如太空探索项目、基因编辑技术项目、量子计算机项目、元宇宙类项目等，此类项目虽是热门领域，但仍处于发展初期，技术尚未完全成熟，存在较高的失败风险。同时，缺乏清晰的盈利路径和商业模式，在寻找合适的应用场景方面面临挑战，导致难以持续运营。

5. 共享类项目　如共享雨伞、共享办公空间、共享单车、共享储物柜等。市面上的共享类产品已经相当饱和，许多项目只是简单地复制和粘贴，缺乏真正的创新和应用场景的深入挖掘。这些项目往往忽略了用户真实需求的重要性，导致产品与市场需求脱节。此外，许多共享类项目仅仅停留在概念阶段，缺乏实际运营和盈利的能力。这样的项目很难实现可持续发展，同时也缺乏竞争力。

以上项目类型并不意味着完全不适合投资、创业以及参赛，如果团队有独特的创意、市场洞察和运营手段，也许能够在市场中获得一定的竞争优势。但需谨慎评估和充分准备，以降低风险并提高项目的成功率。

三、中国国际大学生创新大赛项目团队组建

在中国国际大学生创新大赛中，团队规模通常为5～15人，这一人数有助于团队成员之间的协作与交流。在商业计划书和PPT中，团队介绍是不可或缺的一环，因为评委和投资人通常会通过这一部分来评估项目团队是否具备实现其目标的能力和潜力。因此，在准备参赛之初，构建一个结构合理、能力互补的团队是至关重要的前提条件。

（一）学生团队组建

在组队之前，首先要明确团队所需的成员类型，然后有针对性地寻找具备这些特质的人才。一个优秀的团队需要具备不同技能和背景的成员，以实现优势互补和协同工作。通常一个项目团队由以下几类人组成。

1. 项目负责人　负责整个项目的策划、组织、协调和管理。他们需要具备领导才能、组织能力和协调能力，以确保项目能够顺利推进。

2. 技术研发人员　负责项目的核心技术研发、实现和维护工作。他们需要具备相关技术领域的专

业知识和技能，能够实现项目中的技术需求。

3. 商业分析人员　负责项目的商业模式设计、商业计划书撰写和财务分析等工作。他们需要了解商业运作规律，具备较强的商业分析能力和财务管理能力，能够为项目提供可靠的商业支持和建议。

4. 视觉呈现人员　确保项目的展示材料清晰、专业并具有吸引力。他们负责将项目的核心信息以视觉化的方式呈现出来，包括对 PPT 的布局、内容和视觉效果进行精心设计，对视频的拍摄、剪辑和后期制作进行把控，以及对商业计划书的排版、图表和数据呈现进行优化。

5. 路演展示人员　负责在各种场合展示团队的形象和项目优势，需要具备良好的沟通技巧、表达能力以及自信心，能够有效地传达项目的独特价值和潜力。

（二）指导教师团队组建

项目指导教师的构成与分工根据项目类型和规模的不同而有所差异。一般来说，项目指导教师会承担以下几种角色。

1. 专业导师　专业导师在相关领域具备深厚的学术背景和丰富的实践经验，是行业内的专家。他们负责为学生提供专业指导和建议，确保项目的技术方向正确，解决遇到的技术难题，优化设计方案，并提升项目的整体质量。通过专业导师的指导，学生能够更好地掌握相关领域的知识和技能，提高项目的技术含量和可行性。

2. 商业导师　商业导师具备深厚的商业实践和管理经验，主要职责在于提供商业策略、市场营销和企业管理等方面的专业指导。他们帮助学生深入了解市场需求，协助制订切实可行的商业计划，并指导学生如何有效拓展客户渠道。通过商业导师的指导，学生能够更好地把握市场动态，提升商业思维和实践能力。

3. 支持导师　支持导师需要协调和组织项目推进中的各项活动。他们需要与其他相关人员密切合作，关注学生团队的管理和激励，通过合理的激励手段激发学生的积极性和创造力，提高项目推进的效率和质量。同时，还需要根据项目进展情况及时调整工作计划，确保项目能够按时完成。

（三）团队常见问题与解决方式

备赛过程中，项目团队可能会面临分工不清晰、沟通受阻、进度延迟、质量不达标以及团队协作不顺畅等一系列问题。这些问题可能导致团队在比赛中表现不佳，甚至错失机会。可以采取以下措施进行解决：①制订详细的工作计划和分工，明确每个人的职责和工作任务；②加强团队沟通和协作，定期召开项目进度会议，及时解决团队中出现的问题和矛盾；③制订合理的进度和质量标准，加强项目进度的监控和管理，及时发现和解决问题；④针对可能出现的技术和管理问题，提前制订应对方案和解决方案；⑤加强团队建设和培训，提高团队成员的技能和能力，增强团队协作和执行力。

四、中国国际大学生创新大赛的常用工具

（一）行业数据与报告搜索工具

行业数据调查可以帮助项目更好地了解市场和行业情况，发现市场机会和潜在威胁，评估竞争对手和自身地位，预测未来市场变化和需求。行业数据和报告搜索的工具多种多样，可以根据项目需求选择合适的工具进行查找和使用。在使用这些工具时，需要注意数据的来源和可靠性，以确保数据的准确性和可信度。同时，还需要结合其他工具和方法，如实地调研、专家访谈等，多方面了解行业和市场情况，为项目决策提供全面、准确的信息支持。以下是一些常用的行业数据与报告搜索工具。

1. 搜索引擎　常用的搜索引擎如百度、谷歌等，可以用来搜索行业相关的数据和报告。通过输入关键词，可以找到大量的行业报告、市场研究、数据分析等资料。

2. 行业报告聚合平台　一些行业报告聚合平台如企鹅智库、艾瑞咨询、易观智库等，可以将来自不同渠道的行业报告和数据整合在一起，方便用户查找和下载。这些平台通常会提供详细的行业数据和分析，对于了解行业趋势和竞争格局非常有帮助。

3. 政府部门网站　政府机构和部门都会发布一些行业数据和报告，如国家统计局、商务部等。通过访问这些政府机构的网站，可以获取到官方发布的行业数据和报告，了解相关政策法规和市场动态。

4. 专业机构网站　一些专业机构如国际数据公司（International Data Corporation）、欧睿国际（Euromonitor International）等，会发布各个行业的市场研究报告和数据。通过访问这些机构的网站，可以获取到专业、权威的行业数据和报告。

5. 学术研究机构　一些学术研究机构如《哈佛商业评论》（Harvard Business Review，HBR）、麦肯锡全球研究院（McKinsey Global Institute）等，会发布一些针对行业的深度研究和报告。这些报告通常具有较高的学术性和权威性，对于深入了解行业趋势和发展前景非常有帮助。

（二）问卷调查工具

通过问卷调查，项目可以了解用户需求和市场反馈，验证商业模式和可行性，优化产品设计和提升服务体验，评估品牌知名度和市场定位。在进行问卷调查时还需要注意保护用户的隐私和信息安全，遵循相关法律法规和伦理规范。以下是一些常用的问卷调查工具。

1. 问卷星　问卷星是一个简单易用的在线问卷调查平台，可以快速创建、发布和分享问卷。该平台提供了丰富的题型和设置选项，能够满足各种问卷调查需求。

2. 腾讯问卷　腾讯问卷是腾讯公司提供的一个免费问卷调查工具，具有简单易用、快速发布等特点。该平台支持多种题型和设置选项，可以自定义问卷风格和外观。

3. 金数据　金数据是一款功能强大的在线表单和数据收集工具，可以用来创建各种类型的问卷调查。该平台提供了丰富的表单字段和设置选项，允许用户自定义表单样式和逻辑。

4. 调查派　调查派是一个专业的在线调查平台，提供了多种问卷调查工具和服务，如样本服务、在线调查、市场研究等。该平台具有高效、便捷、可靠等特点，帮助用户快速收集和整理数据。

（三）知识产权查询工具

通过查询知识产权，项目团队可以了解相关技术的专利情况、品牌的市场定位和保护情况，为项目的创新和知识产权保护提供有力支持。以下是一些常用的知识产权查询工具。

1. 专利查询工具　包括国家知识产权局、专利检索及分析网站、专利数据库等。这些工具可以检索相关技术的专利信息，了解专利的申请情况、授权情况、转让情况等信息。

2. 商标查询工具　包括商标局网站、商标查询平台等。这些工具能够查询品牌的商标注册情况、商标分类、商标保护范围等信息。

3. 著作权查询工具　包括版权局网站、著作权登记平台等。这些工具可以查询作品的著作权归属、著作权登记情况等信息。

（四）PPT 制作相关工具

参加大赛时，PPT 作为网评环节和答辩环节非常重要的参赛材料，起到了展示项目内容、增强视觉效果、统一项目展示风格、辅助现场互动的作用。PPT 制作的相关工具可以帮助团队快速找到并下载所需的 PPT 模板以及素材，提高制作演示文稿的效率和品质，同时，也要注意选择可靠的网站和资源，避免下载恶意软件或病毒。以下是一些常用的 PPT 制作相关工具。

1. OfficePLUS　这是微软提供的在线模板网站，提供了多种类型的 PPT 模板、Word 模板、Excel 模板和图片等资源。

2. 51PPT 模板　这是一个免费的 PPT 模板下载网站，提供了大量不同风格的模板供用户选择，可以根据行业、场景等分类进行查找。

3. 第一 PPT　这是国内最早提供 PPT 模板的网站之一，汇集了大量免费模板供用户下载使用，同时提供了丰富的 PPT 素材和图表等资源。

4. 优品 PPT　这是一个专注于分享高质量 PPT 模板的网站，提供了多种风格的模板和素材，用户可以免费下载使用。

5. IconFont　IconFont 阿里巴巴矢量图标库，可以下载大量优秀且免费的图标作品，可以用作 PPT 图标素材。

6. 图司机　这是一个提供高质量图片和 PPT 模板的素材网站，用户可以免费下载使用。该网站还提供了在线编辑和定制服务，可以根据用户的需求进行个性化定制。

7. 千图网　这是一个提供海量免费 PPT 模板、图片、图标等素材的网站，用户可以根据分类和关键词搜索所需素材，并免费下载使用。

（五）视频制作相关工具

视频是一种直观、生动的展示方式，可以添加丰富的视觉元素，通过视觉冲击和创意表现，可以更好地呈现项目的创意、特色和价值。以下是一些常用的视频制作工具。

1. Adobe Premiere Pro　这是一款专业级的视频编辑软件，适合制作高质量的视频作品。它提供了丰富的剪辑、特效、调色、音频处理等功能。

2. 剪映　这是一款非常实用的视频制作工具，它的操作界面简洁明了，功能分类清晰，使得用户可以快速上手并高效地完成视频制作。同时，提供了丰富的视频剪辑、特效、字幕添加等功能。

3. Videezy　Videezy 的视频素材库汇集了来自全球摄影师和创作者的作品，覆盖了艺术、动物、航拍、慢镜头等多个分类，满足了不同领域和主题的需求。

第 2 节　中国国际大学生创新大赛商业计划书

案例 13-2

参赛的路途充满了未知与挑战。如何将"农翼"从概念转化为市场上的热销产品？如何筹集资金、组建团队、开拓市场？面对这些问题，小华意识到，一份详尽且富有策略的商业计划书是不可或缺的。

为了编写商业计划书，小华开始了深入的市场调查。他研究类似产品的优缺点，了解潜在客户的需求，分析行业的发展趋势。同时，他在学校还认识了志同道合的伙伴，组建了团队。于是，小华带领着团队开始深入研究商业计划书的撰写技巧，并阅读了大量成功的商业计划书案例。他们将自己的创意、市场分析、竞争态势、商业模式、财务预测等方方面面都融入其中，力求让商业计划书既具有深度又具有可操作性。

在撰写商业计划书的过程中，团队逐渐明晰项目的创业蓝图，同时也明确了目标市场，并制订精准的市场推广策略，优化产品设计和功能。

问题：1. 如果你是正在准备参加中国国际大学生创新大赛的小华，你希望你的商业计划书具备哪些要素？

　　　2. 商业计划书对于参赛者在大赛中取得好成绩有何重要性？

商业计划书是一份详细阐述企业发展规划和策略的文档，是公司、企业或项目单位为了达到招商融资和其他发展目标，在经过前期对项目进行科学的调研、分析、搜集与整理有关资料的基础上，根据一定的格式和内容的具体要求而编辑整理的一个向受众全面展示公司和项目状况、未来发展潜力的书面材料。它几乎包括投资商所有感兴趣的内容，从企业成长经历、产品服务、市场营销、管理团队、股权结构、组织人事、财务、运营到融资方案，是中国国际大学生创新大赛等各项创新创业类赛事普遍要求提交的重要材料。

一份好的商业计划书是参赛者向评委展示项目的重要途径，也是参赛者竞争、寻求资金支持以及指导企业发展的重要工具。

一、如何确定项目名称

项目名称作为项目第一张"名片"，对于中国国际大学生创新大赛的参赛项目来说非常重要，能够在第一时间给评委留下深刻的印象，并帮助他们深入了解项目的独特之处和创新价值。一个精心设计的项目名称，能够让项目在众多竞争者中脱颖而出，吸引更多的关注和认可。

（一）项目取名的原则

在为项目取名时，通常应遵循以下原则，以确保项目名称既专业又具有吸引力。这些原则有助于打造出一个既能准确反映项目特点，又能引起人们兴趣的名称。

1. 相关性 项目名称应与项目内容高度相关，能够清晰地反映项目的主题、特点或价值。例如"冰溃神速——高压线缆破冰先行者"，该项目名称可以清晰地向评委传达项目需要反馈的产品特点、应用领域以及产品性能。

2. 简洁性 简洁的名称更容易传达项目的核心信息，易于理解，使人们在短时间内记住。

3. 独特性 为了在众多项目中脱颖而出，名称应具有独特性和创新性，避免与已有项目名称过于相似。

4. 吸引力 项目名称可以使用一些具有情感色彩的词汇或创意表达方式，以增加项目的吸引力和关注度。

5. 合规性 为确保项目的合法性，避免潜在的风险，项目名称应符合相关法律法规和道德规范，不含有误导性、歧视性或侵权的内容。

6. 反映价值 为使评委更好地理解项目的价值和意义，名称应能够反映项目的价值主张，包括解决问题、创新技术或满足特定需求等。

7. 文化敏感性 考虑到文化的多样性，项目名称应避免触犯特定的文化、宗教或社会禁忌。这有助于确保项目的文化和价值观的恰当性和尊重性。

（二）项目取名的方法

从往届大赛获奖名单中，我们可以观察到项目名称的呈现方式丰富多样。其中，最常见的主要有两大类：一是主副标题式，二是单句标题式。

1. 主副标题式 项目名称由一个主标题和一个副标题组成，主标题突出项目的核心概念或品牌定位，副标题则进一步解释项目的内容或特点。这种名称形式能够让人们在第一时间内捕捉到项目的关键信息，同时副标题还能起到补充说明的作用。例如，"华冰科技——国内首创自吸水冷链保鲜冰袋供应商"，这个名称中的"华冰科技"是公司的简称，用来作为主标题，可以突出公司/品牌的形象与特色。而"国内首创自吸水冷链保鲜冰袋供应商"则作为副标题，进一步解释了项目的主要内容，即提供自吸水冷链保鲜冰袋，这有助于人们更好地理解项目的定位和价值。

2. 单句标题式　项目名称是一个简洁明了的标题，通常只有一个句子或短语。这种名称形式简洁明了，能够快速传达项目的核心信息。例如，"路桥隧坡智能防灾感知系统"，这个名称通过一个简洁的句子表达了项目的主题和特点。

（三）项目取名的步骤

在往届的大赛中，主副标题式的项目名称因其具备易于记忆和突出亮点的特点，受到了大多数团队的青睐。据统计，这种类型的名称在获奖名单中占据了约80%的比例。因此，下面以主副标题式的项目名称为例介绍项目取名的步骤。

1. 提炼关键词　明确并提炼项目的核心产品或特色、项目的具体应用或优势以及项目的定位或愿景的关键字。以历届获奖项目名称为例。

（1）核心产品　古砖供应链、叶菜全自动收获机、冷链保鲜冰袋、电子管音响等。

（2）特色与优势　高端量产、国际首创、智能培育、高精度、智能检测等。

（3）项目应用　万米高空、食品安全、航空航天。

（4）定位或愿景　拓荒者、领航者、引领者、开拓者、践行者、供应商。

2. 确定主标题　主标题一般由2~4个字组成，常见的主标题类型有三种。

（1）谐音式　使用谐音能够创造出有趣、独特的名称，有助于让项目更容易地被记住。在选择谐音字时，需要与项目类型或产品紧密相关，能够准确地传达项目的核心信息，如"冰溃神速""惊涛'焊'浪""超级鲤盒""声临其境"。

（2）公司简称或者品牌式　使用公司简称或品牌作为主标题可以突出公司或品牌的形象与特色，有助于建立品牌认知度和信任感。但过于直接地使用公司或品牌名称可能会限制创意和独特性的发挥。因此，在取名时，需要平衡公司或品牌形象与项目创新性和差异化的需求，如"安夏科技""宇树科技""拓蜂农业"。

（3）产品特色式　这种取名方式注重提炼项目的核心产品或特色，突出项目的核心功能、优势或创新点，能够激发评委的好奇心和兴趣，如"神机妙收""智焊大师""擎天架海"。

3. 确定副标题　副标题字数不限，大部分项目名称为20字左右，结合提炼的关键词与主标题，补充说明项目的亮点或优势，同时，副标题应该与主标题相互呼应，共同传达项目的核心信息和价值，如"含铜废水净水工程领航者""数据流通与存储安全的破壁者""船舶能源心脏智能诊断系统"。

4. 反复迭代　通过多次迭代，不断调整项目名称，使其更准确地反映项目的核心定位和特点，从而吸引评委的关注。

二、商业计划书的内容框架

（一）项目概述

项目概述作为商业计划书中的总结性叙述，通常撰写在开篇的关键位置。评委通过项目概述能够对项目有一个初步的了解。优秀的项目概述能激发评委继续了解项目的兴趣，从而为项目的后续展开奠定良好的基础。项目概述通常包含以下五项基本内容，具体如下。

1. 我的项目是什么　这部分需要简明扼要地介绍项目的核心业务或产品，包括项目名称、产品类型、市场定位以及独特卖点。

2. 为哪类客户服务　这部分需要明确指出项目所针对的客户群体，并可能涉及一些市场调研和细节内容，以展示对目标客户的深入理解。

3. 提供什么服务　这部分主要解释项目如何满足客户服务需求，它应详细描述项目提供的产品或服务，以及这些产品或服务如何创造价值。

4. 满足什么需求　这部分阐述项目如何满足市场的需求和痛点，深入理解目标客户的需求、期望和挑战，并解释项目的产品或服务如何解决这些需求问题。

5. 现在成果如何　这部分简要介绍企业目前的运营状况和取得的成果，它可以包括一些关键的业绩指标、里程碑或市场反馈，以展示项目的初步成功和市场接受度。

通过展示项目的独特亮点、深入剖析需求痛点、呈现显著的成果等方式，可以使项目概述更具说服力，从而吸引评委的兴趣和注意力，这将为整个商业计划书的成功奠定坚实的基础。

（二）公司介绍

商业计划书中的公司介绍部分，旨在全面展示公司的基本信息、核心优势、市场定位和发展愿景。此部分应言简意赅、直截了当，以便评委能够快速把握公司的核心内容和亮点。公司介绍的主要内容包括但不限于以下方面。

1. 公司基本信息　包括公司名称、成立时间、注册地点、经营范围等。此外，公司的注册资金、组织形式也应包括在内。

2. 公司历史沿革　描述公司的发展历程，包括重要的里程碑事件和时间节点，有助于了解公司的发展轨迹和成长过程，增强品牌形象。

3. 公司愿景与使命　阐述公司的目标、价值观和未来愿景。这部分内容应明确地表达出公司的发展方向和企业核心价值观，有助于更好地理解公司的定位和发展战略，能够更好地理解公司的核心价值和追求，增强公司的凝聚力和向心力。

4. 公司股权结构　说明创业团队各成员出资金额、持股情况及成员关系等；如果公司有加盟商、代理商或战略合作伙伴等，也应在这部分内容中进行介绍。

在撰写商业计划书中的公司介绍部分时，需要注意保持内容重点突出，避免过于冗长和烦琐。同时，根据目标受众和展示目的，有针对性地突出公司的优势和特点，以吸引评委的关注并赢得其信任。

（三）产品与服务

产品与服务部分是商业计划书中的核心内容，也是评委重点关注的内容。在介绍产品与服务时，我们不必详细罗列产品与服务说明书的内容，而是应该进行整理和归纳，用通俗易懂的语言清晰地阐述产品与服务的功能、创新优势、竞争优势以及所需研发技术等关键信息。

1. 产品描述　在商业计划书中，需要对产品进行概述，包括产品的名称、特点、功能等基本信息。同时，要突出产品的创新性和竞争优势，以便更好地了解产品的价值和市场需求。在这部分，也可以详细描述产品的外观设计、功能特点、技术规格等。

2. 服务描述　和产品描述类似，服务描述也需要从基本概述开始，明确自己提供的服务类型、内容和特点，让评委能够了解到服务的基本信息。在服务描述中，要详细介绍服务的具体流程和步骤，可以借助图表、流程图等形式展示服务的实施过程，以便直观地了解服务的操作步骤和效果。

在商业计划书中介绍产品与服务时，需要重点突出产品与服务的核心竞争力、独特价值和市场潜力。通过简洁明了的语言、案例和数据支持，让评委深入了解产品或服务的优势和未来发展前景。同时，注意保持叙述的逻辑性和条理性，让评委能够快速理解团队的发展战略和市场定位。

（四）市场分析

市场分析是商业计划书中至关重要的内容，项目团队需要投入足够的时间和精力对市场进行深入研究和分析。深入的市场分析能够向评委展示项目团队对市场的深刻理解和把握能力，有助于在大赛中获得更多评委的青睐。市场分析通常涵盖市场概况、市场需求、竞争状况和市场趋势等方面。

1. 市场概况 需要对目标市场进行整体了解，包括市场规模、地理位置、消费者群体等基本信息。

2. 市场需求 分析目标市场的需求特点、需求量和需求结构。目标市场的需求特点包括产品或服务的功能、品质、价格等方面。目标市场的需求量分析，可通过市场调查、行业报告等途径获取数据，并基于历史销售数据和预测未来趋势进行评估；目标市场的需求结构包括不同产品或服务的需求分布、消费者购买意愿和支付能力等。

3. 竞争状况 对竞争对手的分析是市场分析的重要环节，需要识别主要竞争对手，并收集关于它们的市场份额、产品线、营销策略等信息。

4. 市场趋势 分析市场的发展趋势和未来预测。关注行业内的技术发展动态，分析新技术或产品对市场的影响，预测未来技术发展方向，以及这些技术如何改变消费者的需求和行为。

商业计划书中的市场分析应秉持客观、全面的态度进行深入剖析。市场分析不仅为企业决策提供有力的数据支撑，更有助于企业洞察市场机遇，制订切实可行的策略，进而形成适合企业发展的市场战略。

（五）营销策略

商业计划书里的营销策略，是针对目标市场的客户需求和期望，为达成销售目标而精心制订的综合性、系统性的营销方案。在撰写营销策略时，有几个要点需特别注意。

1. 了解目标市场与客户 深入了解目标市场的特点、规模、需求以及潜在客户群体的需求和行为模式。通过市场调研、竞争对手分析和用户研究等方法，获取这些信息。

2. 明确营销目标 根据团队的整体战略和市场状况，制订明确的营销目标。这些目标应该可衡量、可实现，并具有明确的截止日期。

3. 制订营销策略 基于对市场的了解和对客户需求的洞察，制订针对性的营销策略。这包括产品策略、价格策略、渠道策略、促销策略和品牌策略等。

4. 评估营销效果 制订一套有效的评估机制，以便监测营销活动的效果，及时调整策略以满足市场的变化。

总之，撰写商业计划书中的营销策略部分需充分考虑市场和客户需求，结合团队的资源和能力，制订出具有针对性和可行性的营销方案。

（六）组织与管理

团队组织与管理在商业计划书中的作用至关重要，它不仅是企业运营的核心要素，更是向投资者和评委展示企业实力和潜力的关键部分。通常来说，商业计划书中团队的组织与管理的内容包括三点：创始人、核心团队以及团队管理模式。

1. 创始人 阐述创始人的教育背景、工作经历和项目经验。

2. 核心团队 详细描述每个核心团队成员的职责和角色，强调每个核心团队成员的专业技能、经验和背景，以及他们如何协同工作以实现团队目标。

3. 团队管理模式 团队的管理模式可分为分权管理、漫步管理、目标管理、例外管理四种类型，团队可以根据自身情况选择最适合团队的管理模式，从而在商业计划书中展现出来。

（七）商业模式

商业模式是商业计划书的核心组成部分，它清晰地阐述了企业如何创造和获取价值。通过详细描述产品或服务的特性、目标市场的定位、收入来源以及成本结构等要素，向投资者和评委展示企业的盈利逻辑和可持续发展潜力。在撰写商业模式时，通常需要包括以下几项内容。

1. 市场定位与目标客户 明确企业在市场中的定位以及目标客户群体，包括分析目标市场的规模、增长趋势、竞争格局以及目标客户的特征和需求。通过深入的市场研究，确定企业在市场中的独特定位，以及如何吸引和留住目标客户。

2. 价值主张与竞争优势　阐述企业的价值主张，即企业如何为客户提供独特的价值。同时，强调企业的竞争优势，包括技术、品牌、渠道、成本等方面的优势。这些优势应该能够支持企业的价值主张，并在市场中形成差异化竞争。

3. 收入来源与成本结构　详细说明企业的收入来源以及成本结构。这包括产品或服务的定价策略、销售渠道、预期销售量以及相关的成本项。通过合理的定价和成本控制，确保企业能够实现盈利并持续发展。

4. 渠道与合作伙伴　描述企业的销售渠道以及合作伙伴关系，包括直销、分销、电子商务等销售渠道的选择，以及与供应商、合作伙伴之间的合作方式和策略。这些渠道和合作伙伴关系应该能够支持企业的销售和市场扩张。

（八）财务与融资

商业计划书中的财务与融资部分通过对项目的财务状况和经营绩效进行阐述，帮助评委了解项目的盈利能力、偿债能力和经营效率。对于大多数项目团队而言，编写财务与融资的内容难度是最大的，需要花费大量的时间和精力来策划、编写。一般来说，商业计划书的财务与融资应包含以下几个方面。

1. 收入、成本、利润预测（最好三年）　这是未来一段时间内的财务表现预估，通过对未来三年的收入、成本和利润进行预测，了解增长潜力和盈利能力，并且预测应基于市场趋势、产品或服务的市场需求、竞争状况等因素。

2. 现金流量预测、盈亏分析（最好四季度）　现金流量预测展示了团队预期的现金流入和流出。通过现金流量预测，可以评估团队的流动性状况和偿债能力。

3. 融资计划　包括融资渠道、股东、资本结构。这部分需要详细说明团队筹集资金的方式和渠道，包括债务融资和股权融资。团队需要明确融资的额度、用途、成本和期限，以及预期的资本结构。此外，还应说明股东的情况，包括主要股东的背景和持股比例。

4. 资金用途　具体的资金使用计划。资金用途部分应详细说明团队计划如何使用筹集的资金，比如研发新产品、市场营销等方面的资金安排。明确的资金使用计划有助于评委评估企业的投资价值和潜在回报。

编写财务与融资内容需要综合考虑多个方面，包括目标受众、数据收集、财务模型建立、融资策略制订等，经过精心策划和撰写，可以大大提升内容的质量和专业性。

（九）风险管理

商业计划书中的风险管理主要是让评委对项目未来的不确定性有底气。风险管理的过程一般分为风险识别、风险估计、风险应对、风险解决和风险监督。而商业计划书的风险管理部分只要把风险识别与风险应对策略写清楚即可。

风险管理要指出产品具体面临哪些风险，风险应对即说明对应的规避措施。一般来说，项目面临的风险为以下五种：市场风险、经营风险、财务风险、技术风险和其他风险。

（十）附录

在商业计划书中，附录的主要作用是对正文中的内容提供补充或详细说明，以佐证正文内容的真实性、权威性和完整性。当正文中的某些资料不便直接展示或者需要额外解释时，附录就可以发挥其作用。附录通常包括重要的合同文件、公司的信誉证明、相关市场调查结果、项目核心团队成员的履历、技术或生产制造信息、项目或团队的荣誉证书、专利证书、软件著作权、专利授权等。

三、商业计划书的注意事项

1. 格式规范与美观　商业计划书应确保格式整洁、大方，字体统一，层级清晰，配图合理。文本页数应控制在合理范围内，重要内容放在前面，参考材料可放入附录。语言应简洁精练，直接表达核心观点，避免使用平淡无奇的模板表达。同时，活用数据图表，使表达更为直观。

2. 结构完整与逻辑清晰　商业计划书结构应完整，包括封面、目录、项目概述、公司介绍、产品与服务、市场分析、营销策略、组织与管理、商业模式、财务与融资、风险管理、附录等部分。各部分内容应条理清晰，前后逻辑一致，形成一条完整的故事线。

3. 细节准确与客观　在商业计划书中，应确保数据和信息的准确性，避免使用未经验证的估计值或推测。同时，要区分事实与意见，只使用可验证的事实来描述业务、市场和财务状况。避免夸大和虚假宣传，以树立企业的诚信形象。

第 3 节　中国国际大学生创新大赛项目 PPT 与视频短片

案例 13-3

小华知道，要想在大赛中脱颖而出，除了有一个出色的项目、团队、商业计划书外，还需要一个吸引人的项目 PPT 和视频短片。小华与他的团队开始精心准备 PPT 和视频短片。他明白，PPT 是展示项目核心内容的媒介，而视频短片则是讲述项目背后故事的重要工具。在 PPT 中，他详细介绍了项目的背景、市场需求、技术实现方案和商业模式等；而在视频短片中，他讲述了自己如何从观察因天气与病虫因素导致农作物受损的现象，到萌生出"农翼"项目的过程，以及在实现过程中团队成员们共同努力、克服困难的时刻等。

在准备过程中，小华与团队成员分工合作，不断地修改和完善 PPT 和视频短片，并且请同学、老师和行业专家给予意见和建议，力求将最好的一面展现给评委和观众。

问题：1. 小华如何平衡 PPT 和视频短片的内容，以确保两者都能够充分展示项目的优势？
2. 如何在 PPT 和视频短片中突出项目在市场上的独特定位？

项目 PPT 是商业计划书的精练化呈现，是清晰展示项目重点、项目核心竞争力的重要材料，可以快速有效地传递项目的核心信息，避免过多的细节和无关信息，从而让评委能够快速理解项目的重点和亮点。

一、网评 PPT 与路演 PPT

中国国际大学生创新大赛的参赛项目通常要经过两个评审环节，即网评环节和路演环节。在不同的环节中，评委的评审方式不同。网评环节为线上评审，评委主要通过查看项目材料对项目进行评价。路演环节为现场评审，评委通过项目成员的路演展示，综合对项目进行评价。因此，参赛团队应该根据评审形式的差异性，准备两种类型的 PPT，即网评 PPT 和路演 PPT，以更好地满足不同阶段和场合的需求，提高项目的竞争力。

（一）网评 PPT 与路演 PPT 的作用

网评 PPT 主要用于在无法与评委直接交流的情况下，对项目进行清晰和准确的描述。它的主要特点包括内容详细、逻辑清晰、排版简洁，以确保评委能够准确理解项目的核心内容、技术路线、市场前景等关键信息。通过网评 PPT，评委可以对项目进行初步筛选，确定哪些项目具有进一步关注和评审的价值。

路演 PPT 则更多地用于比赛现场，配合主讲人的讲解来展示项目。路演 PPT 的特点在于重点突出、内容立体展示以及与路演人的紧密配合。在路演过程中，路演人通过讲解 PPT 中的关键内容，向评委和观众展示项目的亮点、创新点以及实际应用价值。路演 PPT 不仅要能够吸引评委的注意力，还要能够在短时间内传达项目的核心信息，使评委对项目产生深刻的印象。

（二）网评 PPT 与路演 PPT 的区别

1. 网评 PPT

（1）内容翔实　由于网评 PPT 是直接提交给评委的书面材料，为了让评委能够充分理解项目内容，需要将内容做得更为翔实，避免遗漏重要信息。在展示时，应通过适当的标题和必要的文字说明来引导评委深入了解项目。

（2）强化逻辑性　为了确保评委能够快速理解项目的整体结构和内容，网评 PPT 在制作时应注重内容的逻辑性和条理性。通过合理的标题和大纲设计，使内容层层递进，清晰地呈现项目的关键信息。

（3）简洁排版　在排版方面，网评 PPT 应保持简洁的风格，避免过多的装饰和复杂的动画效果。简洁的页面设计有助于确保评委能够快速找到所需信息，提高评审效率。同时，要注意页面的清晰度和可读性，确保评委在浏览时能够舒适地阅读内容。

（4）页数适中　网评 PPT 页数通常在 35 页左右。

2. 路演 PPT

（1）内容精练，重点突出　路演 PPT 的内容需要经过精心提炼，强调项目的核心价值和亮点。避免冗长的文字描述，应采用精练的语句，突出重点内容，以便评委能够快速理解项目的核心信息。在每页 PPT 中，应使用明显的标题或标记来突出关键点，使评委一眼就能看到重点内容。

（2）立体展示内容　与网评 PPT 相比，路演 PPT 可以利用演示动画、视频等形式，更立体地展示项目内容。这些动态的展示方式可以帮助评委更好地理解项目的特色和优势，提升路演效果。然而，要注意适度使用动画和视频，过多的复杂设计可能会增加路演难度，影响整体效果。

（3）与路演人紧密配合　路演 PPT 的设计和演示需要与路演人的讲解紧密配合。通过良好的互动和协调，将路演 PPT 与现场讲解有机结合，能够呈现出更加精彩的路演效果。路演人应熟悉 PPT 的内容和设计，确保在讲解过程中能够流畅地与 PPT 内容相呼应，提高整体表现力。

（4）页数精简　路演 PPT 页数通常在 30 页左右。

二、项目 PPT 的内容逻辑

我们可以通过 4W2H 的方式来梳理项目 PPT 的逻辑，即 Why、What、Who、Where、How、How much，这样有助于清晰、有条理地阐述项目的各个方面，从而更好地呈现项目。

（一）分析市场和行业背景——Why（为什么要做？）

1. 项目起源　描述从怎样的用户需求中萌生出创新的想法，解释这个想法的启发性瞬间或关键灵感来源。

2. 政策支持　介绍国家或地方对项目的政策环境，可以包括政策文件、法规、财政税收等方面的支持措施。

3. 市场机会　描述当前市场的情况，包括行业发展趋势、市场规模、竞争态势等，以展示项目的市场基础和发展空间。

4. 行业痛点　阐述在市场调查和观察中发现的目标市场中存在的具体问题，这是项目的出发点和创新点。

（二）产品/服务——What（做什么？）

1. 产品/服务介绍 详细描述产品/服务概念与定位、产品的功能、性能、外观、用户体验等方面的细节。可以通过展示产品的图片或视频，让评委对产品有直观的了解。

2. 产品的创新点或核心技术 突出项目的独特性和新颖性，可以从技术革新、商业模式创新等角度，强调与现有解决方案的差异和优势。

3. 产品的实验与测试情况 最好通过第三方测试机构的报告展示产品的实验或测试各项数据和结果，对比预期目标，分析产品的性能表现。

4. 产品的应用场景 强调产品在不同应用场景中的针对性和适应性，突出其满足多样化需求的普适性。值得注意的是，产品的应用场景并不是越多越好。

5. 知识产权情况 列举产品在研发或者生成过程中取得的知识产权或者科技成果，如专利、商标注册、软件著作权、论文、科技查新等，注意要突出项目负责人以及团队成员取得的知识产权。

6. 竞品分析 通常采用表格方式来呈现与其他竞品的功能与性能数据的对比情况，并给出对比分析的结论。

（三）营销策略与商业模式——How?（怎么做？）

1. 商业模式 通常使用图表或流程图来辅助说明项目主要的业务活动、供应链、收入来源和核心资源等信息。供应链企业与合作伙伴要具体，最好能提供相关的合作证明材料。

2. 销售策略 清晰描述产品的产品定价、销售渠道、客户关系管理、品牌知名度和美誉度等信息。

3. 市场认证情况 采用图片的方式展示公司或者产品获得的市场准入认证证书、产品认证等证书。

4. 销售案例 通过案例概述、执行过程、销售数据与成果等材料来呈现，可以突出给客户带来的价值。

（四）团队——Who?（谁来做？）

1. 创始人 展示创始人的过往经历、著有专利、发表论文、比赛获奖、社会职位等，要注意突出与当前项目的相关性，并强调其在项目中能够发挥的作用和价值，体现专业性。

2. 核心团队成员 在描述团队成员时需要注意体现团队成员之间的学科交叉、职能交叉，同时，在描述与项目相关的经验时，需要紧密结合其负责的部分和在项目中能够发挥的作用，并强调这些经验与项目的契合性和对项目成功的推动作用。

3. 专家顾问 应考虑多样性，如技术领域专家、产业领域专家、运营领域专家。通过描述专家的过往经验，可以是某领域××年研究专家、××行业资深学者、发表论文篇数、某公司CEO等，重点体现其经验与担任项目职位的契合。

（五）收益情况——How Much?（盈利情况？）

1. 财务状况/预测 展示项目的预期收入、利润和现金流等财务数据，使用图表或表格进行可视化呈现。如果不涉及项目敏感信息的情况，也可以展示项目的缴税数据。

2. 融资计划 常采用饼图、环图等可视化的方式呈现现有股权情况，以及融资后的股权情况，还需要结合项目的发展规划描述清楚资金分配与用途。

（六）发展规划——Where?（未来走向哪里？）

使用时间线、关键路径图等形象的方式，结合文字展示项目的发展规划，按照时间顺序排列关键节点和里程碑事件，并标注每个阶段的目标和预期成果。可以结合项目当前存在的薄弱环节进行阐述。例如，项目当前的知识产权不够丰富，那么在发展规则中就应该完善知识产权的布局。

通过 4W2H 的分析方式，我们可以系统地梳理项目 PPT 的内容模块和呈现逻辑。然而，每个项目都有其独特性，因此在内容模块的选择上需要根据实际情况有所侧重和删减。此外，根据中国国际大学生创新大赛的要求，我们还需关注教育维度、带动就业以及社会影响等关键模块，以全面展示项目的综合价值。

三、项目 PPT 制作的注意事项

在制作项目 PPT 时，确保内容的清晰度是至关重要的。为了让评委对你的项目有深刻且清晰的认识，制作 PPT 过程中应该注意以下事项。

1. 清晰的标题　每页 PPT 都应有一个清晰、准确并具有逻辑性的标题。这样可以让评委一目了然地了解该页所讲述的内容，并更好地理解项目的进展阶段。

2. 明确的主题　确保每页 PPT 中都有一句话能概括该页的核心内容。通过这种方式，关键信息可以迅速传达给评委，使他们更容易理解项目。

3. 恰当的图片　文字描述可能过于抽象，图片则能更直观地传达信息。使用真实、相关的图片可以使 PPT 更加生动，因此应尽可能地使用产品或服务落地的真实场景图片。

4. 翔实的数据　数据可以为观点提供有力的支撑。在 PPT 中适当使用数据，可以增强信息的可信度，使评委更加信任你的项目，但需要确保数据的真实性和准确性。

5. 凸显的重点　项目 PPT 中的重点内容，比如数据、成果、产品等可以通过加粗、变色等突出显示，方便评委看时能一眼抓住重点。

6. 精美的设计　遵循三色搭配原则，确保 PPT 的色彩搭配既简约又大气。力求商务、简约、大气的设计风格，避免过多的装饰，确保 PPT 的专业性和高质感。合理运用动画效果，使 PPT 更加生动、有趣。

四、项目视频短片制作指南

一个好的视频短片能够清晰、生动地呈现项目的亮点和创新点。通过精心策划和制作，项目的视频短片可以成为项目展示的加分项，为项目在竞赛中脱颖而出提供有力支持。不同特点的项目，其视频短片的范式不尽相同，下面提供在视频短片制作过程中的一些关注点。

（一）视频短片制作的前期准备

1. 明确目的　确定视频短片的目标受众和传达的核心信息：是为了吸引评委、投资者，还是为了向公众展示项目亮点？

2. 内容策划　列出要展示的关键内容，如项目背景、解决方案、团队介绍、市场前景等。

3. 脚本编写　根据内容策划，编写详细的脚本，包括旁白、对话和场景描述等。

4. 制作方式　确定采用专业视频公司制作还是团队自行制作。

（二）视频短片的拍摄与后期制作

1. 选取拍摄地点　选择能够体现项目特色的地点进行拍摄，如实验室、办公室或相关应用场景。

2. 挑选拍摄设备　为了拍摄高质量的画面，项目团队应该使用高质量的摄影设备，确保画面清晰、稳定。

3. 采访与拍摄　当进行采访与拍摄时，应该精心策划并细致执行，捕捉项目团队成员、合作伙伴或潜在用户的真实反应和深刻观点。同时，还应该注重拍摄与项目相关的实际操作和演示，以展现项目的实际运作和成果。

4. 后期制作 剪辑拍摄的素材，添加旁白、背景音乐和特效，确保视频短片流畅且富有吸引力。

（三）视频短片制作的注意事项

1. 时长控制 根据项目展示需求，合理控制视频短片的时长，通常在 1 分钟左右。

2. 突出亮点 在有限的时间内，突出展示项目的创新点、竞争优势和市场前景。

3. 真实可信 确保视频短片中的信息真实可靠，避免夸大或虚假宣传。

4. 版权问题 注意使用的素材和背景音乐是否涉及版权问题，确保合法使用。

（四）视频短片的后期优化与反馈

1. 测试与反馈 在小范围内进行测试播放，收集观众的反馈意见，对视频短片进行必要的调整和优化。

2. 格式转换 根据大赛要求或播放平台的需求，将视频短片转换成合适的格式和分辨率。

3. 备份与保存 完成制作后，及时备份并保存原始素材和最终成品，以备后用。

第 4 节　中国国际大学生创新大赛路演答辩

案例 13-4

在网评评审环节中，小华带领的团队凭借着出色的创意和扎实的技术获得了优秀成绩，这给了他们极大的信心。然而，他们深知，真正的挑战还在后面。路演评审环节是考验团队综合能力的重要一环。

小华和他的团队成员们知道，要想在这个环节中胜出，不仅需要展示项目的核心价值和技术优势，更要能够从容应对评委的提问甚至质疑。在准备过程中，小华与团队成员们反复模拟路演和答辩场景，针对可能遇到的问题进行深入讨论和准备。他们还邀请了行业专家进行模拟路演和答辩评审，以提升自己的路演应对能力和答辩技巧。

问题：1. 如何进行有效的压力管理，确保最佳的答辩状态？
2. 在路演中，如何展示项目的创新性和独特性，以吸引评委和观众的注意力？

项目路演是企业或创业代表向投资方展示项目特点、团队能力、商业模式、发展策略和融资需求的重要环节。对于创新创业大赛来说，项目路演更是关键中的关键，因为它直接影响到比赛的结果。在项目路演环节中，从路演 PPT 制作，再到路演人的选择和训练，每一步都需要精心策划和执行。

一、路演的五大要素

（一）路演 PPT

在决赛阶段，参赛团队需要用路演 PPT 进行现场展示，并回答评委的提问。此时的路演 PPT，应当是商业计划书的精练版，能够让评委在短时间内快速理解项目的核心价值和亮点。在上一节中，我们对路演 PPT 有详细的介绍。但值得注意的是，我们需要根据赛事的具体要求，设计适用不同时长要求的路演 PPT。例如，决赛的路演时间通常为 10 分钟，复活赛的路演时间通常为 5 分钟，校赛的路演时间又可能有所不同。总的来说，路演 PPT 应当根据赛事时间要求进行适当增减，明确主题、逻辑清晰、提炼重点、用数据说话、突出精华和亮点，进行不断打磨与完善。

（二）路演人

路演人需要具备对项目的整体把控能力，能够体现团队的前沿认知。首先，创始人或联合创始人作为项目的核心人物，通常是最理想的人选。他们不仅对项目有深刻的理解，还能代表整个团队的意志和发展方向。其次，可以考虑找一个具备良好的表达能力的核心成员来进行路演，应确保其对项目有全面深入的了解，涵盖业务细节、发展历程、商业模式和价值理念等各个方面。这样才能确保路演内容准确、专业，使评委和听众感受到项目的核心价值和潜力。除非有特殊需求，不宜多人分模块进行路演，以免给评委和听众留下团队内部沟通不畅、各自为政的不良印象。

（三）路演词

路演词是在确定路演 PPT 框架和主要内容的基础上撰写的，一旦每页 PPT 的主题内容确定后，就可以根据 PPT 的内容来撰写路演词的初稿。在撰写路演词时，需要注意以下五点。

1. 多用数据体现　用项目实践得出的数据，明确告诉评委和投资者目标用户是谁、项目成果、为什么团队的产品或者服务比竞品优秀，然后再提供一份清晰明了的财务预测。

2. 加入时间限制　路演有严格的时间要求，因此时间的把控至关重要。提前结束可能会让评委觉得项目不够充实，而超时则会给评委留下不良印象。一般而言，合适的语速是每分钟约 200 字，但这还需要根据路演人的实际训练效果进行灵活调整。为了更好地规划时间，应在路演词中标注预计用时，这样可以帮助路演人更好地掌握时间分配，防止在正式路演中出现时间管理不当的情况。

3. 加入动作语气标注　路演并非只是简单地陈述，而是一场充满情感和感染力的演讲。通过语气、语调和肢体动作的运用，能够更好地调动现场情绪，让听众更加投入和关注。在备赛时，建议对路演词进行标注，注明对情绪和肢体动作的要求，以便更好地展现项目的亮点和优势。

4. 避免与 PPT 内容大量重复　路演词和 PPT 在路演过程中各自扮演不同的角色。PPT 是视觉呈现的辅助工具，通过图表、图片和文字等形式，简洁明了地展示项目的关键信息和数据。而路演词则是口头表达的载体，它应该更加生动、具体，能够引导听众的思考和情感共鸣。如果路演词与 PPT 的内容大部分相同，那么评委可能会感到单调乏味，无法充分理解和感受项目的魅力和价值。

5. 反复修改与优化　在正式的路演之前，路演词必须经过反复的修改和优化。随着项目内容的不断完善和 PPT 的调整，路演词也需要相应地进行调整。此外，路演人的练习反馈也是优化路演词的重要参考。因此，好的路演词并非一蹴而就，而是需要经过多次打磨，才能呈现出最佳效果。

（四）路演训练

确定好项目路演词后，项目团队需要进行反复的训练以达到最佳的效果，训练内容包括 PPT 熟练度训练、时间控制训练、仪表与姿势训练以及整体流程训练四个方面。

1. PPT 熟练度训练　在路演训练中，路演人需要对自己的项目和 PPT 内容有充分的了解和熟悉。才应该能够流畅地讲述项目，表达清晰，避免出现口吃、忘词等问题。

2. 时间控制训练　路演训练时，建议使用计时器进行计时，路演人需要反复训练，清晰地知道还剩 1 分钟或 30 秒时应当讲到哪一部分。除此之外，还需要进行超时训练，一旦出现超时的情况，做好对语速、节奏的调整措施，进行补救。

3. 仪表与姿势训练　①站姿：面对观众，不要挡住观众的视线；挺直地站立，脚尖朝向观众，两脚间距不要过大，以个体舒适为宜。②表情：与说话的内容相配，面带微笑。③眼神：缓慢而平均地与现场每一个观众接触眼神，目光停留在每个观众身上 3~5 秒钟，保持适度的暂停。④手势：多用手掌，少用手指；运用手势时，勿挡住与他人进行眼神接触；充分伸展，勿动作过小；双手自然下垂在身体两侧，或交贴式放在身体前面，或者其他你认为舒适和恰当的方式。⑤移动：在开放的空间适当移动，配合眼神进行，有效地贴近观众，勿背对观众。⑥语言：音量适度、热情，分清主次，避免口头禅、含混拖腔。

4. 整体流程训练　从路演人入场、项目路演、路演人离场展开，整体从路演时间、路演人形态、路演效果、路演人与 PPT 的配合等方面进行反思总结，并多次练习，以达到最佳状态。

（五）路演现场

在路演现场，路演人与答辩人应该做到以下几点。

1. 自信　自信能够让路演人更有说服力，表现出专业性和行业洞察力，同时，自信也是领导力的一种表现。自信能使投资人或评委更容易相信项目和团队的实力。要想做到自信，路演人必须对项目有充分的了解。

2. 务实　创业最讲一个"实"字，实事求是、实实在在，既要仰望星空，也要脚踏实地。要在路演中体现出务实的精神，增加项目的可信度和受众的信心，让人看到扎扎实实的项目的落地性和实际效益。

3. 精通　路演人应该对整个项目相关信息与数据如数家珍，这样才能更加准确地解释和阐述项目，避免信息传递的模糊和误解，并对项目形成自己的独立见解和认知，更好地回答现场提问和质疑。

4. 坦诚　对于现场提问和质疑，应该坦诚、平和地做出合理的解释和说明。不回避问题，但有解决方案。实在难以回答的问题也应坦诚相告，避免牵强附会，问东扯西。生硬勉强做出经不起推敲的解释，会适得其反。

5. 自然　在路演现场要表现得大方稳重，表达真情实感，避免过于表演性、情绪化的做作和夸张。

6. 仪雅　①着装：着装要显得专业和正式，根据项目和行业的特性，可以选择凸显创业者特点的服装。确保服装整洁干净，避免过于花哨的图案。颜色上，尽量选择深色或中性色，以传达稳重的气质。②言行举止：保持良好的体态和礼貌的用语，能够彰显出自信和尊重。应尽量避免小动作或过度紧张的表现，始终保持镇定和冷静。③仪容仪表：头发应保持整齐，指甲要干净，面部表情要自然。女士可以适当化淡妆以增加气色，而男士则应注意不要留有过多的胡须或长发。④搭档配合：在路演过程中，非路演的成员应避免保持僵硬的站姿、面无表情或一动不动，也不能随意乱瞟。他们应当与路演者保持默契的配合，共同营造出良好的路演氛围。

二、路演答辩中评委的高频问题

（一）市场与定位

1. 在市场中，你们的定位是什么？为何选择这个定位？是否有竞争对手在同样的定位上？
2. 你的产品或服务与竞争对手相比有哪些优势？
3. 在未来，你们计划如何在市场中扩大自己的份额？有哪些具体的计划和策略？
4. 你如何跟踪和分析市场趋势和竞争对手？
5. 你们如何看待当前的市场竞争格局？你们的产品或服务如何在这个竞争激烈的环境中脱颖而出？
6. 面对强大的竞争对手，你们有何独特的竞争优势？这种优势能够持续多久？
7. 你的目标客户群体有哪些特点？他们的需求和痛点是什么？
8. 你们的产品或服务与竞争对手相比有哪些明显的优势？这些优势如何转化为实际的销售或市场份额？
9. 你们的产品或服务在市场上的定位是什么？你们如何确定这个定位的准确性？
10. 你们如何评估自己的市场竞争力？如果竞争力不足，你们将如何改进？

（二）产品与技术

1. 你们的产品或服务有哪些特别之处？为什么消费者会选择你们而不是其他竞争对手？
2. 在产品或服务的开发过程中，你们是否遇到过资源不足的问题？遇到时，你们是如何解决的？
3. 市场是否有其他解决方案或者替代产品也能满足用户的需求？如果有，用户为什么更倾向于现在你们的产品？如果没有，为什么别人做不了，还是已被证明不值得做？
4. 你们的产品或服务在市场中的渗透率是多少，未来将如何提高渗透率？
5. 你们的产品或服务如何实现商业化运作，产生盈利？
6. 与竞争对手相比，你们的产品或服务有哪些显著的优势和差异，这些差异是如何形成的？
7. 产品的技术壁垒在哪里？是否容易被复制和模仿？如何保持技术优势？
8. 在产品或服务的开发过程中，你们面临过哪些重大挑战，以及如何克服这些挑战？
9. 有多少目标用户使用过你们的产品？实际效果如何？有怎样的反馈与评价？
10. 项目的核心知识产权是项目核心人员持有的吗？如果不是，有相关授权吗？是如何授权的？

（三）团队与资源

1. 你是否拥有自己的研发团队？他们的背景和专长是什么？这些背景和经验如何支持项目的成功？
2. 路演的同学，能否详细介绍一下你在这个项目中的具体职责和参与时间？
3. 团队的核心成员对项目的贡献有哪些？他们在团队中扮演了怎样的角色？
4. 项目的股权结构如何？合作公司、老师和专家顾问占股吗？为什么这样进行股权配置？
5. 在创业之前，你拥有哪些与本领域相关的经验或背景？这些经验如何影响你的创业决策？
6. 团队是否拥有足够的资源来支持产品或服务的开发和推广？如果资源不足，你们将如何应对？
7. 是否充分评估了资源成本？在预算有限的情况下，如何优化资源配置以最大化效益？
8. 对于资源的获取风险和不确定性，团队有何评估和应对措施？如何降低潜在的资源危机？
9. 对于资源的可持续性，团队如何考量？如何确保资源在项目生命周期内的稳定供应？
10. 团队是否有明确的使命和愿景，以确保产品或服务的成功实现？这个使命和愿景是如何与团队成员共享的？

（四）财务与融资

1. 你的项目需要多少资金支持？这些资金将用于哪些方面？
2. 你如何评估项目的经济可行性？你是否有详细的财务预测和预算计划？如何保证项目的盈利性？
3. 如何优化资本结构并制订融资策略以应对竞争对手的融资竞争？是否有足够的融资渠道和合作伙伴支持？
4. 企业过去三年在财务方面有哪些表现和成绩？其收入和利润状况如何？为什么会有这样的表现和成绩？
5. 项目的估值是如何计算出来的？它的依据和逻辑是什么？
6. 融资所得的资金将主要用于哪些方面？如何合理地分配这些资金以确保项目的顺利推进？
7. 投资人未来的退出机制是什么？他们预期的收益是如何计算的？这种收益是否与他们的投资目标相符？
8. 企业计划通过何种方式筹集资金？股权融资之外，是否考虑过其他融资渠道？

（五）营销与商业模式

1. 项目在商业模式上有什么独特之处？它涉及哪些利益相关方，这些利益相关方之间是如何进行交易和合作的？

2. 项目的收入来源、各种盈利点以及主要的盈利点是怎样的？这些盈利点是如何为项目带来收入的？它们在项目收入中占据的比例是多少？主要盈利点的独特之处是什么？

3. 商业模式是否已经在实际运营中得到验证？是否有稳定的销售收入来源？这些收入是否足以覆盖项目成本并实现盈利？

4. 产品的定价策略是如何确定的？是根据成本、市场需求还是竞争情况来制订的？定价决策考虑了哪些因素？

5. 产品的价格与竞争对手相比有何优势或差异？产品的价格策略是如何与市场需求和消费者行为相适应的？

6. 如何进行品牌销售和推广，以吸引和获取客户？线上营销和线下营销分别应该如何操作？其中，哪种营销方式最有效？

（六）生产与运营

1. 为什么不考虑外包生产和运营环节以提高效率和降低成本？如何评估潜在的风险和利益？

2. 你是否具备足够的生产能力和资源，以应对市场需求？在面临产能不足或过剩的情况下，你打算如何应对？

3. 为什么公司的厂房是自建的？你如何评估自建厂房所带来的成本？是否担心自建厂房会导致利润率降低，甚至难以实现收支平衡？

4. 你的产品进入目标市场，需要满足哪些准入条件？为了满足这些条件，你采取了哪些具体的行动和策略？

（七）现状与发展

1. 项目的启动时间是什么时候？是否已经成立公司？

2. 你的项目在一年前刚启动，你是如何做到在短时间内取得成功的？其中有哪些关键节点和里程碑的事件？

3. 未来三年或五年的发展规划是什么？有哪些业务发展目标？这些目标的预测和设定是基于什么依据进行的？

4. 你计划采取哪些措施来保证未来发展目标的实现？你有明确的行动计划吗？这些行动将如何影响目标的实现？

5. 目前项目面临的难点和问题是什么？你打算如何解决这些问题，以确保项目的成功？

思 考 题

1. 在未来十年，你认为哪些行业或领域最具有创新创业的潜力，请给出理由。
2. 如何将社会责任融入创新创业项目中，实现商业价值与社会价值的共赢？
3. 如何组建一支高效的创业团队？请分享一些团队建设的经验和建议。

（唐涛）

主要参考文献

曹杰, 2021. 创新方法理论与应用. 北京: 科学出版社.

曹敏, 2022. 大学生创业基础. 2版. 北京: 高等教育出版社.

曹世奎, 2021. 医学生创新创业基础. 北京: 中国中医药出版社.

韩树杰, 2020. 创业地图: 商业计划书与创业行动指南. 北京: 机械工业出版社.

韩晓洁, 周月容, 吴晓, 2022. 创业项目管理. 北京: 机械工业出版社.

侯翔宇, 2024. 图表之美: Excel经典商业图表制作指南. 北京: 电子工业出版社.

侯永雄, 2023. 创新创业: 理论、工具与实践. 广州: 广东人民出版社.

黄明睿, 朱梦梅, 马小龙, 2021. 创新创业基础与实践. 北京: 科学出版社.

刘颖珊, 余海军, 谢英豪, 等, 2021. 基于逆向产品定位设计的资源优化综合研究. 统计与管理, 36(6): 77-80.

唐德淼, 2020. 创业机会内涵、来源及识别. 合作经济与科技, (1): 146-149.

唐坚, 刘焱, 2020. 路演学. 北京: 中国商业出版社.

同婉婷, 范新灿, 2021. 创业领导力提升与团队组建. 北京: 机械工业出版社.

吴维, 同婉婷, 韩晓洁, 2020. 创新思维. 北京: 高等教育出版社.

肖杨, 2022. 创新创业基础. 北京: 清华大学出版社.

尹伟民, 2023. 职业院校创新创业教育项目化教程. 北京: 高等教育出版社.

张开江, 亓国锋, 陈娇, 2020. 创新创业教育. 北京: 科学出版社.

张香兰, 高萍, 程培岩, 等, 2022. 大学生创新创业基础. 2版. 北京: 清华大学出版社.